普通高等教育“十二五”公共基础课系列规划教材

创业实训教程

CHUANGYESHIXUNJIAOCHENG

刘 玲 姜 晖 主 编
王 栋 胡永盛 副主编

西安交通大学出版社
XI'AN JIAOTONG UNIVERSITY PRESS

内容简介

本书针对高职学生这一群体的特点和创业教育的需要，总结了近年来大学生创业的情况，并参考国内外成功创业的做法，采取理论学习与案例引导相结合的方式，坚持以项目任务的方式巩固理论知识的学习。在内容的安排和取舍方面，比较注意以循序渐进的方式介绍高职学生创业需要具备的知识及创业的步骤，对较深的理论和较复杂的操作性技巧尽量给以简明扼要的介绍。全书共分为七个教学模块，具有较强的针对性、实用性和指导性。

本书不仅可以作为高职院校创业实训课程的教学用书，也可供有创业需求的社会人员参考使用。

图书在版编目(CIP)数据

创业实训教程/刘玲，姜晖主编. —西安：西安交通大学出版社，2014.8(2015.6 重印)
ISBN 978-7-5605-6620-7

Ⅰ.①创… Ⅱ.①刘…②姜… Ⅲ.①大学生-职业选择-教材 Ⅳ.①G647.38

中国版本图书馆 CIP 数据核字(2014)第 194273 号

书　　名　创业实训教程
主　　编　刘　玲　姜　晖
责任编辑　王建洪

出版发行　西安交通大学出版社
　　　　　(西安市兴庆南路 10 号　邮政编码 710049)
网　　址　http://www.xjtupress.com
电　　话　(029)82668357　82667874(发行中心)
　　　　　(029)82668315(总编办)
传　　真　(029)82668280
印　　刷　陕西时代支点印务有限公司

开　　本　787mm×1092mm　1/16　印张 10　字数 240 千字
版次印次　2014 年 8 月第 1 版　2015 年 6 月第 2 次印刷
书　　号　ISBN 978-7-5605-6620-7/G·1251
定　　价　29.80 元

读者购书、书店添货，如发现印装质量问题，请与本社发行中心联系、调换。
订购热线：(029)82665248　(029)82665249
投稿热线：(029)82668133
读者信箱：xj_rwjg@126.com

前言
FOREWORD

近年来，随着高校的扩招，全国大学毕业生的人数越来越多。随着大学生的数量逐年增多，大学生的就业压力也逐年增大，大学生就业已成为一个不得不引起社会高度重视的问题。大学生创业作为社会变迁的产物被社会各界广泛关注，中央和地方各级政府相应出台了一系列政策，鼓励和引导大学生创业，以更好地促进社会良性发展。

2010年4月，教育部召开了“全国推进高等学校创新创业教育和大学生自主创业工作”的视频会议，5月下发了《教育部关于大力推进高等学校创新创业教育和大学生自主创业工作的意见》(教办[2010]3号文，以下简称《意见》)。《意见》明确提出了高校创新创业教育的目标任务，即要在专业教育基础上，以转变教育思想、更新教育观念为先导，以提升学生的社会责任感、创新精神、创业意识和创业能力为核心，以改革人才培养模式和课程体系为重点，大力推进高等学校创新创业教育工作，并不断提高人才培养质量。因此，为了使高职院校培养的人才能更好地胜任社会职业的需要，编制理论够用、实用为主、体现工学结合的教材十分必要。

本教材分为七个模块，主要遵循大学生的一般创业过程，即认识创业→组建创业团队→分析创业环境→评估创业项目，撰写创业计划→创办新企业→创业初期的管理→新企业的持续经营，期间融合了经济学、管理学、市场营销、人力资源管理、财务管理等多个经济管理类的主要学科；同时运用案例配合理论教学，使教材更具实践性。此外，本教材在编写过程中，以工作任务为中心设计教材内容，体现了很强的高职课程的特色，符合高职类教材的要求和发展趋势。

本教材由江苏农牧科技职业学院刘玲、姜晖担任主编，负责制定写作大纲，并对全书进行修改和统稿。江苏农牧科技职业学院王栋、胡永盛担任副主编。具体编写分工如下：前言由王栋编写，模块一由钱佳蓓编写，模块二由朱琦编写，模块三由洪俊编写，模块四由顾献权编写，模块五由姜晖编写，模块六由胡永盛编写，模块七由刘玲编写。

在本书的编写过程中，引用了许多国内同行及学者的观点和著作，在此表示衷心的感谢。

由于编者水平所限，书中难免有疏漏之处，敬请各位读者和同行批评指正。

编　者

2014 年 7 月

目录

CONTENTS

模块一 认识创业

002 项目一 了解创业
007 项目二 培养创业意识
017 项目三 创业与自我生涯发展

模块二 创业者与创业团队

024 项目一 创业者
028 项目二 创业团队

模块三 创业环境分析

041 项目一 创业机会
046 项目二 创业风险
050 项目三 创业资源

模块四 创业项目与创业计划

062 项目一 评估与选择创业项目
070 项目二 了解与制订创业计划
073 项目三 撰写与完善创业计划书

模块五 新企业的创办

088 项目一 新企业的注册与选址
095 项目二 新企业需要考虑的法律伦理问题
106 项目三 新企业创办的资金预算

模块六　创业初期的管理

116　项目一　新创企业的特征

118　项目二　创业初期的营销管理

120　项目三　创业初期的财务管理

123　项目四　创业初期的风险管理

模块七　新企业的持续经营

131　项目一　以顾客为中心

141　项目二　差异化经营

146　项目三　人力资源的管理

参考文献

模块一　认识创业

创业名言

你的时间有限，所以没必要把它浪费在复制别人的生活上。别被教条所羁绊，否则就是活在别人的想法下。不要让他人观点的噪音淹没了你自己内心的声音。最最重要的一点是，要有勇气追寻你的内心和直觉。

——史蒂夫·保罗·乔布斯

教学目标

1. 掌握创业的含义、创业的要素与过程；
2. 培养学生的创业意识；
3. 理解创业与自我生涯发展的关系。

重点难点

1. 重点：培养学生的创业意识；
2. 难点：设计自我生涯规划。

开篇案例

大学生毕业后种香菇：年产值达1000万元

1986年出生的李正森从小在农村长大，2009年，李正森从安徽建筑工业学院毕业，在县城找到了一份建筑工作。由于所学专业对口，加之吃苦耐劳，工作有魄力，很受公司经理喜欢。

2009年秋，当地政府鼓励大学生回乡创业，村里引进了肉鸡养殖企业。在建筑公司上班仅两个月的李正森辞去工作，信心百倍地搞起了肉鸡养殖，租地、贷款、建棚，他把周边一些留守老人和残疾朋友请来打工，连自己的父母也拉进来帮助管理。令他没有想到的是，第一次购买的4000只鸡苗在路上就热死了一半，等到卖成品鸡时，收购经理说2000只的养殖规模太小，相应的人工成本就会过高，赚不了钱还肯定要亏本。第二次购回的6000只鸡苗总算养大，可市场肉鸡价格大跌，当他拿到卖鸡款看着空荡荡的鸡棚时，眼泪刷刷直流，赔了20多万元，他三天三夜没睡着觉。第四天强撑着给村民付工资时，乡亲们都知道他赔了，让他先还银行贷款再说，但他执意先给村民付了工资。

2010夏季，李正森为了弥补养鸡的亏损，就跟着一个朋友搞起了猪苓购销。有一次，他到陕西安康宁陕县收购猪苓，看到当地的食用菌产业很红火，就动了栽培食用菌的心思。他发现陕西柞水县以前都是用椴木栽培香菇木耳，随着人们对生态环保的重视，当地椴木食用菌产量必然会越来越少，而袋料生产香菇在柞水还很有限，这应该是一个致富商机，李正森瞅准了这一项目。宁陕的一位经理了解到他的创业经历后，被李正森憨厚耿直、富有同情心所打动，同意和李正森合作。

2010年底，在陕西省柞水县小岭镇政府的扶持下，李正森在金米村租地40多亩，注册资金300万元，成立了陕西正森农业生态有限责任公司，他还注册了"正森"绿色食品商标。2012年李正森投资建设玻璃丝骨架大棚150个，购买高效灭菌炉、自动装袋机、电动翻料机等食用菌生产配套设备50余台，同时配套建设了装袋车间、菌种室、接种室、锅炉房、仓库、冷库和加工包装车间。

2012年3月，在陕西正森农业生态有限责任公司的带动下，金米村组建了金米食用菌产业协会，村上33户农民加入协会，依托正森农业生态有限公司发展食用菌，仅2013年村上生产食用菌150万袋，生产鲜菇1750吨，年产值达1000万元。

思考与问题：

(1)李正森的创业历程是一帆风顺的吗？

(2)他的成功给我们怎样的启示？

项目一　了解创业

创业是件有意义、有意思、有利益的事情；创业是为了追求梦想、创造社会财富所强化的一种理念、一种价值。那么，究竟什么是创业？创业的现状又如何呢？

一、创业的含义

就创业的含义而言，有广义与狭义之分。广义的创业是指成就事业、岗位立业，是指开拓属于自己的一份事业，这里的事业不仅包括创办企业，而且包括在单位的岗位工作中开拓新的局面。狭义的创业是指个人或群体开展的以创造财富为目标的社会活动。从狭义上理解，这里的社会活动就是创办企业、自主创业。因此，狭义的创业就是"发现、创造和利用商业机会，组合相关生产要素，开创自己的事业，以获得商业成功的过程或活动"。本书所说的创业即为狭义的创业。

创业是一个创造价值的过程，即创造的新事物是被社会和人所认可的，是对社会和人有帮助的。创业者创造价值的过程，是实现自身价值的过程，也是创造财富的过程。格林伯格及赛克斯顿的研究指出，创业者之所以想要创业，可能有以下六种原因：

(1)在市场上发现机会；

(2)相信自己的经营模式比前人更有效率；

(3)希望将自己拥有的专长发展成为一份新事业；

(4)已完成新产品开发，而且相信这项新产品能在市场上找到利润空间；

(5)想要实现个人梦想；

(6)相信创业是致富的唯一途径。

案例学习1-1

"拾荒"创业的启示

2005年3月在苏州成立了一家收废网，这是学化学专业的厉开波和学环境保护专业的周敏开办的。在经营过程中两个人不断把自己所学知识应用到经营和管理中。通过网络收购废品的业务发展得很快，仅 2 个月就在当地形成了一定规模，经济收入不菲。厉开波和周敏现在已经成立了苏州工业园区天堂物资回收公司，专门从事收废品的业务。

在厉开波和周敏成功开始创业的时候，在远离苏州的沈阳，毕业于沈阳工程学院信息技术专业的吴聪喆也依靠父母赞助的 1000 元，开始创办"沈阳在线收废网"。网站于 2005 年 10 月开通，目前经营情况良好。还有南宁职业技术学院的黄义广，放弃了广东某单位提供的优厚待遇，回到广西，开办了"南宁在线收废旧网"。

而上海同济大学土木工程学院 2003 级的硕士研究生高志军，从 2005 年 5 月份开始，就把同济大学四平路等几个校区的垃圾回收业务全部从校方承包了下来，一门心思开始了他的"垃圾事业"，决心成为一名真正的"垃圾王子"。

在这些把"收废品"作为自己创业方向的大学生中，有的人目前年收入已经接近 50 万元。在上海、苏州、沈阳等各地的大学生垃圾创业潮流中，各个"学生老板"都鲜明地举起了"三百六十行，行行出状元"旗帜，把自己的垃圾事业最终定位在能建立地方区域的甚至是全国性的垃圾集团，并无一例外地因为自身能为环保事业作出自己的贡献而感到自身价值的实现。在创业的实践上，他们从别人关注不到的行业入手，迅速走向成功。

二、创业的要素

运作一个企业所需的要素就构成了创业的要素。管理学认为，企业可以看做由人的要素、物的要素和社会因素等组成的协作体系。所以，创业就是要将以上各种要素进行更有效的整合，使企业从无到有，从小到大。

1. 人的要素

(1)创业者。创业者既可以是个人，又可以是团队。所以，狭义的创业者是指参与创业活动的核心人员；广义的创业者是指参与创业活动的全部人员。管理大师彼得 · 德鲁克给创业者下的定义为："创业者就是赋予资源以生产财富的能力的人。"创业者善于创造或发现商机，然后抓住商机，并创办有较大发展潜力的企业，其思想和行为与众不同。随着市场竞争的日益激烈，单枪匹马式的个人创业越来越少，现在的创业越来越呈现出团队式创业的特点，尤其对于大学生创业而言，团队式创业更有利于成功。人是创业企业中最重要的要素，在知识经济时代已发展成重要的人力资本。只要创业者或创业团队有能力或掌握核心技术，即使没有资金、厂房，仍能吸引风险资本。风险资本投入者看重的最重要因素是创业者与创业团队，因为人能主动改变和适应不断变化的创业环境，能够战胜创业过程中的一切困难。总之，人是企业最重要的资本。

根据在创业企业中的不同角色与地位，创业者可分为独立型创业者、主导型创业者和跟随型创业者。根据创业的主动性，创业者可分为被迫型创业者与主动型创业者。主动型创业者又分为两类，一类是盲动型创业者，另一类是冷静型创业者。盲动型创业者极为自信，做事冲动，这种创业的失败率很高。冷静型创业者是谋定而后动，准备充分，掌握资源或技术，这种创业的成功率较高。

案例学习 1-2

“不安分者”眼中的商机

高中毕业后干起家电维修的小胡和小姜，每天都以维修收音机、电视机为生，但小胡是一个经营上的“不安分者”，小姜则是一个循规蹈矩的“老实人”。不久前，小胡又突发奇想，寻找到了新的商机：他发现当地的农民用上了自来水后，将来就有可能使用洗衣机，有洗衣机便会有维修洗衣机的业务。于是，他买回本地市场上常见品牌的洗衣机供周围的人使用，目的之一是让人们尝尝洗衣机的甜头，目的之二是学习洗衣机的结构、保养和维修。果不其然，一年后，一台台洗衣机进入农村，维修业务几乎全被小胡包揽，而小姜只能眼睁睁看着自己失去一次扩大维修范围的机会。一般人总是等机会从天而降，而不是通过努力工作来创造机会。殊不知，人们遇到的问题和未满足的需要总是不断提供新的商机。优秀创业者的一个基本素质，就是善于从他人的问题中发现机会，从而主动把握机会。对照一下你自己，又作何感想？

(2)创业中的人际关系。创业要成功，创业者就要善于处理各种人际关系。创业者在创业中需要他人工作上的支持和协作，只有在良好的人际氛围中，创业才能成功。创业者需主要处理好以下几种人际关系：①创业者与合作者或股东之间的关系。创业者与合作者或股东关系不好，不利于企业发展，企业随时有倒闭的风险。②创业者与创业团队的关系。只有团队团结一致，才能克服创业中的困难，只有处理好创业团队中的关系，才能真正发挥团队的力量，形成一股合力，这样才能使有限的人力资源发挥更大的作用。③创业者与外部社会与机构的关系。创业者或创业企业若与外部社会及相关机构的关系处理不好，将对企业的发展壮大造成影响，所以，创业者必须与利害关系人处理好关系。没有和谐的外部环境，企业将寸步难行。

案例学习 1-3

张新根的第一桶金

张新根是杭州一家笔庄的老板，他到今天与毛笔已经打了整整十五年交道。1989 年来杭州创业时，张新根十分窘迫，那是他人生中的最低谷，他那时候苦到买不起煤饼，只能在野外捡一点树枝烧饭。即使如此，张新根也没有放弃。他经常出没于杭州的各个画廊，只要有机会就给别人看他的笔。正当他四处碰壁、十分窘迫的时候，一个后来改变他命运的人出现了。

在杭州黄龙饭店对面有一个画廊，这个画廊是浙江画院开设的一个窗口。那天刚好浙江画院的副院长周文清老师也在画廊里，张新根就拿出一支鸡毛笔给周老师看，周老师看到以后很惊讶。

这次巧遇使周文清对张新根制作的笔产生了浓厚的兴趣。以笔会友，两个人在研究笔的过程中结下了深厚的友谊。为了让更多的人了解张新根的笔，周文清决定帮他开一个笔会，并免费提供场地。通过笔会，张新根认识了画院更多的老师。

当时张新根欠债很多，压力很大。这些画家朋友就伸出了援助的手，他们给了张新根一些画。这些画家朋友都是画院的教授，都是一些名人，他们的墨宝很值钱。张新根将名人的墨宝卖掉以后，还清了多年的债务。他轻装上阵，专心地做笔庄生意。

周文清还免费给他提供了生产场所，这样，他就有了自己的制作基地。时间久了，通过书画家们和顾客间的相互介绍，他的笔庄在杭州渐渐闯出了名气。每天都有来自外地，甚至外国的顾客来到他的笔庄，他的生意渐渐好了起来。张新根将他的笔庄开在一个文化用品市场二楼的冷清的拐角里，虽然这里人流很少，但张新根却有他的目的。

张新根说："喜欢毛笔的人都是一些文人，不喜欢很热闹、很烦躁的地方。书法家、画家在挑选笔的时候，需要试笔。这个地方虽然很冷僻，但是环境幽雅，空间宽敞，书法家、画家在这种环境中试笔，不会打断思路，能够感觉笔的妙处。"如今，张新根已经拥有两个笔庄、一家工厂，每年制作销售毛笔四五万支，张新根正走在成功的创业路上。

(3)创业团队领导者。现在的创业基本都是团队创业，创业团队领导者是整个创业协作体系的核心，在创业过程中扮演不同的角色，承担不同的职能。创业团队领导者带领整个团队发现机会、创造新的价值，是团队的灵魂和核心，是企业前进的掌舵者，决定着企业发展的路线方向。

案例学习 1-4

"万通六君子"之谋者王功权

1991 年 6 月，王功权与冯仑、刘军等人一起创建了海南农业高科技投资公司(万通前身)。成立之初，王功权是法人代表、总经理，冯仑和刘军是副董事长，王启富是办公室主任，易小迪则是总经理助理，后来的潘石屹主管财务中心。

龙虎相聚，以这些人的绝顶聪明和干练，以及独特的背景和社会关系，加上时代赋予的机会，他们很快就在海南炒出了第一桶金，转手 8 栋别墅，赚进几百万。随着政策的宽松，农高投由原来的国有企业，重新定位成集体所有制的公司。

作为创业总裁，王功权兢兢业业地把团队带了起来，平衡了各路英豪的性格冲突和种种矛盾。面对压力和误解，他力求做到公正与客观。平常之日，他是一个为人厚道、有时摇摆的人。然而，他并不仅仅是个守平之人，王功权有一个过人的长处就是，他有极强的危机处理能力。多少万通危机的关头，他能迅速地冷静下来，果敢地作出决定，绝不拖泥带水。在严重的关口，王功权非常能沉得住气，处理问题思路异常清晰。这种性格使他对平衡组织的稳定性起到了很好的作用。多年之后，冯仑谈到王功权的作用时说，"一个组织里要是没有这样一个角色就死了。"

2. 物的要素

创业企业在生产产品或服务、创造价值的过程中离不开一定的物质条件和硬件环境，包括资金、技术、原材料和产品及生产设备等。

(1)资金。企业没有资金，经营活动就无法开展。资金不仅包括现金，而且包括技术或专利、生产设备、厂房、原材料等。政府为了鼓励创业和发展小微企业，在注册公司时，降低了资金门槛。2014 年最新《中华人民共和国公司法》，将公司注册资本实缴登记制改为认缴登记制，取消公司注册资本最低限额，放宽注册资本登记条件，简化登记事项和登记文件。

(2)技术。创业者拥有自己的技术，这对于创业来说更有优势，更容易成功。尤其是如果拥有技术专利或发明专利的话，很容易吸引风险资本投资。同时，创业者可以技术入股，参与利润分配。美国硅谷的很多创业者都是由于掌握先进的技术从而吸引了风险投资者，创办了自己的企业。所以，掌握技术使创业成功率更高。

(3)原材料和产品。要生产首先要投入原材料，这样才有可能生产出符合顾客需要的产品。不管是制造业还是服务业都需要原材料，只是原材料的比重不同而已，制造业的原材料比重相对大些，服务业的比重相对小些。近年来，市场上出现了所谓的轻公司，这种公司一般都拥有自己的品牌、营销渠道和研发设计中心，这类公司很少采购初级原材料及产成品，而是把传统的商家、物流、虚拟的交易、金融以及消费者的信息等数据库都集合在一起。

(4)生产设备。原材料要变成产品，就必须经过生产设备的加工。从原材料到产品，是一个价值增值的过程，是一个创造价值的过程。生产设备是固定资产的一部分，会占用创业企业的一部分资金，会影响企业的现金流。所以，很多创业型公司为降低资金风险，在业务没有形成规模以前，经常采用生产设备等固定资产租赁的方式来满足生产需要。

3. 社会因素

影响创业活动的因素，除人的因素和物的因素外，还有社会因素。创业活动给经济发展注入活力，所以创业活动应该受到全社会的鼓励。公众应该有宽容精神，宽容创业失败，鼓励和认可创业活动，为创业活动创造一个宽容、积极的氛围，只有这样，才会有成功的创业者和创业家出现。美国硅谷之所以能够产生那么多成功的高科技公司和创业活动的经久不衰与硅谷宽容失败的创业氛围是分不开的。

对于创业所需的条件和要素，从不同角度分析有不同的理论。有人认为成功的创业活动必须将机会、资源与团队三者进行最适合的搭配，并且要伴随企业的不同发展阶段保持动态的平衡。创业是由机会启动，在获得所需的资源并组建创业团队后，创业活动才能向前持续推进。

也有研究人员将创业的要素归纳为“9F”，即创办人(founders)、抓住重点(focus)、决策迅速(fast)、机动灵活(flexible)、持续创新(forever innovating)、精简机构(flat)、精打细算(frugal)、待人友好(friendly)、充满乐趣(fun)。

案例学习 1－5

贝克汉堡快餐店

大学生自主创业其实难度挺大，但是这是一个出路，所以张磊在大二时期就确定了自己将来会怎么走。张磊的家庭条件一般，但他学习好，在大学期间有许多的时间去学习经营管理以及投资方面的知识，利用寒暑假兼职实践自己所学的知识，那时候碰到过许多的挫折，对大学生自主创业的想法还不太全面，因此，他一直不断努力着、实践着……

终于，在大学毕业后，张磊利用兼职等工作赚够了自己的投资本金，作为对大学生自主创业的第一次试水，他加盟了贝克汉堡快餐，在学校附近租店面开了一个快餐店。

贝克汉堡快餐项目是张磊经过仔细考察后最终决定的，毕竟大众现如今对快餐需求很大，而且贝克汉堡快餐也有着自己的独特优势，产品口味好，系列多，且本小利大，风险低，非常适合大学生自主创业。所以张磊很快就加盟了贝克汉堡快餐。

在总部的帮助下，店面虽然不大，但很快就经营起来了，并且贝克汉堡快餐非常受大学生的欢迎，每天来就餐的学生很多。此外，贝克汉堡快餐店环境好，是许多校内情侣约会的好选择。所以，店内生意一直很好，利润满满。

现在，作为大学生自主创业成功案例的代表，张磊的贝克汉堡快餐店确实取得了很大的成功。张磊说，大学生自主创业成功的要素，一要有经验，二要有一定的资金，三要有发现商机的眼睛，四要学会经营，这样大学生自主创业才有可能取得成功。

三、创业的一般过程

创业过程是指创业者发现并评估创业机会，将创业机会转化为创建企业的行动，并且对新创企业进行成长管理的过程。创业过程是一个连续动态发展的过程，一般很难判定创业活动处于哪个阶段，但为了更好地理解创业活动，可将创业过程分成四个阶段：第一阶段是识别与评估创业机会；第二阶段是准备与撰写创业计划书；第三阶段是获取创业资源；第四阶段是管理新创企业。具体如表 1-1 所示。

表 1-1 创业的一般过程

第一阶段 识别与评估创业机会	第二阶段 准备与撰写创业计划书	第三阶段 获取创业资源	第四阶段 管理新创企业
1. 创新性与“机会之窗”的长度 2. 机会的估计与实际的价值、机会的风险与回报 3. 机会与个人技能、目标 4. 竞争状态	创业计划书的内容： 1. 概要 2. 企业构思 3. 市场评估 4. 市场营销机会 5. 企业组织结构 6. 企业财务 7. 附件	1. 创业者的现有资源 2. 资源缺口与目前可获得的资源供给 3. 通过一定渠道获得创业所需的其他资源	1. 管理方式 2. 成功的关键因素 3. 当前问题与潜在问题的辨识 4. 控制系统的完备

项目二 培养创业意识

创业和择业是两个不同的概念，“创”意味着开辟、创新；“择”意味着选择、寻找。近年来，随着我国经济快速发展，就业、再就业工作虽取得明显成效，但就业形势依然严峻，针对此种情况，我们要做好思想准备，鼓足勇气，提高能力，树立正确的创业观，培养创业意识，积极走自主创业之路。

一、创业意识

创业意识，是指在创业实践活动中对人起动力作用的个性心理倾向，包括需要、动力、兴趣、思想、信念和世界观等心理成分。创业意识集中表现了创业素质中的社会性质，支配着创业者对创业活动的态度和行为，是创业素质的重要组成部分。

当今创业的时代是信息经济时代，要求每一个创业者必须培养和具备现代创业意识和品格。因此，创业者应该具备以下几方面的创业意识：

1. 创业主体意识

创业是一项艰难的事业。在过去，中国的平民百姓没有创业的条件和可能，更无法想象能成为创业的主体。但是在改革开放的深入发展、下岗再就业大潮和党的富民政策的推动下，人力资源的潜能最大限度地发挥出来，使普通人成为创业的主体。

这种创业的主体意识、主体地位、主体观念，成为创业者在风口浪尖上拼搏的巨大力量。

这种力量会鼓舞他们抓住机遇，迎战风险，拼命地去实现自身的价值，同时也会使他们承受更多的压力和困难。因此，创业主体意识的树立，是创业者在创业中必须具有的、十分宝贵的内在要素。我们只有理解了这一点、抓住了这一点、培育了这一点、提升了这一点，才能深切地认识到创业是人生路上的一个转折点，是知识增量、能力提升的极好机会。只要你抓住了崛起的支点，灿烂的明天、美好的未来，就会向你走来。

案例学习 1-6

2014 年 5 月，正当同学们纷纷签约外资企业、国家机关时，上海外国语大学某班的刘露悄悄地注册开张了自己的公司。刘露创建公司的点子来源于和朋友的聊天。刘露有一群做 IT 的朋友，长期以来都非常关注无线网络游戏市场，闲聊间，朋友谈起无线网络游戏市场是网络游戏后的又一块大奶酪，特别适合年轻人去挖宝，几个朋友商议组建一个科研团队，负责产品的开发，而刘露则被推出来做市场开发和营销。

刘露的想法得到了家人的支持，家人出资 10 万元，帮助她注册公司。于是当昔日的同学开始奔波穿行于高楼大厦间、体验新鲜的白领生活时，刘露却已端坐在浦东的一间办公室里，忙碌地接听电话，联系客户，指挥团队，品尝着自己当老板的酸甜苦辣。

2. 迎战风险意识

风险经营意识是中国企业在国际接轨中应着重增强的一种现代经营意识，也是创业企业和创业者急需培养和增强的一种重要的创业意识。

创业者对可能出现和遇到的风险准备和认识不足，是我国当前群体创业活动中的一个普遍现象。这种创业风险意识的缺位，突出表现在以下四个方面：①在心理准备上，表现为对创业可能出现和可能遇到的困难准备不足；②在决策上，表现为不敢决策，盲目决策，随意决策；③在管理上，表现为不抓管理，无序管理，不敢管理；④在经营上，表现为盲目进入市场，随意接触客户，轻率签订商务合同。

以上的种种做法，恰恰是创业者无风险经营意识的典型表现。创业者正确的做法是要从害怕风险、不敢迈步之中解放出来，既要敢于在市场经济的大潮中劈波斩浪，又要敢于在商海的历练和锻打中，善于规避风险、化解风险，使自己在迎战风险的过程中站立起来，成熟起来，成为商海中的精英和栋梁。

案例学习 1-7

马云创业梦想

1995 年，马云作为一个贸易代表团的翻译前往西雅图。一个朋友在那儿首次向他展示了互联网。他们在雅虎上搜索“啤酒”这个单词，但却没有搜索到任何关于中国的资料，遂决定创建一个网站，并注册了“中国黄页”这个名称。马云借了 2000 美元，创建了这个公司，当时他对个人电脑和电子邮件一窍不通，甚至没接触过键盘。这也是马云为什么说自己是“盲人骑瞎马”。

马云的梦想是建立自己的电子商务公司。1999 年，马云召集了 18 个人在他的公寓里开会。马云对他们讲述了他的构想，两个小时后，每个人都开始掏腰包，他们一共凑了 6 万美元，这就是创建阿里巴巴的第一桶金。

当时，阿里巴巴基本上是一个“三无”企业，无资金、无技术、无计划，但他们最终存活了下来。他们每一分钱都用得非常仔细，公司的办公地点就选在马云的公寓里。他们 1999 年从高盛获得了资金注入,2000 年又从软银获得了投资,公司的规模开始扩张。

马云说阿里巴巴曾犯下一千零一个错误。他们扩张得太快,在互联网泡沫破裂后不得不裁员。到 2002 年,他们拥有的现金只够维持 18 个月。阿里巴巴网站的许多用户都在免费使用服务,他们不知道如何获利。于是他们开发了一款产品,为中国的出口商和美国的买家牵线,这个业务模式拯救了他们。到 2002 年底,他们实现了 1 美元净利润,终于跨过了盈亏平衡点。自那以后,公司的经营业绩每年都在提高,现在阿里巴巴的盈利能力已经相当强。

3. 知识更新意识

创业者创业后面对的第一个,也是最普遍的问题就是出现了知识恐慌,因为原有的知识底蕴和劳动技能,已经不足以支持他们应对创业中出现的大量的新情况和新问题。因此,创业者应该随时注意进行知识的更新,才能适应和满足繁重的创业需求。

案例学习 1-8

创业者要不断学习才有可能成功

1994 年,郭丹考入天津中山涉外金融中专学校。毕业后,她选择了创业。2006 年,郭丹筹集资金三万元,在河西租赁了一间不足 100 平方米的旧厂房,开办了一个叫“久金”的洗车房。由于技术不行,洗车的质量很差。每天只有十来辆车的业务量,所得收入几乎与费用支出相抵,自己白搭工。

为了改变这种情况,郭丹选择了学习。她几乎走遍了区内所有的洗车房,又多次去河北、市内较有规模的洗车房,虚心向人家求教,细心观察人家的操作,暗中“偷艺”,千方百计地把洗擦车技术学到手。除此之外,她还初步学会了汽车装饰的一般技术。为了掌握汽车贴膜技术,她常常在收工后将一块汽车玻璃带回家,在爱人的帮助下,反复练习贴膜技术,通宵达旦,直到自己满意为止。功夫不负有心人,付出了艰苦努力的郭丹掌握了较为熟练的技术。而且她在向同行们学习的同时,融进了自己的心得体会,使她的工作质量和服务质量都发生了质的变化。学习、创新,永不满足,是她永恒的理念,也是她事业发展的坚实基础。

“充电”归来的郭丹使“久金”洗车房的经营状况焕然一新。洗擦车的质量与同行们的水平不相上下,但在细微处却超出一筹。一些高档车洗擦后,表面很干净,但时间不长就会发现有些污水从车门把手、倒车镜、前牌照、后备箱、车窗玻璃等缝隙中渗流出来,形成污痕。不但影响车体美观,还会因长期局部积水造成车辆的腐蚀。细心的郭丹察觉到了这个现象后,反复试用解决办法,最后她采用了大功率气泵吹干后再反复擦拭的方法解决了这一难题。就是这么一点点的小改进,她赢得了客户的满意,提高了“久金”洗车房的声誉。冬天洗擦车,车身即使结了冰也容易擦干,但倒车镜镜面上的冰水却很难擦干。为了保证质量,创出自己的声誉,在没有相应设备的情况下,郭丹就用嘴里哈出的热气去融化镜面上的冰层,再用细布反复擦拭,直到干净为止。感动得客户连声说,干这行真不容易,郭丹这么认真负责,以后洗擦车还到这里来。

新客户宣扬出“久金”的服务好、质量好的信息,一些不“回头”的老客户纷纷“回头”。靠着在勤奋的学习中不断地超越自己,郭丹以过硬的技术和优质的服务,在激烈的市场竞争中站稳了脚,发展了自己的事业。

对于这段经历,郭丹有着自己的理性分析。她说,是创业现实让她选择了学习,吃苦耐劳的苦干很重要,但有目的地向别人学习更重要。学习了才能知道自己的不足,学习了才能找到提高自己的方法。从这个角度说,学习是“捷径”。

4. 资源整合意识

整合理念是现代营销学中的崭新理念，是在全球经济一体化的新形势下，跨国集团寻求企业最大利润空间的一种战略能力。任何一个创业者都不可能把创业中所涉及的问题全部解决好，也不可能把一切创业资源都准备充足。所以，要学会进行资源整合。因此，资源整合的原则不仅是创业设计中的一个重要原则，也是在创业中借势发展、巧用资源、优势互补、实现双赢的重要方法。

创业者刚刚开始创业，资金不足，资源缺乏，没有经验，不会经营。如有的创业者在银行开立了账户，拿到支票都不知道图章盖在哪里。可以说，每一步都可能洒下一把泪，碰出一头包。在这种情况下，给他们一座金山，不如给他们一种能力，使他们放眼看到现代企业的发展趋势，把握崭新的创业理念，并以此为武器，去进行各种最佳创业要素的整合，开拓自己的未来之路。这种现代创业意识，必将成为创业者快速崛起的一种特效武器。

案例学习 1-9

借力修天桥

在天津生活的人都知道国际商场，国际商场是天津市第一家上市公司，20 世纪 80 年代初期开业，定位于引进国外最好的商品，让改革开放初期急于了解国外又无法出国的人了解国外，准确且新颖的定位使国际商场开业后生意很红火。国际商场紧邻南京路，这是一条十分繁忙的主干道，道路对面就是滨江道繁华的商业街。在国际商场刚开业时，门口并没有过街天桥，行人穿越南京路很不方便也不安全。这里应该修建天桥，这是很正常的事情，估计经过那里的人都会很自然地想到这一问题。但是，估计绝大多数有这样认识的人会觉得这个天桥应该由政府来修建，所以想想、发发牢骚也就过去了。有一天，一位年轻人同样也产生了这样的想法，他没有认为这是政府该干的事情，而是立即找政府商量，提出自己出钱修建过街天桥，而且还不说是自己建的，希望政府批准，但前提是在修建好的天桥上挂广告牌。不花钱还让老百姓高兴，再说天桥也不注明谁出资修建，政府觉得不错，就同意了。这个年轻人拿到政府的批文，从政府出来后立即找可口可乐这些著名的大公司，洽谈广告业务，在这么繁华的街道上立广告牌，当然是件好事情。就这样，这位年轻人从大公司那里拿到了广告的定金，并用这笔钱修建了天桥还略有剩余。天桥修建好了，广告也挂上了，年轻人从大公司那里拿到余款，这就是他的第一桶金。

5. 进行创业战略策划意识

市场的竞争在某种意义上说就是经营韬略的竞争。策划是一种智力引进，是一种思维的科学。它是用辩证的、动态的、发散的思维来整合行为主体的各种资源和行动，使其达到效益或效果最佳化的一个智力集聚的过程。大到企业发展战略，小到一句广告语，都要经过策划的过程。因此，从本质上讲，策划就是对其进行战略设计的过程，也是对每一个具体事件和行动进行战略思索的过程。可是，相当多的创业者，习惯于“两眼一睁忙到三更”，却不善于研究企业发展战略，不善于进行市场策划，走弯路的例子屡见不鲜。因此，对创业者进行创业战略策划意识的培养也是非常重要的。

案例学习 1－10

有位美国人制定了他的生意策略，4个月后，自己对结果感到非常吃惊。

他在网上卖的是关于如何利用计算机做生意的生意策划(卖点子)。他准备了一盒教学录像带，教您如何开始建立家庭式的生意，如何让自己的电脑成为每月赚4000美元的赚钱机器。他的每个投资项目策划售价约995美元，同时他给出了500多种生意点子。

起先他做广告，向人们免费提供他生意策划的一些信息。几千个人出于好奇，在他的网站中向他发送电子表单，索取免费的信息介绍。他的自动回复电子邮件用3页的篇幅概要地介绍了他能提供的影带和其中的内容。然后，他宣布如果要向人们说明其中有价值的信息，大概需要20多页，而且在纸上要说清楚几乎是不可能的。如果有人有兴趣，也能承受1000美元左右的投资，他非常愿意寄给他这套录像带，录像带的内容非常翔实，且包括了教他如何具体操作。如今，他每周从网上获得成千上万的订单。

6. 开发信息资源意识

信息是资源，是财富。但是，很多创业者不懂得信息的价值和信息资源的重要性，不会寻找和利用信息资源，更不懂如何去开发信息资源中的价值。

正如一个创业者所讲的："刚创业时，我不懂得查寻信息，寻找商机。每天只懂得'傻愣愣地站着，傻愣愣地喊'。结果，一天下来，腰酸腿疼，还不挣钱。"后来经过创业培训，这个创业者学会了如何在浩瀚的信息海洋中筛选对自己有用的信息，从对这些信息的筛选中，她获知国际上需要超薄型针织服装的信息，立刻加紧运作，从香港引进了用细羊绒和蚕丝制成的冬暖夏凉且重量十分轻的超薄型针织面料，还添置了先进设备，充实了技术人员，并对员工进行培训，很快就让自己工厂生产的春、夏、秋、冬四季超薄型针织服装上市，深深地尝到了开发信息资源的甜头。

7. 树立寻找和抓住创收点的意识

创业者创业就是想挣钱，但是，相当多的人却不知道怎么去挣钱。这一点突出地表现在经营中抓不住创收点上。创收点是企业的获利点，现代商业中知识的含量、科技的含量越来越高，已经成为重要的获利点，创业者一定要认识到：商机是商业模式设计的着眼点，创收是经营运作的落脚点。好的创业模式必须能够最大限度地创造商业价值才行。

因此，每一个创业者在创业模式设计中不仅要找准创收点，而且要紧紧围绕实现创收点进行商业运作和拼搏。这些重要的现代营销学的观点，一定要成为创业者心中的一盏灯。

案例学习 1－11

保健酒为果农创收2000万

同样是从树上掉下的一个苹果，常人最多想到秋天来了，牛顿却由此发现了万有引力定律；同样是看着卖不完要烂掉的杨梅，有的人只会一筹莫展，暗自神伤，而有的人却能从这些紫红紫红的果实里看到未来发展保健酒的商机所在。

2004年12月成立于湘乡市的华商东方威生物制品有限公司是湖南东方威的前身。经过5年的发展，东方威已经与湖南中医药大学达成产学研全面合作协议，成为中医药大学的产学研基地，并准备将"杨梅保健酒"这一产品做大做强。

据东方威的董事长成仲阳回忆，本来是个上班族的他，后来决定和几个志同道合的朋友联手创业。选定杨梅保健酒这个项目，是因为看到作为杨梅重要出产地的湘乡市，每年都有大量的杨梅因为卖不完而烂掉，十分可惜。经过前期的市场调研和分析，成仲阳和他的合伙人对开发杨梅做成果酒的市场前景十分看好，产品甚至还搭上了"保健酒"这一行业热门概念，这使成仲阳和他的合伙人顿时信心大增。

创业初期，大笔的启动资金常常成为通往创业成功道路上的一只拦路虎。但这并没有妨碍成仲阳和他的合作伙伴们拧成一股绳的创业热情，50万元的注册启动资金是通过分期付款的形式凑出来的。公司从2004年成立至今的9年时间里，采取"公司+农户+基地"的形式，利用地方资源对杨梅进行深加工，在原湘乡市供销合作社总社原月山供销社机关25亩的土地上建设了年产6000吨东方威杨梅酒项目。

"为了这个项目，我们一共投资了5097.94万元，销售额增长了13000万元。"成仲阳自豪地说："杨梅酒现在每年可上缴国家税金6896万元，企业税后利润2200万元。"一个个鲜活的数字都成为成仲阳对杨梅酒项目未来发展前景的强心针。

8.确立挑选优化环境意识

创业环境是重要的创业要素，也是创业企业快速崛起的重要支撑要素。一个十分优越的创业环境，对于创业企业的快速发展和崛起具有十分重要的意义和作用。

案例学习1-12

独特的创业环境造就硅谷式成功

在硅谷，没有什么比看着周围到处是创业成功者更能让人热血沸腾了。除了这些激动人心的成功故事激励创业者以外，硅谷的创业环境更为重要，它让创业成功变得触手可及。

首先，硅谷有很好的诚信环境，彼此之间容易建立起信任，这不仅得益于硅谷严格的法律制度，而且失信所带来的人格受损风险也让大家重视诚信，信誉如果受损可能终生难以恢复。所以美国创业者不会也不敢欺骗投资人。在这样的环境下，创业者只要有好的想法，好的项目，都可以吸引到投资者。事实上，硅谷的教授们也是投资好手。在硅谷文化形成的过程中，这些支持和鼓励学生创业的教授功不可没；这种投资人与创业者彼此信任的诚信环境，也功不可没。

其次，硅谷创业公司的成功还得益于互利互惠的合作精神。在硅谷，只要你的产品独特、有价值，大公司就会愿意跟小公司合作。

最后，硅谷的优秀的人才非常乐意加入创业公司。一些有能力的、有想法的毕业生对创业公司怀有激情，他们认为这些公司更能激发自己的创造力，同时成功的回报也异常丰厚。而美国社会更是赞赏这种冒险精神，认为加入创业公司是一种创新精神，不仅不会被轻视，反而能得到赞许。

二、大学生应具备的创业意识

1.树立远大理想，发现机遇的意识

一般认为成功的创业者应该是善于发现机遇的人，是习惯于创造理想的人。理想会指引创业者去寻找、捕捉机遇，并将机遇转化为自己所追求的事业。例如，当微软刚开始创业的时候，其创始人比尔·盖茨就提出这样一个伟大的理想：让计算机进入家庭，并放在每一张桌子上。进入21世纪后，微软又提出新的理想：通过优秀的软件赋予人们任何时间、任何地点、通过任何设备进行沟通和创造的能力。微软每一次的成功都得益于一个又一个的理想。

案例学习 1-13

用积极的心态去发现创业机会

大家都知道牛仔裤的发明人是美国的李维斯。当初他跟着一大批人去西部淘金,途中一条大河拦住了去路,许多人感到愤怒,但李维斯却说"棒极了!"他设法租了一条船给想过河的人摆渡,结果赚了不少钱。不久摆渡的生意被人抢走了,李维斯又说"棒极了",因为采矿需要大量的饮用水,于是别人采矿他卖水,又赚了不少钱。后来卖水的生意又被抢走了,李维斯又说"棒极了",因为采矿时工人跪在地上,裤子的膝盖部分特别容易磨破,而矿区里却有许多被人丢弃的帆布帐篷,李维斯就把这些旧帐篷收集起来洗干净,然后做成裤子,"牛仔裤"就是这样诞生的。

2. 追求理想,专注热爱的意识

创业者仅有理想还不够,还要能够把理想进行优选提炼,凝聚成为一生的热爱和追求,并把这种热爱和追求与所创业的领域融为一体,才能保证有足够的耐心和坚韧、有足够的勇气和信心,去战胜各种艰难险阻和困境挫折,坚定不移地走自己认定的道路。

案例学习 1-14

执著追求　成就创业梦想

邱志峰是浙江温州人。1992 年,他放弃了温州泰顺县国土资源局公务员这个"铁饭碗",只身来到湖北承包工程。在湖北一待就是 4 年,工程承包虽盈利 40 多万,但都被人拖欠。为了追讨工程款,他花了整整一年的时间,东奔西走,费尽口舌,终因欠款单位破产、倒闭或恶意拖欠而人去楼空。

面对如此的窘境,邱志峰并没有气馁,而是不断提醒自己:绝不能放弃!1998 年,一次偶然的机会点燃了邱志峰再次创业的激情。他以年租金 9 万元承包了忠县钢材厂,开始体会到创业成功的喜悦。2002 年他创办了长寿区云台钢厂,2006 年他加入了浙江东方工模材料有限公司,并兼并了忠县白水泥厂和万州金属制品厂,组建了忠县一胜特工模材料有限公司,当时年缴税金就达到千万余元人民币。2008 年 2 月,邱志峰通过对徐州、天津、重庆等地的市场进行调查、分析后,组建了重庆市亿祥置业发展有限公司,注册资金 3000 万元,启动了重庆温州商贸城的项目建设,并致力打造渝东北地区大型综合批发市场。

近年来,重庆温州商贸城相继获得了"西部首家名品购物广场"、"中国绿色低碳最具投资价值商业楼盘"、"重庆博览会铂金楼盘"等荣誉,同时连续两年被县国税局、县地税局授予"A级纳税企业"。

3. 学习新知,进取提升的意识

任何事业的长久发展,都需要树立不断学习新知识、新经验、新技能,补充自身不足、提高自身水平的强烈意识。创业者为了实现自己的蓝图,就必须勇于突破职业、年龄、性别、环境等诸多条件的限制,以强烈的好奇心和求知欲,对凡是有益于事业的东西,都如饥似渴地学习,不断地完善自己,提高自己。

案例学习 1-15

成功来自高效的学习能力

上海子信通信技术有限公司公司董事长　康睿宁

回顾一年的创业路，如果问有什么感想，我要说，主动培养自己的学习能力，是创业前不可或缺的准备工作。

大学前两年，我埋头读书，打下坚实知识基础。英语和计算机是21世纪人才必须掌握的技术，所以在大一时，我靠自学通过了大学英语六级和计算机相关课程，并直接参加学校免修考试，获得优异成绩。大二时，我搬出了集体宿舍，开始有选择的自主学习。我读化学系，但是自己真正的兴趣却是管理。我通过互联网完成了网络学校的十几门企业管理课程，以及欧洲高级商学院全套MBA课程。这些课程开阔了我的眼界，由此接触到国外先进理念，同时进一步提高了学习能力。

2004年1月，第四届"挑战杯"大学生创业大赛在上海举行。我与5位同学，在上大商学院陈宪院长指导下参加比赛。在以前自学过的管理学知识基础上，我和几个同样没有经济管理专业背景的队友一起，快速学习创业知识。在决赛现场，我们这支"非专业"团队，和其他兄弟院校由全MBA学生，或是数个博士坐镇的"豪华阵容"同台竞技，最终以第二名(金奖)博得满堂彩。

2005年7月我接触到VOIP(网络电话)产业。这是一个之前从未接触过的领域。但是较好的学习能力让我立刻就能深入这个领域，仅用一两个月就完成了核心技术软件VoipSwitch的学习。很快，我又将"网信卫话项目"在上大科技园区孵化。VoipSwitch软件代理、香港耀邦国际有关负责人连连称赞我是他所见过的"学得最快的客户"。此后，我经常以"技术顾问"身份，帮助耀邦国际调试新用户的软件交换系统。

4. 依据社会公理，确立创业理念的意识

在当今信息繁杂和知识爆炸的年代，创业者必须坚信：付出必有回报。因为市场经济的基本规律是等价交换，无论任何人，只有与社会和谐共存，为社会作出贡献，才能长久地生存发展；同时坚信"人之初、性本善"的基本人性不会改变，然后用这些基本的原理，与实际相结合，进行科学理性的逻辑分析推理，构建一系列指导自己和团队行动的理论体系。其中团队的远景、核心价值观和使命是企业稳健发展的命脉，是企业战略决策清醒正确的保证。世界500强著名企业IBM创始人托马斯·约翰·沃森，从创立公司之始，就依据社会和经营的基本原理，确立了明确的企业原则和信念，如依据以人为本的理论，确定必须尊重个人的理念；依据市场经济等价交换的原理，确定必须尽可能给予顾客最好服务的理念；依据物以稀为贵、付出即有回报的原理，确定必须追求卓越工作表现的理念。

5. 突破常规，创新创造的意识

创业者的经历、素质、所从事的行业领域各不相同，在创业过程中遇到的困难也不相同，这时必须要靠创业者的创新与突破，才能有所作为。任何的创业，都是一种探索，一切都要因时、因地、因人、因事而异。离开创新和创造，创业就不复存在。简单地模仿前人成功的经验做法是不能创业成功的。因为如今的世界，信息瞬间万变、科技日新月异、消费者需求永无止境，只有不停地创新创造，才能跟上时代的潮流，才能在异常激烈的竞争中站稳脚跟并脱颖而出。

案例学习 1－16

把梳子卖给和尚

某公司创业之初，为了选拔真正有能力的人才，要求每位应聘者必须经过一道测试：以比赛的方式推销 100 把奇妙聪明梳，并且把它们卖给一个特别指定的人群——和尚。

几乎所有的人都表示怀疑：把梳子卖给和尚？这怎么可能呢？搞错没有？许多人都打了退堂鼓，但还是有甲、乙、丙三个人勇敢地接受了挑战。一个星期的期限到了，三人回公司汇报各自销售成果，甲先生仅卖出一把，乙先生卖出 10 把，丙先生居然卖出了 1000 把。面对同样的条件，为什么结果会有这么大的差异呢？公司请他们谈谈各自的销售经历。

甲先生说，他跑了三座寺院，受到了无数次和尚的臭骂和追打，但仍然不屈不挠，终于感动了一个小和尚，买了一把梳子。

乙先生去了一座名山古寺，由于山高风大，把前来进香的善男信女的头发都吹乱了。乙先生找到住持，说："蓬头垢面对佛是不敬的，应在每座香案前放把木梳，供善男信女梳头。"住持认为有理。那庙共有 10 座香案，于是买下了 10 把梳子。

丙先生来到一座颇负盛名、香火极旺的深山宝刹，对方丈说："凡来进香者，多有一颗虔诚之心，宝刹应有回赠，保佑平安吉祥，鼓励多行善事。我有一批梳子，您的书法超群，可刻上'积善梳'三字，然后作为赠品。"方丈听罢大喜，立刻买下 1000 把梳子。更令人振奋的是，丙先生的"积善梳"一出，一传十，十传百，朝拜者更多，香火更旺。于是，方丈再次向丙先生订货。这样，丙先生不但一次卖出 1000 把梳子，而且获得长期订货。

6. 调节情绪，保持平和心态的意识

创业过程是艰苦的，创业者承受的心理压力是常人难以想象的。如无法承受压力将会迷失方向，后果则不堪设想。创业者要成功创业，必须始终保持清醒和理智，处变不惊，排除外在的干扰或诱惑。

案例学习 1－17

2008 年，徐胜广创办了一家外国投资银行在大陆的公关公司。第一个客户是一家欧洲有名银行，不巧的是，全球金融危机袭来，公司刚做完第一单生意，这家银行就被另一家国际大银行兼并了。公司开拓到的第二个客户，是台湾一家证券公司，然而配合不久，这家证券公司又出现大的变故。到第三个客户时，也是一家知名的跨国外资银行，徐胜广的钱还没收回来，这家银行又爆出巨亏数十亿欧元……整个 2008 年，徐胜广都在苦苦挣扎，股东因看不到渴望而放弃，员工因无事可做而离开，最后全部公司只剩下徐胜广跟另一个股东。

在那段艰难的日子中，徐胜广经常整个晚上睡不着觉，为了坚持公司，他曾在广州市天河区的车陂路口摆过地摊卖书，在员村家乐福门口开过卖饮品的档口，但他的公司始终在保持。到 2009 年 5 月，金融市场开始回暖，徐胜广重新联系客户，终于使公司得到了迅速发展的机会。

7. 关注细节，紧盯结果的意识

"天下大事必作于细"，成功的创业者，必须深刻地理解细节决定成败。我们任何一个理想和目标，都要靠脚踏实地、一步一步去实现，同样，我们在做任何工作，关注工作中的每一个细节时，时刻要牢记自己的目标是什么，警觉并预测自己的行动会导致什么样的结果。以目标和结果为导向的细节意识，才是创业成功的重要保证。否则，要么是迷失方向的徒劳，要么是眼高手低的空谈。

案例学习 1－18

徐小姐能做老板吗?

徐小姐一门心思想做老板。经过7年的努力工作和省吃俭用积蓄了一笔资金，其中10万元做了注册资金，5万元用于流动资金。她认为，个人创业必须有丰富的工作经验。所以在过去的工作中，她总是分内分外的事全都抢着干，从不计报酬。尤其是经营方面的事，她更是竖着耳朵听，目的就是为了多学点本事，为自己开公司作准备。另外，她认为个人创业必须有一个好的项目。于是，她选择了一个当时的朝阳项目——房地产租赁咨询。

在办齐所有手续后，她勤勤恳恳努力工作，但她怎么也没想到，最初的3个月几乎没有生意，直到第6个月才稍有收入，可生意很不稳定，半年来，她赔了3万元。她开始动摇了，觉得自己是在靠天吃饭，靠运气吃饭。她认为做生意不应该是赌博，肯定是哪儿弄错了。她不想再这样干下去了，她认为不能等到这15万元都赔光的时候才行动。她要去弄明白问题到底出在哪里。于是，第7个月她关掉了公司。

8. 改造员工，影响他人的意识

创业初期的团队，人力资源一般是匮乏的。团队内部或是缺乏知识技能，或是缺少经验素养；团队外部社会关系生疏，可以调动借用的外部资源稀缺。因此，创业者必须有强烈的影响和改造他人的意识。对内，创业者必须努力提高员工素养、培养团队精神、凝聚团队力量；对外，创业者本人必须要有强烈的意识去影响和改造与自己事业有关联的组织和个人，如政府职能部门、媒体、投资者、经销商、消费者等，最大限度地改善外部环境，调动所有力量来支持自己的事业。

案例学习 1－19

解密王石的领导力

王石认为，尽管目前国内房地产业鱼龙混杂，但将来的竞争一定是专业化的，比拼的核心就是职业化的人才队伍。基于这种认识，万科提倡“学习是一种生活方式”，在鼓励员工自我提升的同时，还自觉建立了系统的培训体系。培训对象涵盖了从打字员到董事长的所有员工，培训内容既有专业素质与技能，也包括管理能力和领导能力的深入开发。与此同时，万科也有意识地抓好了内部培训师队伍的建设，这使得培训内容越来越具有针对性，培训形式也日渐丰富和多样。

王石曾明确表示，“我不培养接班人。我是培养团队，我是建立制度，我是树立品牌。”2001年，当时年仅50岁的王石就自豪地对外宣布，万科总部及其直属企业员工的平均年龄为32岁，拥有大专以上学历的占77%；从少帅郁亮到下属公司的总经理，平均年龄不到35岁，且基本拥有10年以上的万科“司龄”。

万科自己培养的年轻管理团队，职业素质高，业务能力强，既对公司非常忠诚，又从心里认同万科以职业经理人建设为核心的公正、透明、开放的公司文化。万科的第二代豪华管理团队，正是其他第一代已经退休和将要退休的企业家们最羡慕“宝贵财富”。

9. 居安思危，与时俱进的意识

创业是一种风险很大的社会实践活动。一般而言，创业者在刚开始创业的时候，还是具有比较强的拼搏进取精神，也比较能吃苦耐劳、勤俭节约，但等创业有了少许成就之后，由于不愿再承受更多的压力和责任，很多人会产生贪图享受、不思进取的心理，从而失去了刚刚创业时期的那种敏锐和忧患意识，而真正的危机恰恰就在这时降临。创业者往往把过去一些成功的做法加以僵化，不管条件变化与否，都当做经验教条来奉行，违背了实事求是的原则，这样必然会犯错误。所以，保持居安思危、与时俱进的意识，是创业者永葆青春与活力的根本保证。

案例学习 1－20

居安思危，从研究竞争对手开始

这段时间，经常能听到“日本是产业大国、技术大国”这样的话，可是在5年前，人们还在说“日本可以成为技术先进国”。但事实上，比如说在半导体领域，尤其是在DRAM（动态随机存取存储器）领域，日本企业怎么都没有想到自己会输给韩国的三星。

对于韩国三星，日本人认为“三星只不过是抄袭了日本的技术，没有必要向他们学习什么”。相反，三星总裁李健熙对于三星的未来有很强的危机感，他呼吁全体员工“为了应对难以预测的危机，必须抱有危机意识”。

居安思危，是提升企业持续发展的动力能源之一。而危机感，有一部分来自于你的竞争对手给你带来的威胁。如果只安于现状，不思进取，当有一天竞争对手突然跑到你前面时，估计你能做的只剩下目瞪口呆和措手不及了。

项目三　创业与自我生涯发展

职业生涯规划（career planning）简称生涯规划，又叫职业生涯设计，是指个人与组织相结合，在对一个人职业生涯的主客观条件进行测定、分析、总结的基础上，对自己的兴趣、爱好、能力、特点进行综合分析和权衡，结合时代特点，根据自己的职业倾向，确定其最佳的职业奋斗目标，并为实现这一目标作出行之有效的安排。在现代社会，一个人只有尽早做好生涯规划，认清自我，才能准确地把握人生方向，塑造成功的人生。实践证明，在创业中能够取得成功的人，往往是那些有着一种清晰的自我生涯规划的人。

一、生涯规划的制定

关于职业生涯规划的制定，正日益变成一个专业化的领域，现在很多专业的职业咨询机构和有关专家在进行职业咨询、指导时，通常采用5个“What”的思考模式，它构成了制定职业生涯规划的前提性步骤。5个“What”具体如下：

第一，What are you? 要求一个人对自己做一个深刻反思与认识，对自身的优势与弱点都要加以深入细致的剖析。

第二，What do you want? 要求一个人对自己未来职业发展的目标和前景，做出一种愿望定位、心理预期和取向审视。

第三，What can you do? 要求一个人对自己的素质，尤其是自身的潜能和实力进行全面的测试和把握。

第四，What can you support you？要求一个人对自己所处的环境状况和所拥有的各种资源状况有一个客观、准确的认识和把握。

第五，What can you be in the end？要求一个人对自己所提出的职业目标以及实现方案做出一个具体明确的说明。

一般而言，清晰、全面地回答了以上5个问题，就为能够系统地制定出一份个人的职业生涯规划准备了一个重要前提。

对于一个立志创业的人来说，职业生涯规划与其创业规划在一定程度上是相同的。要制定一份好的创业规划，从原则上说，应该把握三个主要内容：自己能够做什么，社会需要什么，自己拥有什么资源。因此，就有必要进行自我分析、环境分析和关键成就因素分析。

首先，自己能够做什么。作为一个创业者来说，只是知道自己想干什么，这还是不够的，更重要的是，应该知道自己能够做什么、做到什么。当然，这也是相对而言的，因为一个人的潜能发挥是一个逐渐展现的过程。但是，一个人对自己的兴趣、潜能有一个基本的认识，仍然是一项具有前提性的工作。

其次，社会需求什么。一个人在明确自己想做什么、能做什么的同时，还应考虑社会的需求是什么这一重要因素。如果一个人所选择的创业领域既符合自己的兴趣又与自己的能力相一致，但却不符合社会的需求，那么，这种创业的前景无疑会变得暗淡。由于分析社会需求及其发展态势并非一件易事，因此，在选择创业目标时，应该进行多方面的探索，以求得出客观而正确的判断。

第三，自己拥有什么资源。要创业，就必然依赖各种各样的资源。创业者应该清楚地审视自己所拥有或能够使用的一切资源的情况，是否足以支持创业的启动和创业成功之后可持续地进行。这里所说的资源，不仅指经济上的资金，还包括社会关系，即通过自己既有人际关系以及既有人际关系的进一步扩展所可能带来的各种具有支持性的东西。

总之，一份创业规划也必须将个人理想与社会实际有机地结合，创业规划同样能够帮助一个人真正了解自己，并且进一步评估内外环境的优势、限制，从而设计出既合理又可行的职业事业发展方向。只有使自身因素和社会条件达到最大程度的契合，才能在现实中发挥优势、避开劣势，使创业规划更具有可操作性。

二、创业规划的制定

一份创业规划能够在多大程度上取得成功，就取决于它在多大程度上对以上三个原则进行了准确的把握，并进行了最完美的结合。

如果具体地说，一份创业规划至少应该包括以下一些主要方面的内容：

(1)确立创业目标和方案。一个人要把一个创业理想变成为现实，首先就必须确立一个创业目标并制订一个总体计划。

(2)制定创业原则和步骤。创业原则常常是在创业理念的指导下确立的，它会产生有效的创业实践构想，并使创业活动赢得新的资源。创业步骤把整个创业过程和有关阶段加以具体划分，但是，它在深层上仍然是创业目标、创业原则的一种体现。

(3)创造创业的基本条件。要创业，从来不是等到条件成熟了之后才开始的。创造创业的基本条件，这本身就是创业的一个重要组成部分。这种条件既包括创业领域的内在条件，也包括创业领域的外在条件。

(4)确定创业的期限。有必要制定一个关于创业成功的时间表,有的专家认为,创业期限以两年为最佳,换言之,创业者应尽量在两年以内把创业的产品做成功。但是,创业环境和市场是处在发展和变化之中的,人的主观努力应尽量与环境的客观条件相符合,以确定最佳的创业期限。

(5)提出好的创意。一个独到新颖的创业创意,能够较大可能地把市场的需求与产品的生产结合起来,从而形成一项新事业的生长点和扩展基础。

(6)组织创业团队。要创业成功、要创成大业,就常常需要一个团队的共同努力。在组建一个创业团队时,应该把团队精神或合作意识放在至关重要的地位上。

(7)选择风险投资者。首先,要选择能够同甘共苦的风险投资者,以便在创业不顺利的时候,还能够继续得到支持;其次,要寻找具有较大影响力的风险投资者,他的经验和力量本身就是一种重要资源。

大学生创业故事

尹志钦:大学生回农村创业卖土鸡蛋

别人跳出“农门”进“城门”,希望在城里扎根生存。他却走出“城门”奔向农村。毕业于武汉大学的小伙尹志钦放弃城里优越的工作,回到农村售卖鸡蛋。他把家乡山鸡蛋、土鸡蛋送进城,迈出艰难创业的第一步。他说,他坚信自己会在这方热土上闯出属于自己的一片天 。

辞掉好工作回家卖鸡蛋

6 月 25 日下午 3 时许,尹志钦和他的合作伙伴周泽青刚从青岛送蛋返回。“6 时许就出发了,共送了 300 多个鸡蛋和几只鸡。”尹志钦抹了一把汗笑着跟记者说,当天的收成还算可观,销售额近一千元。尹志钦就是那个回家做“卖蛋郎”的武汉大学毕业生。记者了解到,尹志钦是一名 90 后,黄岛区六汪镇人。他是武汉大学资源与环境学院 2013 届毕业生,出身土地资源管理专业的他,本来可以跟同学一样,进入房地产公司从事测绘、投资管理等工作。但大学时代,担任过互联网社团产品经理的他,却对互联网行业情有独钟。大四那一年,在经过了层层选拔后,尹志钦拿到了进入行业巨头百度工作的机会。

面对这样很多人艳羡的工作,尹志钦却有些迟疑。“百度推崇的是工程师文化,而我所在的岗位,并不涉及技术。”在反复考量后,他最终选择了自己同样感兴趣的电子商务行业,进入一家知名物流公司。“我在大学时候,就注意到很多城里人来村里买土鸡蛋,到了过年过节,还有人开着车来买鸡买羊。”虽然有稳定工作,但是他仍然放不下自己创业的念头,今年 3 月份他不顾家人的反对,辞掉别人眼中的好工作,回到黄岛区六汪镇的老家,决心做一个天天跟鸡蛋打交道的“农夫”。“没意思,上班没激情,不是我想要的生活。”

乡下收鸡蛋卖到城里

“很多城里人专门开车去农村买土鸡蛋,却因为掺假买不到优质产品。”种种食品安全问题也让他看到市民对优质鸡蛋的需求,于是他便与发小周泽青开始了创业路。“实施前,我们利用一个月时间转遍了黄岛区所有的山。”为了找到合适的蛋源,两人的腿都跑细了。随后借由互联网宣传,推广自己的山鸡蛋和土鸡蛋。一开始亲戚、朋友捧场,后来又把他们的朋友介绍过来,尹志钦卖的鸡蛋渐渐被越来越多的人知道了。

为了保证新鲜度,他都是采用客户先下单 ,再去农户家收鸡蛋,收完后进城配送的方式 。在尹志钦那里,山鸡蛋的价格大概为每个 2.2 元左右,土鸡蛋则为一个 1.8 元,虽然价格比普通鸡蛋贵一倍，但还是有一些客户很中意。“市场上有些说是土鸡蛋，但那个价格一看就是假的，微信和微博的销售核心就是信任，很多客户连问都不问，直接就愿意下订单。”尹志钦说，作为年轻人创业，很多陌生人的信任显得尤为可贵，有一个客户短短半个月下了4次订单，每次都买40个鸡蛋，这让尹志钦有了被信任的感觉。订单越来越多，尹志钦忙的时候往往从早上6时出门，天黑才回家。

对创业满怀信心

创业之初没有交通工具，所有的鸡蛋都靠尹志钦和自己的小伙伴进城配送，公交车成了他们的物流工具。客户遍布青岛市区和黄岛新区，最累的一次，尹志钦坐了300多站公交，才把几单全部送完。“那几天客户比较少，我们就跟客户商量，能不能攒个两三天，然后集中配送，他们也都很理解。”攒了六七个订单后，早上7时，尹志钦和同事同时出门，开始往市内送鸡蛋。先坐农用车从村里到达镇上，然后转公交到黄岛，过隧道到市区，再一趟趟转车。

“来回倒了好多次车，有的时间衔接不好，车次比较少的情况，需要等上很长时间。”回忆起那天的经历，尹志钦说自己回到家腿都有些站不住，坐公交车到屁股疼，晚上坐到黄岛之后，甚至已经没有公交车回家，幸亏联系到了一名顺路的老乡，才搭车回到了家。现在为了方便配送，尹志钦购进了一辆二手车，方便他进城送货，随着客户的增多，从开始一天只能卖40多个蛋，到现在一天销售额达千元。虽然放弃了稳定的工作，但回归田园，回到自己熟悉的家乡，尹志钦觉得心里格外踏实。他说，自己想在新区发展下去，他相信自己的土鸡蛋会越卖越好。

拓展阅读

“淘宝大学”副院长：“创业是最好的教育”

教室里，老师在讲台上讲课，学生则猫在电脑后，座位旁还散落着时下流行的打底裤、针织帽等网购热卖品。他们正通过淘宝旺旺和顾客谈价格、接单子，生意热火朝天，键盘声不绝于耳……

这就是《环球人物》杂志记者在义乌工商职业技术学院（简称义乌工商学院）创业班看到的一幕。这个学校被称为“淘宝大学”，却和马云没有关系，这里有另一个教父——被称为“创业教父”的贾少华，义乌工商学院副院长。

两年前，他第一次成为媒体追踪的焦点，是因为他规定以网店级别代替学分，将课堂变成商场。而今，他又表示要让6门课不及格的石豪杰以“优秀毕业生”的身份提前毕业。贾少华的离经叛道屡次刺痛传统教育的神经。当记者称其为“最不正统的老师”时，他却连声否认，“‘不正统’是你们媒体封给我的，其实我‘很正统’。”

贾少华并不认为自己推动的创业教育有多了不起。“从大学出来的学生找不到工作，校长、老师还心安理得，还为罗列出的一大堆研究成果而沾沾自喜。可事实上，学生是学校生产的产品，老师是生产者，产品如果不受市场欢迎，就意味着我们的失败。”这个长着方脸粗眉的南方男人，温和的笑容里总会不经意间透露出精明以及掌控的威力。

一位采访过贾少华的记者这样写道：“他能激发起人们的热烈情感。无论对方是喜欢还是反感，他总能让自己的理念和学校成为话题中心。他会像个娴熟的电视推销员一样推销他的理念，口中吐出词组和短语，让听他演讲的人也为之兴奋。”

贾少华对记者说：“我现在所做的，本土的一些大学觉得很不可思议，其实这些不是我拍脑袋自创的，而是借鉴了国内外的经验，人家都已经做得很成熟了。例如，创业活动计算学分，香港理工大学早就有了。对于国内的创业教育,我只能说不是我走得太快,而是有人走得太慢。”

发达国家的大学生自主创业率达到23%~25%,而我国却不到1%。“中国的大学注重创业教育,为什么创业人才寥寥无几?”针对这样的提问,贾少华打了个比喻,“中国的创业教育就像在教室里用理论培养游泳运动员,培养出来的人看到水就发抖,下了水说不定就淹死。知识是他人经验的积累,能力是自身经验的积累。”大学生如果只是说要创业,却不付诸行动,梦想只会和所有的理论课本一样被束之高阁。在这个意义上,贾少华可以说是为学生们提供了一个“游泳池”。

记者:听说您奉行一个标准,“学习好的是好学生,创业好的更是好学生”。

贾少华:是的。我们给一般学院学生的奖学金是2000元,但创业竞赛的最高奖金是10万元,为什么差距这么大?我就是要鼓励创业,因为它不仅解决了学生自己的就业问题,还解决了别人的就业问题。

记者:但您从来不给学生发贫困补助金。

贾少华:对,而且学校的贫困生学费,我们一分都不减免,但我不会让一个贫困生辍学。学校设立了很多工作岗位,比如打扫教室、拔操场的杂草等,他们可以赚钱还学费。一句话:钱可以欠,但不能免,要还的。

记者:您始终高调地宣扬经济的诉求,甚至说,“我的眼里只有‘钻石’和‘皇冠’,能获得这样级别的学生才会受到我的青睐”。这样是不是太功利了?

贾少华:“钻石”和“皇冠”是我实行有效管理的落脚点。没有量化标准,缺少问责机制,无从追究,这样的教育是不负责任的。很多人说创业教育是着重培养学生的创业精神和意识,如果这两样东西无法考核,那叫忽悠人。

记者:您的女儿被保送清华大学又获得全额奖学金去美国加州大学伯克利分校读书,她接受的应该说是标准的“精英教育”,但您在自己的学院实行的是“去精英化”。您怎么理解这两种教育方式?

贾少华:现在国内高校,人人要做精英,结果却是“上不去,下不来”,这是很可悲的。有研究表明,只有1%的高校具有知识贡献、知识创新的能力,中国2000多所高校,有20来所具有知识贡献、知识创新的能力的高校就可以了。不同的学校有不同的使命,本科院校的重心都要往下移,这是国际上研究的结果。有人问我,如果我是清华大学的校长,还搞不搞创业教育?当然不会!清华大学有自己的使命。

记者:学院的创业教育有良好的发展与义乌的经济优势密不可分,您认为这种模式是否具有广泛的示范作用?

贾少华:我在外省讲课,他们说你这个模式只有浙江能做;我在浙江讲课,他们说只有义乌能做,唯独不从自己主观上找原因。一开始,我们免费给快递公司提供房间,他们不来;现在4家快递公司进驻学校,8个收货点还爆仓。这是一个过程,谁都有第一步,和义乌没有必然的关系。电子商务是跨越空间的,完全可以推广。

记者:您认为自己的创业教育成功吗?

贾少华:我们走这条路,同学们做得比想象中好,从这点来说,我们是成功的,我无限骄傲,但电子商务发展很快,创业环境也不断在变,我们怎么适应这个变革,如何加强教师队伍的建设,让更多的学生受益;怎样缩短创业摸索的阶段,为学生节约时间成本;如何形成系统化的教材体系,探索出可复制性更强的培养模式,这是我们要走的路,还很长,很有意义。

记者：假设有一天没有了电子商务，您的学生凭什么在社会上立足？

贾少华：我坚持认为创业是最好的教育方式。开网店的过程培养了学生的责任心、自信心，以及待人接物的礼节，懂得了怎么做人。商德不是靠说教，而是在创业过程中逐渐形成并积累的。即使互联网毁灭了，我的学生也能活下来，因为他们已经具备了洞察市场、捕捉机会的能力，具备了跟企业、跟供货商的谈判协调能力，与顾客的沟通维护能力，以及管理员工的能力等，这些经验沉淀下来，是所有商业环境下的立足之本。

思考与问题：

(1)你怎样看待大学生自主创业？

(2)你会选择进行自主创业吗？

项目任务一

一个美国小伙子立志做一名优秀的商人。中学毕业后考入麻省理工学院，没有去读贸易专业，而是选择了工科中最普通最基础的专业——机械专业。大学毕业后，这位小伙子没有马上投入商海，而是考入芝加哥大学，攻读为期三年的经济学硕士学位。更让人意外的是，获得硕士学位后，他还是没有从事商业活动，而是考了公务员。在政府部门工作了五年后，他辞职下海经商。又过了两年，他开办了自己的商贸公司。20 年后，他的公司资产从最初的 20 万美元发展到 2 亿美元。这位小伙子就是美国知名企业家比尔·拉福。他在接受记者采访时谈到他的成功应感激他的父亲的指导，他们共同制定了一个重要的生涯规划。最终这个生涯设计方案使他功成名就。我们来看一下这个成功的简图：

工科学习→工学学士→经济学学习→经济学硕士→政府部门工作→锻炼处世能力，建立广泛的人际关系→大公司工作→熟悉商务环境→开公司→事业成功

思考与问题：

(1)你从比尔·拉福的生涯规划中受到什么启示？

(2)请你给自己制定一个生涯规划。

项目任务二

在小组内围绕大学生群体的创业意识、创业精神的强弱等现状进行调查，分析大学生对创业的认识、态度、意识、精神等方面存在的问题，并提出建设性意见。

思考与问题：

(1)小组成员对周围的大学生朋友进行有关创业观的社会调查。

(2)小组成员共同撰写“大学生创业观”的调查分析报告。

模块二　创业者与创业团队

创业名言

如果你没有对某一件事情充满激情，你就不应该创业，绝不要为了创业而创业。

——史蒂夫·保罗·乔布斯

教学目标

1. 了解创业者所必须具备的基本素质与品质；
2. 认识创业团队的重要性；
3. 掌握组建和管理创业团队的基本方法。

重点难点

1. 重点：创业者基本素质与品格的养成，组建高效创业团队的原则与方法；
2. 难点：创业团队的组建与管理。

开篇案例

李嘉诚的创业之路

"一个有信用的人，比起一个没有信用、懒散、乱花钱、不求上进的人，自必有更多机会。"这是李嘉诚给年轻人的忠告，同时也是他的座右铭。

李嘉诚先生生于1928年7月29日，广东省潮州潮安县人。1940年日军侵华，李嘉诚随父母从家乡潮州逃难到香港。李嘉诚的父亲是教师，但到香港后一时找不到工作，便举家投靠家境颇为富裕的舅父庄静庵。可是不久父亲就患上了严重的肺病，临终时，他没有交代什么遗言，反而问李嘉诚有什么愿望。李嘉诚当即承诺："日后一定会令家人有好日子过。"

父亲病逝后，作为长子的李嘉诚为养家糊口放弃学业，去一家钟表公司打工，之后又到一家塑胶厂当推销员。李嘉诚深知，要想成为一个出色的推销员，首要是勤奋，其次是头脑灵活。在日后的推销生涯中，李嘉诚便充分发挥了这个"窍门"。当其他同事每天只工作八个小时的时候，李嘉诚就工作十六个小时，天天如此。李嘉诚对"打工"的看法是："对自己的分内工作，我绝对全情投入。从不把它视为赚钱糊口，向老板交差了事，而是将它当做是自己的事业。"就这样，李嘉诚只花了一年时间，业绩便超越了其他六位同事，成为全厂营业额最高的推销员。他当时的销售成绩，是第二名的七倍。十八岁的他受到老板的赏识，被升为部门经理。一年后，他当上了销售公司总经理。李嘉诚的快速晋升还有一段插曲：他在厂里当销售员时，再忙也要到夜校进修。他在会考合格后打算去读大学，老板为挽留这个人才，便索性把他提升到总经理的岗位上。

“长江”最初的风波

经过这一段时间的工作，李嘉诚开始估量自己的实力，他相信若自立门户，成绩可能会更好。1950年，22岁的李嘉诚辞去总经理一职，开始尝试创业。当时，李嘉诚的资金十分有限，多年来的积蓄仅有七千港元，不足以设厂。他向亲朋好友借了四万多港元，再加上自己的积蓄，在港岛的皇后大道西，开设了一家生产塑胶玩具及家庭用品的工厂，并取荀子《劝学篇》中“不积小流，无以成江海”之意，将厂名定为“长江”。

起初，李嘉诚只知不停地接订单及出货，忽略了质量控制，致使产品愈来愈粗劣。结果不是延误了交货时间，就是引起退货并赔偿，致使工厂收入顿时急跌。加上原料商纷纷上门要求结账还钱，银行又不断催还贷款，“长江”被逼到破产的边缘。这使李嘉诚明白自己实在是操之过急，低估了当老板的风险。

如何才能挽救绝境中的长江塑胶厂？李嘉诚靠的是“信义”二字——对客户有信，对员工有义。他召开员工大会，坦言自己在经营上的失误，衷心向留在厂里的所有员工道歉，同时还保证，一旦工厂可以度过这段非常时期，随时欢迎被辞退的工人回来上班。之后，李嘉诚穿梭于银行、原料供应商及客户之间，逐一赔罪道歉，请求他们放宽还款期限，同时拼尽全力，为货品找寻客户，用蚀本价将次货出售，筹钱购买塑胶材料和添置生产机器。到1955年，高筑的债台终于拆掉，业务渐入佳境，没多久还开设了分厂。

投资房地产业

1958年，李嘉诚投得北角英皇道的地皮，兴建了一幢十二层高的工业大厦，留下数层自用，把其余的单位出租。大厦落成后，香港物业价格随即大升。李嘉诚发觉房地产大有可为，于是开始部署把资金投放到地产市场。

1971年6月，李嘉诚正式成立了负责地产业务的“长江置业有限公司”。1972年7月，李嘉诚把“长置”易名为“长江实业(集团)有限公司”，他自任董事长兼总经理。这年11月，“长实”在香港挂牌，在市面公开发售。

22岁正式创业，半个世纪的奋斗始终以“超越”为主题，从超越平凡起跑；为超越对手努力；达到巅峰，超越巅峰；实现自我，超越自我，世人称之为“超人”。其统领长江实业、和黄集团、香港电灯、长江基建等集团公司，是全球华人首富、全世界华人最成功的企业家。在未来的日子里，“李家商业王朝”当然会继续在全世界绵延下去，除了迎接无限的商机外，它还将不可避免地迎接更多国际间的挑战。

思考与问题：

(1)李嘉诚从创业之初的无名小卒到成为全世界最成功的华人企业家，其自身有哪些特质与品质？

(2)在李嘉诚的故事中，你认为创业者与一般人有哪些不同？

项目一　创业者

每个人都有可能成为创业者。对于大多数人而言，需要外部环境的刺激和内部欲望的结合才能成为真正采取行动的创业者。创业者可以是个人，也可以是团队。创业者通常是由一些有着共同愿景和价值观的人，怀着对梦想的渴望而走到一起，组成创业团队。

一、创业者特征

美国学者亚瑟·C·布鲁克斯等人对创业者特征的研究具有一定的代表性，他们认为，创业者区别于一般人的六项特征主要如下：

(1)创新：创业者往往是具有创新精神的人，因为创新是创业精神的本质。

(2)成就导向：创业者习惯于设定目标并采取措施确保完成目标。

(3)独立：创业者绝大部分不依赖别人，倾向于独立工作，已达到目标。

(4)掌控命运的意识：创业者习惯于从环境中发现机会，即使环境比较恶劣也是如此，他们倾向于做命运的主人。

(5)宽容风险的态度：创业者对风险的态度更为宽容，并在找到方法降低风险方面更具有创造性。

(6)对不确定性的包容：创业者更适应动态变化且不是特别明确的情况。

二、创业者的素质

素质就是一个人在社会生活中思想与行为的具体表现。在社会上，素质一般定义为：一个人文化水平的高低；身体的健康程度；家族遗传于自己惯性思维能力；对事物的洞察能力、管理能力；智商、情商层次高低以及与职业技能所达级别的综合体现。

创业者的素质包括心理素质、身体素质、知识素质和能力素质，具体如下：

(1)心理素质。创业者的心理条件，包括自我意识、性格、气质、情感等心理构成要素。作为创业者，他的自我意识特征应为自信、自主；性格应该刚强、坚持、果断和开朗；情感应更富有理性色彩，不以物喜，不以己悲。

(2)身体素质。创业者的身体素质应该是身体健康、体力充沛、精神旺盛、思路敏捷的。现代企业的创业与经营是艰苦的，创业者工作繁忙、工作时间长、压力大，如果身体不好，必然力不从心，难以承受创业重任。

(3)知识素质。创业者的知识素质包括：用足用活政策，用法律维护自己的合法权益；了解科学的经营管理知识和方法，提高管理水平；掌握与本行业本企业相关的科学技术知识，依靠科技进步增强竞争能力；具备市场经济方面的知识，如财务会计、市场营销、国际贸易、国际金融等。

(4)能力素质。创业者至少应具有以下能力：创新能力、分析和决策能力、预见能力、应变能力、用人能力、组织协调能力、社交能力、激励能力。

三、创业者的能力

1. 能力

能力，是完成一项目标或者任务所体现出来的素质。

按照能力所表现的活动领域的不同来划分，能力分为一般能力和特殊能力。

一般能力是指在进行各种活动中必须具备的基本能力。它保证人们有效地认识世界，也称智力。智力包括个体在认识活动中所必须具备的各种能力，如感知能力(观察力)、记忆力、想象力、抽象思维能力、注意力等，其中抽象思维能力是核心，因为抽象思维能力支配着智力的诸多因素，并制约着能力发展的水平。

特殊能力又称专门能力，是顺利完成某种专门活动所必备的能力，如音乐能力、绘画能力、数学能力、运动能力等。各种特殊能力都有自己的独特结构。如音乐能力就是由四种基本要素构成：音乐的感知能力、音乐的记忆和想象能力、音乐的情感能力、音乐的动作能力。这些要素的不同组合，就构成不同音乐家的独特的音乐能力。

2.创业者能力的内容

从创业技能的角度来概括创业者的素质能力，创业者的能力归结为以下五个方面：

(1)控制内心冲突的能力。创业者必须对自己的理论和假设有极大信心，并将其传递给别人，又愿意随时抛弃这些理论和假设。

(2)发现因果关系的能力。创业者必须具有非同寻常的发现意外事件真正原因的能力，并可以从有限而混乱的数据中发现因果关系。

(3)应变能力。创业者在应对资源短缺时，会计划和用好每一分钱，拥有极强的应变能力。

(4)洞察力。创业者从别人的角度看世界，在获取信息时讲求技巧，具有识别应聘者表面上的资格或缺少什么能力等识人辨人的能力。

(5)销售能力。销售能力是企业市场营销能力最直接的体现，也是所有市场销售行为结果的体现。创业者必须具有强大的销售能力。

3.大学生创业的关键素质与能力

目前，大学毕业生创业热情在持续升温，但其中大多数人创业效果并不好，而且在一些关键创业素质能力上存在提高的必要。根据权威就业咨询评估机构麦可思《2011年中国大学生就业报告》和相关学者对创业者素质和能力的研究成果，大学生创业者需要具备以下关键素质与能力。

(1)自省能力。中国很多大学生创业失败，往往源自他们对于自己是否具备创业者所需要的特质并不了解。相当一部分人在创业时，就其风格而言，并不适合马上进入创业阶段，或者并不适合所选择的创业领域。这种盲目性是导致其失败的重要原因。大学生在创业之前，必须运用科学的方法进行自我评估，客观评价自己是否具有创业特质，只有具备其中的关键能力，才适合进行创业。

(2)积极运用资源能力。既然进入创业领域，必然具备了创业热情，但现实世界仅仅凭热情是不够的，只有把创业热情与创业资源很好的结合，才有可能创业成功。创业资源不仅仅是创业者自身已经具备的特质，而且包括其他可以利用的各种外部条件，如：工作经验(或实习经验)、知识技术、人际关系、创业机会、创业资金等。可利用的创业资源越多，创业资源整合的越好，创业成功的可能性越大，否则很难创业成功。

(3)沟通能力。沟通能力对于创业者而言非常重要，对于创业起步阶段的新创企业而言，沟通能力在凝聚创业团队核心成员、开发市场和客户方面都将发挥重要作用。沟通能力包括语言表达能力、说服他人的能力、谈判技巧等。

(4)领导能力。创业者期初创业可能是单打独斗，也有可能是团队作战。不论如何起步，随着企业的逐步发展与壮大，创业必然会进入集体化运作阶段，就是说企业必须靠大家的努力来实现目标，那么创业者如何领导其周围的员工共同奋斗就成为重中之重。换而言之，创业者的领导水平将决定新创企业的最终命运。

(5)判断决策能力。判断决策能力是大学生在创业中必不可少的关键能力，其综合反映了一个创业者的创新能力、环境洞察能力与应变能力。因此，学习和掌握科学的预测、决策能力，从多方面思考、创新性思维、科学决策将不断影响企业的经营思路、发展方向和行动导向。

(6)风险评估能力。目前大学生创业中,冒进现象比较普遍。很多人在进入某个业务领域前并没有认真评估该领域可能遇到的风险,一旦在该领域创业失败,又迫不及待地进入别的领域进行尝试,结果陷入了屡试屡败、屡败屡试的怪圈。大学生在创业时,自信心是非常强的,但是有自信绝对不能忽视风险,否则自信将成自大、自负,对其创业带来不利影响。所以,大学生创业必须具备风险评估能力。

案例学习 2-1

唐僧团队的故事

《西游记》中的唐僧团队,虽然是虚拟的,但是师徒历经百险求取真经的故事,不仅家喻户晓,而且是中国文化的集中代表。这个团队最大的好处就是互补性,领导有权威、有目标,但能力差点;员工有能力,但自我约束力差,目标不够明确,有时还会开小差。总的来看,这个团队是个非常成功的团队,虽然历经九九八十一磨难,但最后修成了正果。

阿里巴巴的总裁马云,就非常欣赏唐僧团队,认为一个理想的团队就应该有这四种角色。一个坚强的团队,基本上要有四种人:德者、能者、智者、劳者。德者领导团队,能者攻克难关,智者出谋划策,劳者执行有力。

唐僧如何领导整个团队?

唐僧是一个目标坚定、品德高尚的人,具备三大领导素质:

首先,目标明确、善定愿景。唐僧从一开始,就为这个团队设定了西天取经的目标,而且历经磨难,从不动摇。一个企业,也应选择这样的人做领导,团队的领导本身就是企业文化的传承者和传播者,只有他自己坚定不移地信奉公司的文化,以身作则,才能更好地实现团队的目标。

其次,手握紧箍,以权制人。这也是一个领导的必备技能。领导一定要树立自己的权威,没有权威,也就无法成为领导。但是唐僧只有在大是大非的时候,才动用自己的惩罚权,这对企业领导也是有借鉴意义的,组织赋予的惩罚权千万不要滥用,奖励胜于惩罚,这是领导艺术的基本原理。

第三,以情感人,以德化人。作为一个团队领导,情感管理也是非常重要的。中国人往往是做生意先交朋友,先认可人,再认可事,对事情的判断主观性比较大。所以在塑造团队精神的时候,领导一定要学会进行情感投资,要多与下属交流、沟通,关心团队成员的衣食住行,塑造一种家庭的氛围。

总的来说,作为企业领导,要用人为能,攻心为上。目光如炬,明察秋毫,洞若观火,高瞻远瞩,有眼光就不会犯方向性的错误。

唐僧团队的精髓

德者居上——对于大企业的领导人来说,要有意识地淡化自己的专业才能,用人为能,攻心为上。

智者在侧——《封神演义》里有姜子牙、《三国演义》里有诸葛亮、《水浒传》里有吴用……有如此深厚的历史积淀,如果说中国企业的领导不知道军师的重要性,那真是冤枉他们了。

能者居前——孙悟空是受控的能量。孙悟空是优秀的职业经理人,他的才能吴承恩先生已作完整的表述。有独立人格的人有意愿和能力尊重约定,观音与孙悟空谈判的结果是以解放换责任,这个约定,才是孙悟空真正的“紧箍咒”,签订了合约就认真去做,百折不挠。

劳者居其下——沙僧包括白龙马是接近领导的工作人员。做大老板,手下神仙、老虎、狗,样样都有,“神仙”提供智力服务,“老虎”提供工作业绩,“狗”提供所谓的“犬马之劳”。沙僧和白龙马的“犬马之劳”非常出色,如果说神仙猪八戒和老虎孙悟空还有缺陷的话,狗沙僧完全可以打 100 分,狗大多爱在领导身边闲碎语,最难做到的就是闭嘴不叫,沙僧同志做到了。

观音为唐僧配备的人才少而精,并建立了有效的制约机制。唐僧直接管理孙悟空,但只能在孙悟空突破底线时才动用紧箍咒,平时则让其充分发挥能动作用;孙悟空对猪八戒在具体工作上有管理权力,但他也限制不了猪八戒的言论自由,他自己的行为反而受到猪八戒的舆论监督;猪八戒虽然有“散伙回家”的思想,但有孙悟空的金箍棒,思想不能转化为行动;沙和尚作为“办公室主任”,管理行李和白龙马,对一线事务从不插嘴。许多企业和团队之所以失败,往往坏在沙僧这类角色上,他们不具备军师的素质,也不了解擒妖一线的实际情况,只是凭借“心腹”的身份胡言乱语,此风一开,大小事情一定搞砸。

项目二 创业团队

一、创业团队的内涵

创业团队的内涵来自于对团队内涵的把握。

创业团队是由少数技能互补的创业者组成的群体,该群体认同于某个共同创业目标,并共同遵守某个能使他们负担责任的创业程序,在该程序下为达成高品质的创业结果合力工作,并在创业工作中相处愉快。具体来说,创业团队应具有五个重要的团队要素,简称 5P。具体如下:

1. 目标(purpose)

创业团队应该制定一个共同目标,该目标可以将创业团队成员的努力凝聚起来,向团队成员展示明确的努力方向,没有目标的团队则不具备存在的意义。目标在创业企业的运营中体现为创业企业的愿景、战略等形式,而且从本质上说,创业团队的根本目标在于创造新价值。

2. 人(people)

人是创业团队构成要素中最核心的要素。人力资源是创业团队内部所有创业资源中最活跃而且是最关键的资源。创业目标必须经由创业团队成员才能实现,这使创业团队到底由哪些人员构成变得非常重要。在一个团队中可能需要有人制订计划,有人具体执行,有人协调大家共同工作,有人监督达成目标的进度,有人评价团队最终的工作效果。上述人员通过分工达成创业团队最终的目标。因此,在创业团队选择人员时,必须要将人员的知识、技能、经验等方面综合权衡。创业团队的人员选择最终将关系到新创企业在市场中的最终命运。

3. 创业团队的定位(place)

创业团队的定位一方面是指要确定创业团队在企业中的位置,如创业团队成员由谁决定,创业团队对谁负责,创业团队与企业其他人的关系等;另一方面是指要确定创业团队成员在团队中的位置,在创业团队中各自承担何种角色和责任,是负责计划还是组织实施,或是监督等,而这种定位往往倾向创业实体的组织形式是合伙企业还是公司制企业。

4. 权限(power)

创业团队中领导人的权力大小受团队的发展阶段和创业领域的影响。总的来说,创业团队成立之初,领导者所拥有的权限往往较大,而随着创业团队的成长,领导者所拥有的权限则会相应变小。同时,如果在高科技领域创业,则新创企业多数实行民主的管理方式。

5. 计划(plan)

计划是达到创业目标的一系列具体行动方案,规定了团队成员在不同阶段分别要做哪些工作以及怎样做。这些方案保证了创业团队的工作进度,按此方案进行操作,创业团队才会逐步接近并最终达成创业目标。

二、创业团队的类型

目前较为普遍的创业团队分类方法,是依据创业团队的组成人员,将创业团队分为星状创业团队(star team)、网状创业团队(net team)和从网状创业团队中衍生出来的虚拟星状创业团队(virtual starteam)。

1. 星状创业团队

星状团队具有一个核心人物(core leader),充当带领团队其他成员前进的引路人的角色。该团队的建立模式往往是这个核心人物先形成创业思想,而后根据创业思想进行创业团队人员的甄选和组织。因此,在团队正式组建之前,核心人物应该已经就团队成员进行过详细思考和计划,根据自己的谋划选择相应人员加入团队,这些加入创业团队的成员既可能是核心人物以前熟悉的人,也可能是核心人物以前并不认识的人,但这些团队成员有一个共同点,即他们在新创企业中基本扮演支持者角色(supporter)。

星状创业团队的特点如下:

(1)组织结构紧密,有很强的凝聚力,核心人物在团队中的行为对其他成员影响巨大。

(2)决策程序相对简洁,组织效率较高。

(3)权力过分集中于某个核心人物手中,会大大增加决策失误的风险。

(4)鉴于核心人物在这种团队中的特殊地位,如果其他团队成员和核心人物发生冲突,他们在冲突发生时往往处于被动地位,如果冲突较严重,一般都会选择离开团队,因而对团队正常运作会造成较大影响。

2. 网状创业团队

网状创业团队的成员一般在创业之前都有非常紧密的联系,比如亲属、同学、战友、朋友、同事等。该团队的建立一般都是在这些人的交往过程中,共同认可某种创业思想,并就创业达成了一致意见,然后开始共同创业。网状创业团队一般没有明确的核心人物,而是依据每个成员的特长进行自发的组织角色定位。因此,在企业初创时期,每个成员往往扮演的是协作者或者伙伴角色(partner)。

网状创业团队的特点如下:

(1)团队没有确定的核心,组织结构较为松散。

(2)团队决策时,需要采取集体决策的方式,通过成员间反复沟通和讨论达成一致意见,因此团队的决策效率相对较低。

(3)团队中容易出现多头领导的现象,这是由于团队成员在团队中地位的相似性造成的。

(4)如果团队成员发生冲突,一般会采取平等交流、积极应对的态度消除冲突,不会出现团队成员轻易离开的局面。但是一旦团队成员间的冲突升级，使某些团队成员离开团队，就容易造成整个团队的解散。

3. 虚拟星状创业团队

虚拟星状创业团队是由网状创业团队衍生而来，是介于前两种形态之间的一种形态。在这种团队中，尽管有一个核心成员，但是该核心成员地位的确立是所有团队成员集体协商的结果，因此核心成员更应该理解为整个团队的代言人，而不是团队的主导人物，其在团队进行决策时必须充分考虑其他团队成员的意见，不如星状创业团队中的核心人物那样具有绝对权威。

表 2-1 是关于三种类型创业团队的比较。

表 2-1　三种类型创业团队的比较

类型	概念	优点	缺点
星状创业团队	有一个核心领导人物，充当领军的角色	决策程序简单，效率较高；组织结构紧密；稳定性较好	容易形成权力过分集中的局面；当成员和领导人物冲突严重时，往往选择离开
网状创业团队	由志趣相投的伙伴组成，共同认可某一创业想法，共同进行创业	成员的地位较平等，有利于沟通和交流；成员关系较密切，较容易达成共识；成员不会轻易离开	结构较为松散；决策效率相对较低；容易导致整个团队的涣散；容易形成多头领导的局面
虚拟星状创业团队	有一个核心成员，但是该核心成员地位的确立是团队成员协商的结果	核心成员具有一定威信；权力既不过度集中，又不过于分散	核心人物的行为必须充分考虑其他成员的意见，不像星状创业团队中的核心领导人物那样有权威

三、创业团队的组建

在组建创业团队时，需注意其内部的角色分工不同，需要发挥相互之间的互补作用。此外，组建创业团队还需要考虑一些条件，遵循一些组建原则，按照一定的程序才能有效组建完毕。

1. 创业团队内部的角色

创业团队中的每个成员都扮演着不同的角色，创业团队只有当其成员范围合理、作用平衡时，才能充分发挥团队整体效率。具体来说，团队角色可以分为以下八种类型。

(1)主导者：往往负责进行决策，在决策时虽然听取别人的意见，但在反对不同意见时倾向于表现强硬；能很好地授权于他人，是一个好的咨询者，有内在的韧劲，作出决定后不会轻易改变。

(2)策划者：善于为团队出谋划策，拥有丰富的知识，思维呈跳跃性并且发散，不喜欢拘泥于传统。

(3)协调者：能够团结团队成员为共同的目标而努力；除权威之外，具有较强的个性感召力；成熟稳重，客观公正，不带个人偏见；能很快发现各团队成员的优势，并在实现目标的过程中妥善安排。

(4)信息者：喜欢与人交流，通过广泛的人际交流获取信息；对外界环境感觉敏锐，一般最早感受到环境变化。

(5)创新者:创造力极强,想象力丰富,眼界宽广,有挑战精神,善于抓住机会,会推动变革;爱出主意,但想法经常有偏激和缺乏实际感的缺陷。

(6)实施者:负责将主意变为实际行动;现实而传统,有时趋向保守;自制力好,纪律性强,崇尚努力,有较强的计划性;忠于团队,集体荣誉感强,可以为团队整体利益而牺牲个人利益。

(7)推广者:做事雷厉风行,工作效率高,自发性强,目标清晰,有高度的工作热情和成就感;对困难应变力强,总能找到解决问题的办法,而且一心想取胜,具有强烈的竞争意识。

(8)监督者:对工作方案的实施情况进行监督;喜欢重复推敲一件事情,决策时能把各方面的因素都考虑进去;挑剔而不易情绪化,思维逻辑性很强。

2.创业团队组建的基础条件

在组建创业团队时,需要明确以下基础条件。

(1)树立共同的创业理念。

①凝聚力。拥有共同创业理念的成员相信他们命运与共,在共同的事业中共享收益,也共担风险。团队中每个人的工作都紧密联系,相互依赖,依靠事业成功来激励每个人。

②合作精神。具有高发展动力的企业应拥有一支能整体协同合作的团队,该团队成员注重互相配合,以提高团队整体的效率。

③诚实正直。这是使创业团队工作有利于顾客、企业和价值创造的行为准则。该原则认为纯粹的实用主义或利己主义、狭隘的个人利益和部门利益都将给组织带来危害。

④目光长远。拥有共同创业理念的成员相信他们是为实现组织的长远目标而奋斗,把企业当做成就远大抱负的场所,而不将其认为是一个快速致富的工具。团队成员中没人有投机的想法,即打算趁企业发展好时大捞一笔,在企业遇到困难时马上走人,他们追求的是最终的资本回报及事业成功带来的成就感,而不是当前的地位和待遇。

⑤承诺价值创造。拥有共同创业理念的成员承诺为了企业涉及的每个人而把企业做大,这里不仅包括为团队成员自身谋利,也包括为顾客增加价值,使供应商随团队成功而获益,为团队的所有支持者和各种利益相关者创利。

(2)明确共同的创业愿景。所谓创业愿景,是对新创企业未来成功状态和发展蓝图的设想。创业愿景对创业团队组建具有重要价值,如果每个团队成员能够通过创业愿景明确团队未来发展方向,并且把这个发展方向与自身目标联系起来的话,他们就会为实现该愿景而共同奋斗。共同的创业愿景对新创企业来说表现为多个方面,例如由共同的价值取向与行为准则形成的企业价值观、由企业未来完成的任务和完成任务的过程形成的企业使命、由企业努力实现员工共同愿望或使命过程中的阶段性指标形成的具体目标等。

(3)相互信任。创业团队成员的相互信任是创业团队维持和运作的先决条件。创业团队成员只有彼此适应各自的品行、个性、特点和工作能力才能开展合作,否则创业团队只能解体。这种信任关系往往需要花大量时间培养,又很容易被破坏,破坏之后恢复则极为困难。因此,创业团队成员之间的相互信任,必须引起充分重视。

3.创业团队组建的原则

创业团队在组建时,必须明确以下原则:

(1)目标明确合理原则。目标明确才能使团队成员清楚认识到共同的奋斗方向是什么,目标合理才能使团队成员感觉奋斗可行,真正达到激励的目的。

(2)互补原则。创业团队合作的目的在于弥补创业目标与自身能力之间的偏差。当团队成员彼此在知识、技能、经验等方面实现互补时,才有可能通过相互协作发挥出“1+1>2”的协同效应。

(3)精简高效原则。为减少创业期的组织运作成本、最大限度分享成果,创业团队人员构成应在保证企业高效运作的前提下尽量精简。要把握统一指挥与分工协作的关系,既要防止出现多头领导、责任不清的现象,保证统一指挥和命令关系,又要在明确分工的基础上适当控制管理幅度,防止出现大包大揽的现象。

(4)动态开放原则。创业过程是一个充满了不确定性的过程,团队中可能因为能力、观念等多种原因不断有人离开,同时也有人要求加入。因此,在组建创业团队时,应注意保持团队的动态性和开放性,使真正完美匹配的人员能被吸纳到创业团队中来。

(5)责权利统一原则。在创业团队中,各成员都应拥有与其角色相对应的责任,承担起自己对其工作后果的责任。同时,也应具有与完成该责任相对应的权力,使权力合理分配到每个成员手中。另外,在行使权力并履行责任后,应该得到与其责、权对等的利益。该原则有利于保证组建后的团队长期健康稳定地发展。

(6)相对稳定原则。创业团队在组建时虽然要依据内外环境变化作适当调整,但在调整时,应考虑适度的稳定性,避免频繁变更团队成员导致团队成员无所适从,造成团队人心不稳,业绩下降。该原则可以保证团队思维的连续性,有利于团队在前期成果基础上不断开发出更多的新成果。

4.创业团队组建的程序

虽然创业团队组建的具体步骤可能会因团队类型不同而出现细微差异,但我们还是可以把创业团队组建程序大致归纳为以下步骤:

(1)明确创业目标。创业团队的最终目标是要通过完成创业阶段的技术、市场、规划、组织、管理等各项工作,实现企业从无到有、从小到大、从起步到成熟。为了推动团队最终实现创业目标,总目标确定之后,要将总目标分解为若干可行的、阶段性的子目标。

(2)制订创业计划。在确定了总目标及各个阶段性子目标之后,要马上围绕实现这些目标进行安排,制订周密的创业计划。创业计划是在对创业目标进行具体分解的基础上,从团队整体出发考虑的计划。创业计划确定了在不同的创业阶段需要完成的阶段性任务以及实现的手段,目的是通过逐步实现这些阶段性目标来最终达成创业目标。

(3)招募合适的团队成员。招募合适的团队成员是创业团队组建最关键的一步。关于创业团队成员的招募,主要应考虑两个方面:一是考虑互补性,即考虑其能否与其他成员在能力、技术、经验上形成互补。这种互补性形成既能够有效加强团队成员之间的合作,又能保证整个团队的核心竞争力,从而使团队的作用更大程度地发挥。通常来说,创业团队至少需要技术、管理和营销三个方面的人才。只有这三个方面的人才形成良好的沟通协作关系以后,创业团队才可能实现稳定高效的工作。二是考虑规模适度,适度的团队规模将成为保证团队高效运作的重要条件。如果团队成员太少,团队的功能和优势可能无法发挥;如果团队成员过多,又可能会由于交流障碍导致团队内部分裂,从而在很大程度上削弱团队的向心力。一般来说,创业团队的规模控制在2～12人之间最佳。

(4)职权划分。为了保证团队成员围绕创业计划顺利开展各项工作,必须预先在团队内部进行职权的划分。创业团队的职权划分就是根据执行创业计划的需要,具体确定每个团队成员所要担负的职责以及所享有的权限。团队成员间的职权划分要体现明确的原则，既要避免职权的重叠和交叉产生冗余现象，又要避免无人承担工作产生疏漏现象。此外，由于还处于创业过程中，面临的创业环境又是动态复杂的，创业团队会不断出现新的问题，团队成员也可能时常流动，因此，创业团队成员的职权也应根据需要不断进行调整。

(5)构建创业团队制度体系。创业团队制度体系体现出创业团队对成员的控制和激励能力，主要包括团队的各种约束制度和各种激励制度。一方面，创业团队通过各种约束制度，如纪律条例、组织条例、财务条例、保密条例等规范其成员行为，避免出现不利于团队发展的行为，实现对其行为的有效约束，保证团队的秩序稳定。另一方面，创业团队的高效运作有赖于有效的激励机制，如利益分配方案、奖惩制度、考核标准、激励措施等，它们使团队成员知道随着创业目标的实现，其自身利益将会得到怎样的改变，从而达到充分调动成员的积极性，最大限度发挥团队成员作用的目的。要实现有效的激励，首先必须清晰界定团队成员的收益模式，尤其是关于股权、奖惩等与团队成员利益密切相关的事宜。需要注意的是，创业团队的制度体系应以规范化的书面形式确定下来，以防止团队成员间产生不必要的冲突。

(6)团队的调整融合。许多组合完美的创业团队并非在创业一开始就能建立起来，而是在企业创立一定时间以后，随着企业的发展逐步形成的。随着团队的运作，团队组建时在成员组合、制度设计、职权划分等方面的不合理之处会逐渐暴露出来，此时应对团队进行调整融合。问题的暴露是一个渐进的过程，因此团队调整融合也应是一个动态持续的过程。在完成了前面的工作之后，团队调整融合专门针对运行中出现的问题不断对前面的步骤进行调整，直至满足实际需要为止。在进行团队调整融合的过程中，最为重要的是要促进团队成员经常围绕团队目标进行有效的沟通与协调，培养强化团队精神，提升团队士气。

四、创业团队的管理

创业团队组建完毕并不能保证团队有效运行。需要从团队管理机制、建立信任关系、处理内部冲突等方面做好工作，才能真正保证创业团队的有效运转。

1. 建立责权利统一的团队管理机制

(1)妥善处理创业团队内部的权力关系。在创业团队运行过程中，团队必须明确每个成员适于从事何种关键活动，并据此让该成员承担相应的责任，以使能力和责任的重复度最小、匹配度最高。

(2)妥善处理创业团队内部的利益关系。一个初创企业的报酬体系不仅包括诸如股权、工资、奖金等物质报酬，而且包括个人成长机会和提高相关技能等精神报酬。每个团队成员所看重的并不一致，这取决于其个人的价值观、奋斗目标和抱负。有些人追求的是长远的资本收益，而有些人可能只关心短期收入和职业安全。

鉴于初创企业报酬体系的重要性，加之初创企业资金有限，因此要认真研究和设计整个企业生命周期的报酬体系，使之具有吸引力，并且使报酬水平不受贡献水平的变化和人员增加的限制，即保证按贡献付酬和不因人员增加而降低报酬水平。

2. 制定创业团队的管理规则

要处理好团队成员之间的权力和利益关系，创业团队必须制定相关的管理规则。团队创业管理规则的制定，要有预见性和可操作性，遵循先粗后细、由近及远、逐步细化、逐次到位的原则。这样有利于维持管理规则的相对稳定，而规则的稳定有利于团队的稳定。

团队的管理规则大致可以分为以下三个方面：

(1)治理层面的规则，主要解决剩余索取权和剩余控制权问题。治理层面的规则主要可以分为合伙关系与雇佣关系。在合伙关系下，大家都是老板，有什么事集体协商；而在雇佣关系下，只有一个老板，一切以老板的决定为准。除了建立利益分配机制和争端解决机制外，还必须建立进入机制和退出机制。没有出入口的游戏规则是不完整的，因此要制定创业者以后退出的条件和约束，以及相应的股权转让、增股等问题的机制。

(2)文化层面的规则，主要解决企业的价值认同问题。初创企业制定的企业章程和签署的用工合同只能解决经济契约问题，作为管理规则它们缺乏完整性，这种欠缺要通过明确文化契约进行弥补。文化契约内容可以用"公理"和"天条"两个词精辟地总结。所谓"公理"，就是团队内部约定俗成的东西，也可以理解为团队的惯例，它构成团队成员的终极行为依据。所谓"天条"，就是团队内部任何人都碰不得的东西，也可以理解为团队的底线，它对所有团队成员都构成一种约束。

(3)管理层面的规则，主要解决指挥管理权问题。管理层面的规则最基本的有三条：①平等原则，制度面前人人平等，不允许例外现象出现；②服从原则，下级服从上级，行动要听指挥；③等级原则，不能随意越级指挥，也不能随意越级请示。这三条原则是建立其他管理制度的基础，因此它们也成为初创企业秩序的基础，是初创企业高效运作的保证。

3. 建立创业阶段的信任关系

理想的创业模式有以下几个特点：①合作人是共识的、互补型的搭配(核心基础)；②合作的行业方向是明确的、有可预期前瞻的(中长期的发展条件)；③短期的项目是确定的、可操作的、赢利可控的(短期的生存条件)；④具备基础运营规则并遵照执行(工作流程)。

盲目的创业与理想的创业相比，有些条件可能会特别强，比如合作人是增强型的，大家讨论和立项时往往充满激情，但同时另一些条件则不具备，这种风险往往导致创业计划在落地或实施时发生偏差，从而遇到层出不穷的问题。因此，不管创业的基础和条件如何，日常合作过程中取得信任和共识非常重要，可以注意以下几个方面：

(1)核心创业团队关键角色不能超过3个。由于三角形具有天然的稳定性，因此在合作的核心团队中间，强势的、有决策权和影响力的角色最多不能超过3个。

(2)创业团队成员的信任要以理性为基础。在创业团队中，基本规则、责任和共识一定要让每个成员明确，可以用公司章程、公司愿景、目标规划等文本方式呈现出来。

(3)信任是在持续的磨合过程中不断调整和加强的。初创阶段的合作人大多直接参与公司的运营细节和规程，既要面对公司的生存问题，处理一个个难题和困难；也要注重对结果(不论好坏)的交流和总结，避免误会、增进共识；更重要的是，通过磨合，在确定组织核心规则和选择未来职业发展方向上，可以提早作好准备。

(4)信任不必强求。时刻要把"生意不在，朋友在"作为团队成员合作的基础共识，这样无论创业团队发生任何变化，都将不至于触及大家的感情和利益底线。

4. 处理创业团队的内部冲突

冲突对创业团队并不总是有害的，适度的冲突有利于激发创业团队成员分享各自的观点，有利于更好地决策。但是，过度冲突则有可能引发团队分裂甚至解散的危险。

在处理创业团队内部冲突时，首先要求团队能够利用激励手段鼓励内部冲突，使团队成员认识到通过知识分享实现创业成功能带来相应的收益。在利用激励手段时，要注意以下几个方面：

(1)激励方案应反映个人贡献差异。创业团队应根据团队成员个人贡献价值不同实行差异化分配方案，而不是搞平均主义。通常每个团队成员对新创企业的贡献大小不同，而合理的激励方案应反映这种差异，这虽然会使某些团队成员感到不愉快，但对整个团队的发展是有益的。

(2)激励方案应反映工作业绩。激励方案应与各团队成员实际表现出来的工作成果挂钩。在这里需注意两点：①激励方案应将工作成果作为分配的唯一依据，如果某个成员工作非常努力，但工作成果不佳，也只能得到与较差的工作成果相应的收益；②工作业绩应为在新创企业早期发展的全过程中所表现的业绩，而不仅是其中某个阶段的业绩。

(3)激励方案应反映灵活性。创业团队成员的贡献经常会随时间改变发生变化，很多情况下与预期并不相同。因此，需要考虑激励方案的灵活性，例如奖金补助、提取一定份额的股票用于日后调整等，都可以让团队成员产生公平感。

其次，创业者要保持开放的心态，塑造创业团队的整体形象，而淡化其中的个人形象。这种态度有助于将团队成员间的冲突控制在可管理范畴之内，不致使其演变为团队成员间的矛盾。必要时，创业者应理性判断团队继续存在的可行性，通过替换成员及时化解内部冲突，比维持原有成员不变处理内部冲突往往更为有效。

大学生创业故事

90后大学生创业　卖“熊”火爆校园

穿着学士服，在大学校园美景前摆出呆萌表情，这两天，一只“熊”的毕业照火了。又是一年的毕业季，如果你还在对着镜头摆出剪刀手的话那就“弱爆了”。走访中南大学发现，抱着“毕业熊”定格一张张青春画面，成为许多毕业生选择的毕业留影方式。而这样一个人见人爱的“萌宠”，出自中南大学90后创业团队之手。

湖南工业大学的手绘校园明信片、湖南大学的毕业纪念衫、中南大学的“毕业熊”……越来越多的学生，开始为自己或者他人挑选毕业纪念品，这催生了一个庞大的市场。在湖南，许多商业嗅觉灵敏的学生抓住了来自毕业季的最潮商机，从毕业纪念品买卖开始走出了创业的第一步。

呆萌“毕业熊”带着校园的印记

宿舍里堆满大纸箱，电脑上淘宝“叮咚”声不断，每天上下7楼十几个来回地发货……闷热的六月天里，袁凌峰和他的伙伴们忙得满头大汗。“上中学时，常在北京大学、中国人民大学、清华大学里看到销售印有学校标识的纪念品；在许多国外知名大学，每逢毕业季，学校也会提供限量版毕业纪念品。”中南大学大三学生、来自北京的小伙袁凌峰发现学校在纪念品方面还是一片空白，大有商机可挖。

“为了让毕业熊看上去更可爱更呆萌，设计方案一改再改。”2014年3月初，袁凌峰和他的创业团队——“立方体”团队萌生设计生产“中南大学毕业熊”的想法，4月初，第一只“毕业熊”出生，“立方体”请来了20名艺术系的女生围观、体验，让这些极具美学眼光的“造型师”提修改意见，然后按照建议做了许多细节上的调整。肤色变白、身材比例调整、衣领材质改变……一个多月后，他们心目中完美的“毕业熊”终于成型，5月27日，“毕业熊”正式在淘宝上发售。

一周卖出 300 多只"毕业熊"

中南大学"立方体"创业团队由5名成员组成——来自工商管理专业的"领导者"袁凌峰、来自建筑与艺术学院的"设计师"黄晓萱、"创意大师"段君建、"实干家"蔡树山、"交际花"张文成。2012年,团队带着"毕业纪念品"项目参加了"中南大学米塔尔学生创新创业"比赛,赢得1万元的创业资金支持,开始了他们的创业之路。从一开始的资金筹备,"领导者"袁凌峰就表现出不一般的执行力。他将从小存的两万元压岁钱全部拿出,加上团队以前积累的资金,启动了这个很有爱的创业项目。

在"中南大学毕业熊"的淘宝页面上,一张张配有文字的照片不断闪现,熟悉的校园场景、煽情的文字让毕业生们热泪盈眶。这些照片与文字均出自袁凌峰之手,既然看准了毕业纪念品这个市场,就要特别注重毕业生感情的诉求,正如宣传语所说:"中南大学毕业熊,送给我们大学时光的最好纪念。"另外,"立方体"团队充分运用互联网思维进行营销,微信、微博、贴吧、论坛、人人网,一个都不放过的主页上都是"毕业熊"的广告。每一个中南大学学子在上网时,都会看到"毕业熊"的广告。3个月时间,"立方体"团队将脑海中的创意变成了独一无二的中南大学纪念品。短短一周时间,400只"中南大学毕业熊"即将售罄。

在摔跟头中走向成熟

中南大学"立方体"创业团队的第一个成形产品是中南大学棒球服,当时在微信、人人网等平台上的宣传力度较大,效果也很显着,许多同学希望拥有一件印有大学标识的独特物品。但很快,他们发现自己的产品被山寨了,就连海报、文案都被全盘抄袭,最后只好放弃。摔过跟头之后,"立方体"团队吸取经验教训,将这次的宣传时间推迟,直至5月27日发售当天才开始同步启动"毕业熊"宣传工作。

创业流程图、厂家资料、设计方案、宣传文案、网络统计数据……在"领导者"袁凌峰的电脑里,装满了有关"毕业熊"项目的文件夹,分门别类、脉络清晰。"金钱上的收益是其次,最重要的是过程。"3个月时间里,独立完成一个计划,并将计划落实的过程使袁凌峰和其他团队成员变得成熟稳重。

拓展阅读

别为创业找借口

对于创业而言,你总是在犹犹豫豫,为自己创业找借口吗?

1.我没有口才

错:有没有人天生就会说话,台上的演讲大师也不是一下子就能出口成章,骂人的时候很擅长,抱怨的时候也很擅长,这也是口才,只是没有任何营养罢了,那是没有价值的口才;看别人争论的时候,自己满嘴评头论足,却不反省自己,倘若你做得好,你今天是否还说自己没口才?

2.我没有钱

错:不是没有钱,而是没有赚钱的脑袋,工作几年了没有钱么,有了,但是花掉了,花在没有回报的事情上面,吃喝玩乐,或存放贬值了,没有实现最大化,所以钱就这样入不敷出,这样月光光,这样被生活所需全部一一使用,这样周而复始,每月做个月光族,没有远虑,当一天和尚敲一天钟,得过且过。

3. 我没有能力

错：不给自己机会去锻炼，又有谁一出生就有跑的能力、跳的能力？一毕业就是社会精英？一创业就马上成功？当别人很努力地学习，很努力地积累，努力地找方法，而他每天就做了很少一点就觉得乏味，学了一些就觉得没意思，看了一些就不想看，跟自己跟别人说没兴趣学，然后半辈子过去了，一事无成，然后牢骚上天不给机会。能力是靠努力修来的，不努力想有能力，天才都会成蠢材，但努力，再笨的人也能成精英。

4. 我没有时间

错：时间很多，但浪费的也很多，别人很充实，他在看电视，别人在努力学习时，他在游戏消遣虚度，总之时间就是觉得很多余，他过得越来越无聊，别人赚钱了羡慕别人，但不去学别人好好把握时间创造价值，整天不学无术。

5. 我没有心情

错：心情好的时候去游玩，心情不好的时候在家喝闷酒；心情好的时候去逛街，心情不好的时候玩游戏；心情好的时候去享受，心情不好的时候就睡大觉；好坏心情都一样，反正就是不做正事。

6. 我没有兴趣

错：兴趣是什么，吃喝玩乐谁都有，没有成就哪里来的尽兴，出去旅游回来月光族，出去K歌回头钱包空空，出去大量购物回来惨兮兮。打工有没有兴趣？挤公车有没有兴趣？上班签到下班打卡有没有兴趣？家里急需要一大笔钱的时候借钱有没有兴趣？要还钱没钱时有没有兴趣？卖老鼠药的人对老鼠药有没有兴趣……

7. 我没有考虑

错：考虑做吧，有可能就成了！不做吧，好不甘心，整天上班也没有个头，还是做吧，明天开始，不过还是算了，再想想，这钱挣得也不容易，不不，就是打工挣钱也不容易，所以不能放弃机会，决定了，把握机会。哎呀！天都黑了，明天再说吧！然后第二天又因为以上123456点，因为左思右想，继续循环，最终不能决定，犹犹豫豫，还是一无所获。

项目任务一

自我认识

最困难的事情就是认识自己。

世界管理大师彼得·德鲁克的经典五问，大家有时间，请静下来思考一下：

(1)我是谁？我的优势在哪里？我的价值观是什么？

(2)我想到哪里工作？我属于谁？是决策者、参与者还是执行者？

(3)我应做什么？我如何工作？会有什么贡献？

(4)我在人际关系上承担什么责任？

(5)我的后半生目标和计划是什么？

项目任务二

创业者的潜质自我测试

或者你还没有认识到自己是否具有创业者的潜质，那么我们来做个小测试，看看你是否具备创业者的条件：

(1)最求什么？

A. 安稳　　B. 自由

(2)哪一种情况更可怕？

A. 不知道明天会怎么样　　B. 每天都一样

(3)人生更重要的是：

A. 挫折少　　B. 经历多

(4)面对未知的难题：

A. 看别人怎么做　　B. 我试试

(5)哪种情况更容易？

A. 遵守别人的规则　　B. 自己制定规则

(6)哪一种情况更有安全感？

A. 有人可依赖　　B. 独立

(7)遇到问题更倾向于说：

A. 这不是我的责任　　B. 我承担全部责任

(8)更愿意思考什么问题？

A. 有标准答案的　　B. 没有标准答案的

(9)哪一种情况更有优越感？

A. 做得比别人更好　　B. 做别人没有做过的事情

(10)更喜欢哪个头衔？

A. 大公司高管　　B. 公司小老板

结论：创业者基本更倾向于B类答案。

模块三　创业环境分析

创业名言

善于识别与把握时机是极为重要的。在一切大事业上，人在开始做事前要像千眼神那样察视时机，而在进行时要像千手神那样抓住时机。

——培根

教学目标

1. 定义创业机会并了解创业机会的类型；
2. 了解创业风险，掌握评估风险的技能；
3. 掌握创业环境分析的实践技能。

重点难点

1. 重点：评估风险的技能掌握；
2. 难点：创业环境分析的实践。

开篇案例

山西小伙网上卖农货成淘宝明星

红枣、核桃、黄豆、小米、苦菜、土豆粉条……农家土特产，绿色无污染，农家货成了网店新宠！

把这些土特产拿到网上去卖的人叫王小帮，33岁的他是山西吕梁临县木瓜坪乡张家沟村的一位普通农民。他在淘宝网上开了一家名叫“山里旺农家店”的店铺，“坐山吃山”，靠卖山里货赚钱。

网上觅得致富路

打开“山里旺农家店”的页面，王小帮骑摩托送货的照片映衬着沟壑重重的黄土地，散发出浓郁的乡土气息。

王小帮的店铺运营不到1年，已经累积到3颗钻的信誉，买家好评率达100%。

在这交通不便、通讯不捷的山沟沟里，王小帮怎会想到在网上开店呢？

2000年时，王小帮和妻子远离家乡，到北京打工。2006年春节，王小帮夫妇回到家乡，他们竟用自己在北京攒下的4900元钱，买回一台电脑。王小帮回忆说：“在北京看到别人在网上打游戏、购物。我就想，没准在网上卖东西还真是条致富的路子。”

吕梁山虽然是穷乡僻壤，但是农作物都是自家种的，用的是农家肥。王小帮在淘宝网上注册了店铺之后，准备“坐山吃山”。“很多城里人现在提倡吃粗粮，我就卖这些城里少有的东西。"于是，他把家里的花生、小米、红枣、核桃都拍成照片放到网上。

这些颗粒饱满、绿色天然的山货很快就引起了人们注意。没几天，第一笔生意来了。紧接着，第二笔、第三笔……王小帮来劲儿了。他开始背个袋子，走家串户，收购新鲜的小米、红枣等农产品。

很快，王小帮一人忙不过来了。于是全家人齐上阵：父亲帮忙打包送货，母亲和妻子在家拣黄豆、核桃，一家人忙得不亦乐乎。

问题麻烦难不倒

生意虽好，但问题也存在，问题出在送货上。王小帮所在的临县位于吕梁山西侧，属国家级贫困县。由于交通不便，整个县城除邮局外，就没有别的快递公司。而邮局发送的EMS特快专递价格又比较高，王小帮只好给顾客发平邮。

"平邮1斤到上海，五六块钱就行，EMS得20多块钱，这个差别就大了。"王小帮说，一般货物都有五六斤，平邮的续重也相对便宜。但通过平邮发货不方便，最不方便的是顾客必须上邮局取货。"网购大家图的就是方便、节约时间。"王小帮无奈地说，有的顾客下订单后，一看是发平邮，立马就取消订货。除不方便外，邮局还很慢，一般要7～15天才能到货。

送货的问题一时解决不了，好在寄出的货品从没出过差错。如果对方没去邮局领货，退了回来，王小帮总会耐心地在网上询问：您还需要我重新给您寄吗？就这样，顾客的抱怨慢慢减少。

就这样，王小帮在保证货物质量的情况下坚持了下来。

恶搞蹿红添商机

2009年2月，王小帮打开电脑上网浏览，发现自己的照片被人在网上恶搞了。事情起源于2009年春节，王小帮参加了淘宝网举办的"网络创业先锋大奖赛"。参赛的帖子叫"电脑、相机、铁驴子、山货，一根网线串起来，我就是网商。"帖子里上传了他的大量生活照片，没想到这个帖子迅速在各大论坛流传开来。王小帮憨厚纯朴的形象引来了各路PS高手的兴趣，一时间，"大肚哥王小帮"系列搞怪模样蹿红网络。

看到各种搞怪图片，王小帮的妻子刘林梅感叹说，咱普通人也过了把"明星瘾"。

恶搞图片流传不久，王小帮惊讶地发现，自己店铺的浏览量开始大幅度上升。"店铺原来的浏览量有100左右吧，有恶搞图片以后，每天都有三五百，还促成很多成交量。"这个意外收获让全家人都很兴奋。

王小帮成了淘宝明星，网友们纷纷找到王小帮，有人跟他聊天，也有人要买他东西，王小帮有问必答。很快，他的网店一个月就能赚到近5000元。他的"山里旺农家店"也被评为2009年度淘宝网十佳创业先锋奖。

不久后，王小帮还和圆通快递达成协议：起价1公斤10元，续重1公斤6元；先把山货托运到太原市，再以快递寄出。如今，王小帮家里增加了两台电脑，有4人打包货物。

王小帮把最先进的互联网和最原始的土特产连接起来，打开了一扇财富之门。

思考与问题：

(1)王小帮网店的运营利用了哪些资源？

(2)假如你是王小帮，你如何利用身边资源来提高网店的营业额和利润？

项目一 创业机会

一、创业机会的概念

创业机会有以下几种不同的定义方式：

(1)可以为购买者或使用者创造或增加价值的产品或服务，它具有吸引力、持久性和适时性。

(2)可以引入新产品、新服务、新原材料和新组织方式，并能以高于成本价出售的情况。

(3)是一种新的“目的—手段”关系，它能为经济活动引入新产品、新服务、新原材料、新市场或新组织方式。

(4)主要是指具有较强吸引力的、较为持久的有利于创业的商业机会，创业者据此可以为客户提供有价值的产品或服务，并同时使创业者自身获益。

综上所述我们可以得出创业机会较为全面的概念：创业机会是指在市场经济条件下，社会的经济活动过程中形成和产生的一种有利于企业经营成功的因素，是一种带有偶然性并能被经营者所认识和利用的契机。

二、创业机会的特征

创业机会的特征如下：

(1)普遍性。凡是有市场、有经营的地方，客观上就存在着创业机会。创业机会普遍存在于各种经营活动过程之中。

(2)偶然性。对一个企业来说，创业机会的发现和捕捉带有很大的不确定性，任何创业机会的产生都有“意外”因素。

(3)消逝性。创业机会存在于一定的时空范围之内，随着产生创业机会的客观条件的变化，创业机会就会相应地消逝和流失。

三、创业机会的分类

根据创业机会的来源，创业机会可以分为以下几类：

(1)问题型机会，指的是由现实中存在的未被解决的问题所产生的一类机会。

(2)趋势型机会，就是在变化中看到未来的发展方向，预测到将来的潜力和机会。

(3)组合型机会，就是将现有的两项以上的技术、产品、服务等因素组合起来，以实现新的用途和价值而获得的创业机会。

四、创业机会的来源

变化是创业机会的重要来源，没有变化，就没有创业机会。创业机会的来源主要有以下几个方面：

(1)技术变革。

(2)政治和制度变革。

(3)社会和人口结构变革。

(4)产业结构的变革。

案例学习 3-1

林薇:灵感的成就 左撇子专卖

一位"北漂"打工妹看准了市场空白,在京城做起了不被人关注的"左手生意"。短短两年,竟从中轻松掘金百万元!她的成功有何秘诀?

洞察"左手商机",清洁工炒掉洋老板

我叫林薇,1981出生在宁夏固原县农村。从懂事起,我就有一个梦想:冲出这块贫瘠的黄土地,去领略精彩的都市生活。2001年秋,20岁的我中专刚毕业,就孤身来到京城投奔一位在中关村打工的老乡。寻工屡屡受挫后,我饥不择食地接受了一份月挣800元的差事——在西城区一家外资服装公司当清洁工。毕竟,先生存下来才是最重要的。

后来,在服装公司偶然听到的一个关于"左撇子"的话题,最终激发了我的创业灵感。这天,我无意中听到公司两位白领女性在大倒左撇子的苦水。其中一位用惯了左手的女孩抱怨说:"左撇子用起电脑鼠标可真别扭,工作效率低,甚至还为此挨过老板的骂!"

而另一位搞服装设计的女孩同样是左撇子,她也抱怨说:"可不是嘛,剪刀都是为右手设计的,当我用左手使用时,就得反常地将大拇指内勾,食指和中指外推,而刃口又挡住了我的视线,这样裁剪的速度很慢,甭提有多别扭了!"8月13日是"国际左撇子日",可是在这天,她们和几位左撇子朋友逛了半个京城的商场,却没有买到一件适合左撇子用的商品。两位女孩感叹说,如果生产商给以左撇子一点关怀,为她们设计一些专用商品就好了!

听了这番谈话,我不由吃了一惊。以前只觉得"左撇子"挺有趣,却不知他们在生活中还有着诸多不便,甚至因为手的"左倾"而影响到工作。当晚抱着好奇的心态,我在网吧的电脑上查起了关于左撇子的资料。结果更令我惊讶不已,原来左撇子的形成和遗传基因、生活习惯有关;而这一"另类群体"竟占世界总人口的9%,仅我国就至少有8000万左撇子!

经过一宿的思索,我最终决定离开公司,尝试着自己去创业!第二天,我毅然"炒"掉了老板。

几经周折,"左撇子专卖店"横空问世

结束清洁工生涯之后,我就把心思全放到了做"左撇子"的生意上。然而,很快我又发愁了:自己在京城打工近一年,才攒下了区区5000元钱,哪有那么多创业资金呢?我将我的创意告诉了老乡,并得到了她们的支持。她们用入股的方式参与我的"左手生意",赚了钱给大家分红,亏损了算我的。这样,我筹到了8万元钱启动资金。

有了本钱,等待自己的还有另一个难题:哪里才能进到左手商品呢?没有商品,怎么开店?欧洲的市场成熟,但是物品价格昂贵。我只能在国内想办法,我几乎搜遍了中国所有的剪刀、家电和办公用品等生产企业,终于惊喜地发现了几家生产左手用品的厂家。但他们的产品都是向欧美国家出口的,根本不搞内销,何况我要的量又很小。得知我想代理他们的产品,广东阳江、福建厦门等地的几位老板都表示"不感兴趣"。不过,在对这些厂商进行多次拜访之后,他们因经不住我的软缠硬泡,最终勉强答应,让我从那些出口的左撇子产品中"截留"一小部分。

拿到了一些专门为左撇子设计的鼠标、剪刀、转盘电话、高尔夫球杆等"特种商品"后,我就在市中心一个繁华地段,租下了一个20平方米的小店。2002年"十一"这天,我的"左撇子专卖店"终于在京城诞生了。

"左撇子专卖店"这个店名一打出来,立刻就引起了轰动。一看这个招牌,马上就有人乐翻了:"哈,还有专卖左撇子商品的!"有嘲笑,更有好奇。不过,嘲笑也罢,好奇也罢,总之它的出现吸引了人们的目光,自己不需要广告投入,只要被一些爱说笑的人四处谈论,就会将小店的牌子打到街头巷尾。刚开业不久,人气之旺盛就大大出乎我的意料。每天进来购物或看稀奇的人群,简直要把小店挤爆。

此后,又不断有顾客反映"左撇子专卖店"里的商品不够丰富,比如左手吉他、左手刮皮器、左手奶锅等,都是他们向往已久的产品。看来,店里仅有的一二十种左撇子商品,还远远不能满足有着各种需求的顾客。我联合厂家又设计开发了左手吉他、左手刮皮器、左手奶锅等用品,店里的商品种类繁多了,我的生意也更加火爆起来。

创意是金,两年猎获百万财富

创业两年多,我已从"左手市场"掘金百万。为使更多人真正了解左撇子的世界,2004 年初,我让几位搞电脑的朋友在互联网上建了一个"左撇子俱乐部"网站。不光在网上推介自己的左手商品,并顺势开辟了本市电话订货和全国邮购服务,而且还介绍有关左撇子的各方面知识以及训练左手、活化右脑的方法。令人喜出望外的是,当一些都市白领从网站上了解到"左撇子"的诸多好处后,都纷纷开始锻炼左手,有的人"功夫"练到了家,左、右手竟然一样灵活。这样一来,随着"后天性"左撇子人数的不断增多,我的顾客群也越来越庞大了。

五、创业机会的识别

在成功创业的路上,如何识别创业机会是创业者首先要解决的问题。好的创业机会,必然具有特定的市场定位,专注于满足顾客需求,同时能为顾客带来增值的效果。创业需要机会,机会要靠发现,要想寻找到合适的创业机会,创业者应识别以下创业机会:

(1)现有市场机会和潜在市场机会。现有市场机会是市场机会中那些明显的未被满足的市场需求,往往发现者多,进入者也多,竞争势必激烈。潜在市场机会是那些隐藏在现有需求背后的、未被满足的市场需求,不易被发现,识别难度大,往往蕴藏着极大的商机。

(2)行业市场机会与边缘市场机会。行业市场机会是指在某一个行业内的市场机会,发现和识别的难度系数较小,但竞争激烈,成功的几率低。边缘市场机会是在不同行业之间的交叉结合部分出现的市场机会,处于行业与行业之间出现"夹缝"的真空地带,难以发现,需要有丰富的想象力和大胆的开拓精神,一旦开发,成功的概率较高。

(3)目前市场机会与未来市场机会。目前市场机会是那些在目前环境变化中出现的机会,未来市场机会是通过市场研究和预测分析它将在未来某一时期内实现的市场机会。若创业者提前预测到某种机会会出现,就可以在这种市场机会到来前早作准备,从而获得领先优势。

(4)全面市场机会与局部市场机会。全面市场机会是指在大范围市场出现的未满足的需求,在大市场中寻找和发掘局部或细分市场机会,见缝插针,拾遗补缺,创业者就可以集中优势资源投入目标市场,有利于增强主动性,减少盲目性,增加成功的可能。局部市场机会则是在一个局部范围或细分市场出现的未满足的需求。

六、创业机会的发现

投资创业要善于抓住好的机会,把握住了每个稍纵即逝的投资创业机会,就等于成功了一半。发现创业机会的方法,具体表现在以下几个方面:

(1)变化就是机会。环境的变化，会给各行各业带来良机，人们透过这些变化，就会发现新的前景。变化可以包括：产业结构的变化；科技进步；通信革新；政府放松管制；经济信息化、服务化；价值观与生活形态变化；人口结构变化。

(2)从“低科技”中把握机会。随着科技的发展，开发高科技领域是时下热门的课题，但公司机会并不只属于高科技领域。在运输、金融、保健、饮食、流通这些低科技领域也有机会，关键在于开发。

(3)集中盯住某些顾客的需要就会有机会。机会不能从全部顾客身上去找，因为共同需要容易认识，基本上已很难再找到突破口。而实际上每个人的需求都是有差异的，如果我们时常关注某些人的日常生活和工作，就会从中发现某些机会。因此，在寻找机会时，应习惯把顾客分类，认真研究各类人员的需求特点，这样机会就会出现。

(4)追求“负面”就会找到机会。追求“负面”，就是着眼于那些大家“苦恼的事”和“困扰的事”。因为苦恼和困扰，人们总是迫切希望解决，如果能提供解决的办法，实际上就是找到了机会。

案例学习 3-2

别人卖车卖房 他们卖私人飞机

这是5个20岁出头的小伙子，2个刚毕业，3个还是浙江经贸职业技术学院的在校生，他们把目光盯在了私人飞机上，准备在这个领域大干一番。他们问：“10年前，你能想到现在汽车这么普及吗？那为什么不能相信，今后私人飞机也会火？”目前，他们主要是做私人飞行培训这一块，已经输送了三名意向客户参加私人飞行驾照考试。

无论是身边的朋友还是家长，一听到他们的这个想法，都是半信半疑的。这5个人里，没一个人的专业和飞机有关，甚至有两个学的还是画画，他们怎么“倒腾”私人飞机呢？飞机模型还差不多！但他们很有自信，说根本不用5年，一年半到两年，私人飞机就会火。

要做通用航空业的阿里巴巴

说起来，他们正在做的事相当专业，也确实是目前国内相对空白的一个领域。专业词语叫通用航空，是指除军事、警务、海关缉私飞行和公共航空运输飞行以外的航空活动。通俗点就是私人飞机，比如赵本山名下的那一架。

黄拓说，他们不是心血来潮，而是经过仔细的市场调研，和专业人士进行过多次讨论，又经过几个月相关知识学习之后，才坚定不移地开始创业。2010年11月，他看到一个新闻，说国家将要逐步开放低空领域，之后出台的“十二五”规划里也明确写到了提速通用航空发展。他上网查了一下，发现这几乎就是一片空白领域，直觉告诉他，这是个创业机会。

于是，黄拓立即在学校网站上发帖，找寻志同道合的人一起来做。结果提起“通用航空”，没几个人懂，说卖私人飞机，人家更当他开玩笑。

黄拓说，其实他们做的类似于阿里巴巴，通过互联网搭好平台，把和私人飞机有关的一切都串起来，像二手飞机、航材、租赁服务、飞行员培训等，从上到下，涉及整个产业链。

在时间上做领跑者

黄拓好不容易聚齐了其他4位和他同样信心坚定的伙伴。其实他们本来不止5个人，但一听说要筹钱集资而且工资还得自己想办法另赚，一个个都走了。创业最忌讳的就是光想不做，5个人决定先做起来，边做边学。

小伙子们心里有谱，因为时间才是他们唯一的优势，趁着现在别人都不敢打飞机主意的时候，他们整天废寝忘食地干。没人是航空专业的，没关系，找专业的；通过网上翻资料，看书，向专业的通用航空企业了解咨询。

有人说，现在能把所有汽车品牌搞清楚就算不错了，可看看他们建起来的网站——365 私人飞机网，上面 200 多个型号的飞机、44 个品牌，全是高清图片，一张张从国外网站搜集来的，从 100 万元以下到 5000 万元以上分类得清清楚楚。

几个月下来，只要说起飞机，他们个个都说得头头是道，绝对顶半个专家。

半年时间已闯出不小名声

“他们这个项目是我见过的最有想象力的大学生创业项目。”浙江经贸职业技术学院招生就业处的邱老师提起黄拓他们的项目就赞不绝口。

他表示，几个学生能把这么大一个行业，还是一个新兴行业，理得那么顺，又在短短几个月时间里把网站建好，公司注册好，商业计划书做好，这是非常不错的。

那“倒腾”私人飞机是不是真有戏呢？黄拓说，他们是信心满满的，不说别的，他们已经和不少风险投资商接触过了，并且曾有风险投资商愿意用 300 万元买断他们的网站。

现在，尽管上线才半年，黄拓他们的网站在业界已经小有名气，很多航展、私人飞机展、通用航空的业内论坛，都有他们参与其中的身影。

就算是卖二手飞机这个被很多人认为很不靠谱的事，在网站建起来没多久后，还真有人找上门来让他们帮忙选购。虽然最后因为和欧洲卖家没谈妥而失败了，但这番经历让小伙子们把这个事业做好的信心更坚定了。

七、创业机会的选择

在现实经济生活中，适于创业的机会并不是很多的。创业者需要借助“机会选择漏斗”，经过一层又一层的筛选，在众多机会中筛选出真正适合于自己的创业机会。创业机会的选择的步骤如下：

首先，要筛选出较好的创业机会。一般而言，较好的创业机会都有以下五个特点：①在前景市场中，前五年中的市场需求会稳步快速增长；②创业者能够获得利用该机会所需的关键资源；③创业者不会被锁定在“刚性的创业路径”上，而是可以中途调整创业的“技术路径”；④创业者有可能创造新的市场需求；⑤特定机会的商业风险是明朗的，且至少有部分创业者能够承受相应风险。

然后，要筛选出利己的创业机会。面对较好的创业机会，特定的创业者需要回答以下四个问题：①创业者能否获得自己缺少但他人控制的资源；②遇到竞争时，自己是否有能力与之抗衡；③是否存在该创业者可能创造的新增市场；④该创业者是否有能力承受利用该机会的各种风险。

八、创业机会的把握

创业者不仅要善于发现机会，更需要正确把握并果敢行动，将机会变成现实的结果，这样才有可能在最恰当的时候出击，获得成功。把握创业机会，应注意以下几点：

(1)着眼于问题把握机会。机会并不意味着无需代价就能获得，许多成功的企业都是从解决问题起步的。问题，就是现实与理想的差距。顾客需求在没有满足之前就是问题，而设法满足这一需求，就抓住了市场机会。

(2)利用变化把握机会。变化中常常蕴藏着无限商机，许多创业机会产生于不断变化的市场环境。环境变化将带来产业结构的调整、消费结构的升级、思想观念的转变、政府政策的变化、居民收入水平的提高。人们透过这些变化，就会发现新的机会。

(3)跟踪技术创新把握机会。世界产业发展的历史告诉我们，几乎每一个新兴产业的形成和发展，都是技术创新的结果。产业的变更或产品的替代，既满足了顾客需求，同时也带来了前所未有的创业机会。

(4)在市场夹缝中把握机会。创业机会存在于为顾客创造价值的产品或服务中，而顾客的需求是有差异的。创业者要善于找出顾客的特殊需要，盯住顾客的个性需要并认真研究其需求特征，这样就可能发现和把握商机。

(5)捕捉政策变化把握机会。中国市场受政策影响很大，新政策的出台往往会引发新商机，如果创业者善于研究和利用政策，就能抓住商机站在潮头。

(6)弥补对手缺陷把握机会。很多创业机会是缘于竞争对手的失误而“意外”获得的，如果能及时抓住竞争对手策略中的漏洞而大做文章，或者能比竞争对手更快、更可靠、更便宜地提供产品或服务，也许就找到了创业机会。

项目二　创业风险

一、创业风险的概念

1.风险与创业风险

一提起风险，很多人马上和失败、亏损联系在一起。其实，这是不全面甚至是错误的看法。对于风险的理解，一般有两个角度，一个角度强调了风险表现为结果的不确定性，另一个角度则强调为损失的不确定性。前者属于广义上的风险，说明未来利润多寡的不确定性，可能是获利(正利润)、损失(负利润)或者无损失也无获利(零利润)；后者属于狭义上的风险，只能表现为损失，没有获利的可能性。

中文“风险”一词，相传起源于远古的渔民。渔民出海前都要祈求神灵保佑自己出海时能够风平浪静、满载而归。现代意义上的“风险”一词，已经大大超越了“遇到危险”的含义。无论如何定义风险一词，但其基本的核心含义是“未来结果的不确定性或损失”。如果采取适当的措施使破坏或损失的概率不会出现，或者说智慧地认知，理性地判断，继而采取及时而有效的防范措施，那么风险可能带来机会。由此进一步延伸风险的意义，不仅仅是规避了风险，可能还会带来比例不等的收益，有时风险越大，回报越高、机会越大。因此，如何判断风险、选择风险、规避风险继而运用风险，在风险中寻求机会创造收益，其意义就更加深远而重大。

创业风险是指企业在创业过程中存在的各种风险。由于创业环境的不确定性，创业机会与创业企业的复杂性，创业者、创业团队与创业投资者的能力和实力的有限性而导致创业活动结果的不确定性，就是创业风险。

2.创业风险的共同特征

创业风险种类繁多，贯穿并交织于整个创业过程，但是这些风险具有一些共同的特征，具体如下：

(1)客观性。创业本身就是一个识别风险和应付风险的过程,风险的出现不以人的意志为转移,所以创业风险的存在是客观的。

(2)不确定性。由于创业所依赖和影响的因素具有不确定性,这些因素是不断变化、不断发展的,甚至是难以预料的,因此造成了创业风险的不确定性。

(3)双重性。创业有着成功或失败的两种可能性,创业风险具有盈利或亏损的双重性。

(4)可变性。随着影响创业因素的变化,创业风险的大小、性质和程度也会发生变化。

(5)可识别性。根据创业风险的特征和性质,创业风险是可以被识别和划分的。

(6)相关性。创业风险与创业者的行为紧密相连。同一风险,采取不同的对策,将会出现不同的结果。

二、创业风险的类型

1.按创业风险产生的原因划分

按产生的原因进行划分,创业风险可分为主观创业风险和客观创业风险。

(1)主观创业风险,是指在创业阶段,由于创业者的身体与心理素质等主观方面的因素导致创业失败的可能性。

(2)客观创业风险,是指在创业阶段,由于客观因素导致创业失败的可能性,如市场的变动、政策的变化、竞争对手的出现、创业资金缺乏等。

2.按创业风险产生的内容划分

按产生的内容划分,创业风险可分为技术风险、市场风险、政治风险、管理风险、生产风险和经济风险。

(1)技术风险,是指由于技术方面的因素及其变化的不确定性而导致创业失败的可能性。

(2)市场风险,是指由于市场情况的不确定性导致创业者或创业企业损失的可能性。

(3)政治风险,是指由于战争、国际关系变化或有关国家政权更迭、政策改变而导致创业者或企业遭受损失的可能性。

(4)管理风险,是指因创业企业管理不善产生的风险。

(5)生产风险,是指创业企业提供的产品或服务从小批试制到大批生产的风险。

(6)经济风险,是指由于宏观经济环境发生大幅度波动或调整而使创业者或创业投资者遭受损失的风险。

3.按创业风险对资金的影响程度划分

按对所投入资金即创业投资的影响程度划分,创业风险可分为安全性风险、收益性风险和流动性风险。

创业投资的投资方包括专业投资者与投入自身财产的创业者。

(1)安全性风险,是指从创业投资的安全性角度来看,不仅预期实际收益有损失的可能,而且专业投资者与创业者自身投入的其他财产也可能遭受损失,即投资方财产的安全存在危险。

(2)收益性风险,是指创业投资的投资方的资本和其他财产不会遭受损失,但预期实际收益有损失的可能性。

(3)流动性风险,是指投资方的资本、其他财产以及预期实际收益不会遭受损失,但资金有可能不能按期转移或支付,造成资金运营的停滞,使投资方遭受损失的可能性。

4.按创业过程划分

按创业过程划分，创业风险可分为机会的识别与评估风险、准备与撰写创业计划风险、确定并获取创业资源风险和新创企业管理风险。

创业活动须经历一定的过程，一般而言，可将创业过程分为四个阶段：识别与评估机会；准备与撰写创业计划；确定并获取创业资源；新创企业管理。

(1)机会的识别与评估风险，指在机会的识别与评估过程中，由于各种主客观因素，如信息获取量不足、把握不准确或推理偏误等使创业一开始就面临方向错误的风险。另外，机会风险的存在，即由于创业而放弃了原有的职业所面临的机会成本风险，也是该阶段存在的风险之一。

(2)准备与撰写创业计划风险，是指创业计划的准备与撰写过程带来的风险。创业计划往往是创业投资者决定是否投资的依据，因此创业计划是否合适将对具体的创业产生影响。创业计划制订过程中各种不确定性因素与制订者自身能力的限制，也会给创业活动带来风险。

(3)确定并获取资源风险，是指由于存在资源缺口，无法获得所需的关键资源，或即使可获得，但获得的成本较高，从而给创业活动带来一定风险。

(4)新创企业管理风险，主要包括管理方式，企业文化的选取与创建，发展战略的制定、组织、技术、营销等各方面的管理中存在的风险。

5.按创业与市场和技术的关系划分

按创业与市场和技术的关系划分，创业风险可分为改良型风险、杠杆型风险、跨越型风险和激进型风险。

(1)改良型风险，是指利用现有的市场、现有的技术进行创业所存在的风险。这种创业风险最低，经济回报有限，即风险虽低，但要想生存和发展，获取较高的经济回报也比较困难，一方面会遭遇已有市场竞争者的排斥或进入壁垒的限制，另一方面即便进入，想要占有一定的市场份额也非常困难。

(2)杠杆型风险，是指利用新的市场、现有的技术进行创业存在的风险。该风险稍高，对一个全球性公司来说，这种风险往往是地理上的，常见于挖掘未开辟的市场，如彩电行业利用原有技术进入农村市场。

(3)跨越型风险，是指利用现有市场、新的技术进行创业存在的风险。该风险稍高，主要体现在创新技术的应用方面，往往反映了技术的替代，是一种较常见的情况，常见于企业的二次创业，领先者可获得一定的竞争优势，但模仿者很快就会跟上。

(4)激进型风险，是指利用新的市场、新的技术进行创业存在的风险。该风险最大，如果市场很大，可能会带来巨大的机会。对于第一个行动者而言，其优势在于竞争风险较低，但是知识产权保护力度很弱，市场需求不确定，确定产品性能有很大的风险。

6.按创业中技术因素、市场因素与管理因素的关系划分

按创业中技术因素、市场因素与管理因素的关系划分，创业风险可分为技术风险、市场风险和代理风险。

技术风险和市场风险见前文。

代理风险，是指高级经营管理人才、组织结构以及生产管理等能否适应创业的快速增长或战胜创业企业危机阶段的动态不确定性因素的风险。

这三类风险之间相互作用，使得创业企业运作的各个层面上的诸多因素的不确定性更加

复杂，并且在创业企业不同的发展阶段上，各因素的风险性质也将产生一定的变化。

三、创业风险的识别

既然创业风险是创业过程中不可避免的现象，那么直面风险并化解风险，是创业过程中的重要任务。

风险识别是应对一切风险的基础，只有识别了风险才可能有化解的机会。同时风险也是一种机会，应该开拓、提高它积极的作用。

创业风险识别是创业者依据企业活动，对创业企业面临的现实以及潜在风险运用各种方法加以判断、归类并鉴定风险性质的过程。创业者都必须掌握风险识别的能力，并不断提高这种能力。

1. 树立风险识别的基本理念

作为创业者，应该正确树立识别企业风险的基本理念，需主要具备以下意识：

(1)有备无患的意识。创业风险的出现是正常的，带来一些损失也是正常的，既不能怨天尤人，也不能骄兵轻敌。其关键的问题是要密切监视风险，减少损失，化解不利，甚至将风险转化为盈利的机会。

(2)识别风险的能力。发现和识别风险，是为了防范和控制风险。如果创业者在企业未发生损失之前就能够识别风险发生的可能性，那么这个风险是可能被管理的，因此，风险识别是进行风险管理的基点。

(3)未雨绸缪的观念。创业风险需要创业者通过创业活动的迹象、信息归类，认知风险产生的原因和条件，这不仅要识别风险所面临的性质及可能产生的后果，更重要的是(也是最困难的)识别创业过程中各种潜在的风险，为采取有效措施提供依据。

(4)持之以恒的思想。由于创业风险伴随着整个创业过程，同时风险具有可变性和相关性的特点，所以创业者必须要有打“持久战”的准备。风险的识别工作应该是连续地、系统地进行，并为企业持续性、制度化的工作。

(5)实事求是的精神。虽然风险识别是一个主观过程，但是必须遵循客观规律。风险识别是一项复杂而细致的工作，应要按特定的程序、步骤、适当的方法逐层次地分析各种现象，并为企业实事求是地作出评估。

2. 掌握风险识别的基本途径

创业风险的识别途径，重点要从风险的来源上入手，即从自然因素和人为因素两大方面进行风险识别。

(1)自然因素。比如说，地震多发区、台风多发区和炎热地区，这与企业的选址、项目有着密切关系。又如对于许多行业来说，必须注意影响原材料供应的矿产、能源、农产品以及交通问题等。

(2)人为因素。主要应了解一个国家或者地区的政经制度、法律政策、民情民俗以及企业周边的营运环境等。

四、风险识别和评估的方法和步骤

在风险识别之后，就必须进行风险评估，这需要一定的专业知识，必须根据不同的性质与条件，按照一定的途径，运用一定的方法，或者借助一定的工具来实施。

1.基本方法

一般而言，风险识别的方法包括：信息源调查法、数据对照法、资产损失分析法、环境扫描法、风险树分析法、情景分析法、风险清单法。

有能力的企业也可以自行设计风险识别的方法，比如专家调查法、流程图分析法、财务报表分析法、SWOT分析法等。

2.实施步骤

(1)信息收集。首先要通过调查、问讯、现场考察等途径获得相关信息；其次，需要进行敏锐的观察和科学的分析，对各类数据及现象作出处理。

(2)风险识别。根据对于信息的分析结果，确定风险或潜在风险的范围。

(3)风险评估。根据量化结果，运用定量分析、定性分析、假设、模拟等方法，进行风险影响评估，预计可能发生的后果，提出方案选择。

(4)拟订计划。提出处理风险的方法和行动方案。

3.实施中要注意的问题

(1)信息收集要全面。收集信息可以通过两个途径，一是内部积累或者专人负责；二是借助外部专业机构的力量。后者可获得足够多的信息资料，有助于较全面、较好地识别面临的潜在风险。

(2)因素罗列要全面。根据企业在运营过程中可能遇到的风险，逐步找出一级风险因素，然后再进行细化，延伸到二级风险因素，再延伸到三级风险因素。例如管理风险属于一级风险因素，管理者素质属于二级风险因素。

(3)最终分析要进行综合。既要进行定性分析，也要进行定量分析。

项目三　创业资源

一、创业资源的概念

常言道："巧妇难为无米之炊"。同样，没有资源，创业者也只能望(商)机兴叹。

资源就是任何一个主体在向社会提供产品或服务的过程中，所拥有或者所能够支配的能够实现自己目标的各种要素以及要素组合(Bamey，1991；Bamey，2001)。林强(2003)以及林嵩(2005)对创业资源给出了学术定义，他们认为，创业资源是企业创立以及成长过程中所需要的各种生产要素和支撑条件。Alvareza & Busenitzb(2001)认为创业本身也是一种资源的重新整合。简单地说，"创业资源"就是创业者所需具备的一些创业条件。

二、创业资源的类型

1.直接资源和间接资源

林强、林嵩、姜彦福等人(2003、2005、2007)按照资源要素对企业战略规划过程的参与程度，认为创业资源有间接资源和直接资源之分。财务资源、经营管理资源、市场资源、人才资源是直接参与企业战略规划的资源要素，可以把它们定义为直接资源；政策资源、信息资源、科技资源这三类资源要素对于创业成长的影响更多的是提供便利和支持，而非直接参与创业战略的制定和执行，因此，对于创业战略的规划是一种间接作用，可以把它们定义为间接资源。根据上述分析，创业资源的概念模型如图 3－1 所示。

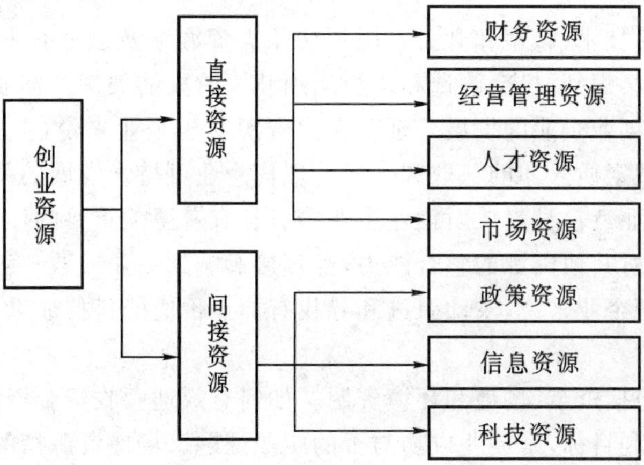

图 3－1　林强等人的创业资源细分概念模型图

财务资源：是否有足够的启动资金？是否有资金支持创业最初几个月的亏损？

经营管理资源：凭什么找到客户？凭什么应对变化？凭什么确保企业运营所需能够及时足量地得到？凭什么让创业企业内部能有效地按照最初设想运转起来？

人才资源：是否有合适的专业人才来完成所有的任务？

市场资源（包括营销网络与客户资源、行业经验资源、人脉关系）：凭什么进入这个行业？这个行业的特点是什么？赢利模式是什么？是否有起码的商业人脉？市场和客户在哪里？销售的途径有哪些？

政策资源：可不可以有一个"助推器"或"孵化器"推进我们的创业，比如某些准入政策、鼓励政策、扶持政策或者优惠政策等。

信息资源：依靠什么来进行决策？从哪里获得决策所需的信息？从哪里获得有关创业资源的信息？

科技资源：创业企业凭什么在市场上竞争，为社会提供什么样的产品和服务？

2. Barney 分类法：人力和技术资源、财务资源、生产经营性资源

从 Barney 的分类出发，创业时期的资源就其重要性来说，分别有以下的细分：组织资源、人力资源、物质资源。由于企业新创，组织资源是三类中较为薄弱的部分。而人力资源为创业时期中最为关键的因素，创业者及其团队的洞察力、知识、能力、经验及社会关系影响到整个创业过程的开始与成功；同时，在企业新创时期，专门的知识技能往往掌握在创业者等少数人手中，因而此时的技术资源和人力资源紧密结合，并且可能成为企业竞争优势的重要来源。在物资资源中，创业时期的资源最初主要为财务资源和少量的厂房、设备等。

对细分后的创业资源经过重新归纳，主要有以下几种：①人力和技术资源，包括创业者及其团队的能力、经验、社会关系及其掌握的关键技术等；②财务资源，即以货币形式存在的资源；③生产经营性资源，即在企业新创过程中所需的厂房、设施、原材料等。

3. 核心资源与非核心资源

根据资源基础论，创业资源可分为核心资源与非核心资源。识别核心资源，立足核心资源，发挥非核心资源的辐射作用，实现创业资源的最优组合，这就是创业资源运用机制的基本思路。

核心资源主要包括技术、管理和人力资源。这几类资源涉及创业企业有别于其他企业的核心竞争力，是创业机会识别、机会筛选和机会运用几大阶段的关键。创业企业必须以这几类要素资源为基点，扩展创业企业的发展外延。人力资源对于企业来说，主要是一种知识财富，是企业创新的源泉。高素质人才的获取和开发是现代企业可持续发展的关键。管理资源又可理解为创业者资源，创业者自身素质对创业企业的成长有着至关重要的作用。创业者的个性，对机遇的识别和把握，对其他资源的整合能力，都直接影响到创业成败。科技资源是一种积极的机会资源。对于新创企业来说，主动引进和寻找有商业价值的科技成果，是企业的立身之本和市场竞争之源。

非核心资源主要包括资金、场地和环境资源。如何有效地吸收资金资源，并保持稳定的资金周转率，实现预期盈利目标，是创业成功与否的瓶颈课题。场地资源指的是高科技企业用于研发、生产、经营的场所。良好的场地资源能够为企业大幅度降低运营成本，提供便利的生产经营环境，短期内累积更多的顾客或质优价廉的供应商。环境资源作为一种外围资源影响着创业企业的发展。例如，信息资源可以提供给创业者优厚的场地资金、管理团队等关键资源，文化资源可以促进管理资源的持续发展，等等。

4. **自有资源和外部资源**

自有资源是来自内部机会积累，是创业者自身所拥有的可用于创业的资源。如创业者自身拥有的可用于创业的自有资金，自己拥有的技术，自己所获得的创业机会信息，自建的营销网络，控制的物质资源，管理才能等，甚至在有的时候，创业者所发现的创业机会就是其所拥有的唯一创业资源。

外部资源可以包括例如朋友、亲戚、商务伙伴或其他投资者、投资人投资的资金，或者包括借到的人、空间、设备或其他原材料（有时是由客户或供应商免费或廉价提供的），或通过提供未来服务、机会等换取到的资源，有些还可能是社会团体或政府资助的管理帮助计划等，这些都是外部资源。外部资源更多的来自于外部机会发现，而外部机会发现在创业初期起着决定性作用。创业者在开始创业的时期面临的一个重要问题是资源不足和资源供给。一方面，企业的创新和成长必须消耗大量资源；另一方面，企业自身还很弱小，无法实现资源自我积累和增值。所以，企业只有识别机会，从外部获取到充足的创业资源，才能实现快速成长，这也是创业资源有别于一般企业资源的独特之处。对创业者来说，运用外部资源，是一种非常重要的方法，在企业的创立和早期成长阶段尤其如此。其中运用外部资源的关键是具有资源的使用权并能控制或影响资源部署。

自有资源的拥有状况将在很大程度上影响甚至决定我们获取外部资源的结果。立志创业者首先要致力于扩大、提升自有资源，自有资源的拥有状况（特别是技术和人力资源）可以帮助我们获得和运用外部资源。

5. **起码资源和差异资源**

起码资源和差异资源可以帮助我们思考创业资源的准备问题。一般来说我们不可能拥有前面谈到的所有资源，但进入创业阶段也必须要符合两个条件：一是要有进入一个行业的起码资源，另一方面是具备差异性资源。如果任何条件均不具备，创业成功的可能性很小。对于准备创业的人来说，首先必须用书面的方式列出：进入这个行业的起码资源有哪些，已经具备哪些，尚未具备的如何获取；进入这个行业的差异性资源是什么，已经具备哪些，尚未具备的如何获取。

三、创业资源的认识与评价

1.创业资源的作用

创业者获取创业资源的最终目的是为了组织这些资源追逐并实现创业机会，提高创业绩效和获得创业的成功。无论是要素资源还是环境资源，无论它们是否直接参与企业的生产，它们的存在都会对创业绩效产生积极的影响。要素资源可以直接促进新创企业的成长；环境资源可以影响要素资源，并间接促进新创企业的成长。

2.技术和人力资源是最重要的资源

如前所述，创业团队自身的人力资源是创业时期中最为关键的因素。创业者及其团队的洞察力、知识、能力、经验及社会关系影响到整个创业过程的开始与成功；同时，在企业新创时期，专门的知识技能往往掌握在创业者等少数人手中，因而此时的技术资源和人力资源紧密结合，并且这两种资源可能成为企业竞争优势的重要来源。

(1)技术资源是创业前最关键的资源。

有研究者指出，在创业初期，技术资源是最关键的创业资源之一。其原因主要有：①创业技术是决定创业产品的市场竞争力和获利能力的根本因素。②创业技术核心与否决定了所需创业资本的大小。对于在技术上非根本创新的创业企业来说，创业资本只要保持较小的规模便可维持企业的正常运营。③从创业阶段来说，由于企业规模较小，因此对管理及人才的需求度不像成长期那样高。创建企业是否掌握创业需要的"核心技术"，是否拥有技术的所有权，决定着创业的成本以及新创企业能否在市场中取得成功，尤其对依托高科技的创业而言更是如此。美国的微软公司和苹果公司，最初创业资本都不过几千美元，创业人员也只有几人。它们之所以走向成功，就是因为它们拥有独特的创业技术。所以，创业企业成功的关键是首先寻找成功的创业技术。

很多时候，拥有核心技术，就拥有了获得资金支持的资本。2005 年大学生创业竞赛中，上海交大七彩虹创业团队所持项目——分布式 ISP 接入方式，通过技术手段实现上网电话费用的降低，可以从当时的每小时 2 元降到 0.07 元。有关人士认为这一项目极具市场前景，如能推广，会给风险投资带来丰厚的回报。上海交大学子科技创业有限公司抢先和七彩虹创业团队签了投资协议，使七彩虹创业团队获得了资金支持。

一些看起来很有市场前景的"商机"，如果没有拥有或者控制核心技术就贸然进入，必然很快遭受重创。北京师范大学国际贸易专业的学生胡腾和 7 位同学筹资 12 万，于 2003 年 8 月 27 日，正式注册成立了思迈人才顾问有限公司，并建立了专业的人才网站——思迈人才网。他们公司的主旨是为企业和个人提供人才评估、咨询、培训、交流、猎头、人事代理等服务，为高校毕业生就业开通"绿色通道"，提供求职培训、素质测评、推荐安置工作等服务。看起来很有市场前景，但该团队中没有一个人拥有评估、咨询、培训、猎头以及人事代理的核心技术甚至运营经验；而开业之初，由于人才网络、企业网络没有运作起来，各种服务项目都没法开展。于是，胡腾决定从最基础的为大学生找家教和其他兼职做起，但这也不是他们所擅长的。2003 年 12 月，从公司创立仅仅 3 个月的时间，公司净亏 7.8 万元。最后，他以 1 元钱价格把思迈人才顾问有限公司转卖给了一个博士生。

最后要特别指出的是，关于技术的外延应该比较宽广一些，做菜、按摩、养猪等都有技术可言，小看这些行业的技术，将会犯十分低级的错误。2006年成都开面馆的六位研究生，虽然在开业前两个月，六个人曾分头到成都大街小巷的面店去“明察暗访”，两个月下来，先后跑了几百家面馆，吃了一千多碗面，发现了“成都的快餐吃得最多的还是面条”这样的事实，但他们并没有拥有提供“好味道面”的技术，他们的面“量少、难吃”，四个多月后，面馆怅然转手他人。

(2)一旦创业企业成立，人力资源就成为企业持续经营最重要的资源。

人力资源不仅仅指创业者及其团队的特长和知识、激情，人力资源还包括创业者及其团队拥有的能力、经验、意识、社会关系、市场信息等。美国苹果电脑公司创立人史蒂夫·贾伯曾经说过：“刚创业时，最先录用的10个人将决定公司成败，而每一个人都是这家公司的十分之一。如果10个人中有3个人不是那么好，那你为什么要让你公司里30%的人不够好呢？小公司对于优秀人才的依赖要比大公司大得多。”

阅读许多大学生创业的故事，我们发现，大学生自主创业最艰难的不是资金，而是意识、知识、信息和技能的匮乏，创业越深入，这些不足就越容易体现。一旦企业成立了，创业者团队的经营管理能力以及经验等就至关重要。

创业不是一件很轻松的事情。在创业初期，事无巨细，创业者都要自己亲力亲为，既包括对外筹集各种资源、协调各种关系、开发客户、应对各种变化，也包括对内分配资源、管理运营。总体而言，由于教育方式等多方面的原因，我们的大学生一直在象牙塔里攻读知识、激扬文字，畅谈抱负，但起而行之者寡，难免“眼高手低”。不少大学生创业之初，因为社会经验的缺乏，不了解商场上的待人接物、为人处世、与生意合作伙伴的应酬方式，不了解企业运作中的一些起码常识(如盖章、签字、账户开立、税务等)，等等，使其创业的每一步都可能撒下一把泪，碰出一头疙瘩，到最后，任何一个小的困难都可能成为压垮其理想与抱负的“最后一根稻草”。所以，大学生创业典型性人物——分众传媒的江南春直言：“我不赞成大学生比较盲目地一毕业就创业。”这应该是有感而发。

财务因素不是最重要的约束。资金是可以通过团队的能力以及团队所拥有的技术去获得的，但反之并不成立。2006年刚从上海交大毕业的陈云，以数字医疗方面的科研项目为基础创办了碧峰软件信息技术有限公司，拿到了30万元的上海市“大学生科创基金”。但陈云坦言，“市场化产品与实验室产品有很大区别，而大学生通常缺乏与市场接轨经验，这比缺乏资金更容易导致创业失败”。创业不仅需要持续的技术支持，还需要出色的创业团队，而且创业投资者真正看中的往往就是创业所依赖的技术的潜能以及出色的创业团队。虽获得了财务支持但因经营能力不足，也必将导致创业企业的失败。

案例学习3-3

中国女大学生风险创业第一人——李玲玲的创业故事

1999年，武汉华中理工大学一名叫李玲玲的学生除了拥有7项实用新型专利外，还有部分专利正在开发投产过程中。1999年7月，李玲玲领取大学生风险创业基金10万元，成立武汉天行健科技开发有限责任公司，任董事长兼总经理，被媒体誉为“中国女大学生风险创业第一人”。2000年5月，她被评为湖北省“十大杰出青年”。

但是，李玲玲所创办的公司不到一年就陷入了停顿状态。持续事业的经营能力和把握市场能力的欠缺把她从创业的列车上摔了下来。

来自美国的一项统计资料也显示了创业容易持续难的现实。在美国自行创业的创业企业中,有40%的小老板,在创业的第一年就不得不面临关门大吉的命运,而在存活下来的60%中,约有八成无法欢度五周年庆,更令人惋惜的是,能够熬过五年的创业企业,其中只有20%能继续走完第二个五年。

创业不可能一帆风顺。创业过程既是一个对市场不断探索的过程,也是一个对企业内部的各种资源调整整合的过程,同时还是一个不断学习的过程。创业者是否具备了及时发现经营和管理中的错误,判断错误性质,领悟正确东西的意识和思维以及能力,是否能够及时、有效和经济地纠正错误,这往往决定创业是否成功,也是创业企业发展的速度、高度和稳定性的关键资源。

有些时候,大学生有了内部企业管理经验,就很容易骄傲自满,忽视了自己市场能力的缺乏,创业很可能就是一个"美丽的诱惑"。北京某酒店高级经理一次勇敢但失败的茶餐厅投资就是一次缺少起码"市场知识"的"实践活动"。她学的是酒店管理专业,毕业时进入一家酒楼做总统套间服务员,两年时间就进入了高级管理层。工作同时,她又在某名牌大学进修人力资源管理,积累了一定的工作经验。骄傲的她觉得自己管理的理论和实践的翅膀都已经达到可以单飞的程度了,但她却犯了做生意的大忌——她连客流量、周边消费环境以及商业楼宇租金行情这些因素都没调查,就于2003年1月26日在亚运村的一处写字楼的底楼开起了酒楼,撑到8月26日,实在无力支撑,就关门了。本次创业共亏损120万元。

3.整合资源的能力远胜于拥有所有创业资源

不管资源准备如何充分,我们也不可能预见创业后所有的问题。任何一个创业者都不可能在想出了所有问题的答案后再创业。讨论资源重要性的目的不是给立志创业者泼冷水,也不是建议大家坐等"万事俱备"。

创业者与创业之初所控制的资源多少关系不大。很多人在初次创业的时候,都是资源十分欠缺的,大量例证也表明创业之初企业家可支配的资源几乎是微不足道的。对于创办一个小企业来说,并不需要多少资本。在企业家把企业做到一定规模之后,与之相比企业的初创资本可以忽略不计。这一规律不仅在知识经济时代,即使是资源经济时代也可举出许多例证。例如,1946年井深大和盛田昭夫创立东京通信工业公司(索尼公司前身)时,初创资本仅为500美元;惠普公司的创始人休利特(William Hewlett)和帕卡德(David Packard)创业之初身无分文,是用特曼(Fred Terman)教授所借的538美元租用汽车房创立惠普公司的;苹果电脑公司是沃茨尼亚克(Steve Wozniak)和乔布斯(Steve P. Jobs)于1976年在自家的汽车房创立的;沃马特的创始人山姆·沃尔顿1962年由一个小店起家,现已发展为全球4000多家连锁店;中国刘氏家族创办的希望集团仅以1000元起家,现已发展成为中国最大的民营企业之一;香港上市公司金利来的创始人创业之初仅有6000港元的资本。

根据熊彼特(Schumpeter)的观点,"创业者的功能就是实现新组合"。因此,创业资源的优化配置是创业者实现成功创业必须仔细斟酌的问题。加里洛(Jarillo,1989)也曾经通过经验分析得出结论,"创业的精髓在于使用外部资源的能力和意愿"。现在美国用"entrepreneur"专指在没有拥有多少资源的情况下,锐意创新,挖掘并实现潜在机会的价值的创业者。在这个问题上也许还可以从阿玛·百蒂的话中得到启示:"准创始人中绝大部分面临的最大挑战不是筹集资金,而是如何在没有资金的情况下把事情办好的智慧和干劲。"可以说,创业成功并不需要100%拥有所有资源,整合资源的能力远胜于拥有所有创业资源。阿里巴巴的马云先生,他本人并不完全就具备一切创业所需的资源，但是他能通过自身的能力，将一些适用的资源（人力、物力）整合在一起并合理地运用，形成了一个强有力的多资源团队，因此他成功了，并将阿里巴巴不断的壮大和持续发展。

实际上，所有成功创业者在新创企业成长的各个阶段，都会做到用尽可能少的资源推进企业往前发展。同时，对他们而言，资源的所有权并不是关键，关键是对其他人的资源的控制和影响程度。这种态度的好处在于，它能够减少创业者创业所需的资本量；在选择经营企业还是放弃企业时处于更有利的地位；以放弃资源所有权为代价而提高了灵活性；降低了沉没成本、固定成本，并以丰富的利润抵消变动成本的上升；进而大大降低了创业者把握商机过程中的风险。

案例学习 3-4

东华理工学院 2003 级电子计算机专业在校大学生——库军强经过充分的市场调查，得出“开拓西式婚礼市场必定会有丰厚的回报”的结论，决定进军这一领域。2006 年 10 月 28 日，他注册了江西省抚州市永恒西式婚庆公司，并于 11 月 2 日在互联网上开设婚庆网站。但是，库军强没有西式婚庆所需的教堂、婚庆用品，也没有业务推广和报纸电视广告的经费，他是如何解决这一问题的呢？答案就是整合他人的资源。

首先是场地问题——教堂，抚州市的两个教堂在江西省是最雄伟的。库军强以详细的计划书使教堂负责人相信，抚州市第一家西式婚庆公司很有前景，双方成功签了一个三年的合作协议。对于婚庆用品，库军强经过两个月的奔波，和抚州市一家大酒店以及几家婚庆用品店达成协议，租用他们的婚庆用品，它们也成了库军强婚庆公司的长期合作伙伴。至于广告，则想办法吸引媒体眼球，让他们主动报道——库军强在学校就业指导课上的模拟招聘会中得到启发，他做了一个模拟婚庆。2006 年 11 月 2 日，库军强的婚庆公司和米兰婚纱摄影店在抚州市最繁华的街道赣东大道上，举行了一场模拟婚庆，吸引了抚州市的许多媒体，当天的报纸都用了相当的篇幅报道婚庆的事情。模拟婚庆的录像上传到了婚庆公司的网页上，全国的朋友都能看到。模拟婚庆的录像传上网页后的第二天，公司就接到了浙江一对新人的电话，这是公司的第一笔业务，他们报价 10 万。自此，公司的婚庆业务便红火起来。

大学生创业故事

在校创业的先行者——赵俊

赵俊是江苏农牧科技职业学院动物科技学院 2006 级畜牧兽医专业的一名学生。在校期间，他在学院创业孵化园承包水禽扩繁中心开始在校创业，毕业后，成立泰州市姜堰区玉方特种养殖场，开始创业之路。下面的文字是摘录于他的创业心得，让我们看看身边人的创业心路。

“2009 年，我们到江苏现代畜牧科技园参加教学实习。我们真正地接触到了生产一线，并从事一线工作，将书本上的理论运用到实际当中去，这也是检验我们技能的好机会。我在姜曲海猪场、水禽保种厂和水禽扩繁厂都实习了一遍，所有的生产环节都过了一遍，让我收获颇丰。专业技能是我为创业作的第一项准备。

2009 年底，学院为了提高学生创业的实践能力，将水禽扩繁厂拿出两栋鸭舍交由学生自主创业，学院提供技术指导。我和其他同学就觉得应该尝试一下，我们认真地准备了养殖方案，包括饲料配方，等等，我们把我们能够考虑到的全部问题进行认真思考并想出了解决方案，并征求了创业导师的意见。最终，我们的方案获得了通过，成为第一批创业孵化中心培育的第一批创业者。

第一次的创业尝试可谓是仅仅及格的，学院给我们免去了水电、场地的费用，我们才获利三千多元。具体如下：

具体时间：2010 年 1 月 24 日至 2010 年 4 月 21 日。

养殖情况：进苗 2400 只，成活 2100 只，成活率 87.5%。鹅苗成本价 5.7 元/只。

产值利润：鹅成本 42.5 元/只，卖价 44 元/只，获利 3150 元。

我们一边创业一边反思，在养殖过程中，我们犯下了错误。为了能够早日进入养殖创业，我们在鹅苗的选择上，没有进行认真比对，选种和价格上都出现了误差；在鹅苗进舍中，没有实时提高育雏温度，造成育雏阶段死亡率较高；在育肥阶段，没有青饲料，鹅的重量没有达到理想状态；养殖周期较长，错过了鹅的最佳上市时期，导致价格偏低。正是由于这些错误，让我得到了宝贵的创业经验。

按照人才培养方案，五年制最后的一年是生产实习，我听取了创业导师的建议，先找一个行业类的企业就业，做一段时间，熟悉行业的情况。我一开始在六和饲料实习，主要做的就是饲料的销售，通过跑农户、跑养殖厂，我了解了当前的养殖情况。后因为家庭原因，我离开了六和饲料，在家期间，我决定自己再次搞养殖，这一次没有学院提供的免费场所，所有的一切都是成本。我在姜堰市大伦镇租了十亩地开始了我的第二次创业。现如今规模如下：

现存栏肉鹅共三批，每批 1000 只，共 3000 只。

租赁土地：14 亩，其中场地占 5 亩，9 亩种植牧草。

建有养鹅专用大棚 4 个，其中育雏棚 1 个，育成棚 2 个，育肥棚 1 个，另配有饲料贮藏室。

这一次的创业过程，我感觉是成功的，每只鹅的纯利润达到 10 元以上。到目前为止，我前期的投入全部收回了，最后的一批鹅都是净利润，应该有三万元，我预期全年的收入应该在十万元以上。

创业的过程是艰辛的，因为自己干事业就得全部扑上去。”

拓展阅读

史玉柱的两次创业

史玉柱与巨人集团

史玉柱，安徽人。1989 年研究生毕业后“下海”，在深圳研究开发 M6401 桌面中文电脑软件，获得成功。1992 年，史玉柱率 100 多名员工，落户珠海，创办巨人集团。巨人集团的创办得到了珠海政府很多的政策照顾。

巨人集团一下子发展了起来，资产规模很快接近 2 到 3 亿。1993 年，巨人集团其中仅中文手写电脑和软件的当年销售额即达到 3.6 亿元，位居四通之后，成为中国第二大民营高科技企业。但是巨人集团却因为业务部门众多，摊子过大，最终被巨人大厦拖入死局。1997 年初，巨人集团名存实亡。史玉柱成为“全国最穷的人”。

史玉柱与征途网络

脑白金于 1998 年 5 月问世，史玉柱开始二次创业，凭借广告营销，1999 年脑白金的销售额就达 2.3 亿元。

对于史玉柱和他的团队来说,"巨人危机"或许是他们最大的财富,因为史玉柱从中得到的教训和对于自身的深刻认知,让他们在以后的创业中受益无穷。

2004年11月,上海征途网络科技有限公司正式成立。三四年前史玉柱就曾想过投资做网游。在进入网游之前,史玉柱曾经找来专家咨询,也曾专门拜会一些行业的主管领导。结论是,至少在8年或者更长的时间里,网络游戏的增长速度会保持在30%以上。而在史玉柱看来,国人对娱乐的需要日益增长,中国游戏玩家的比例相对也较低,增长潜力巨大。因此,史玉柱断言:现在的网游市场肯定是一个朝阳产业。

史玉柱始终认为,网络游戏的成功靠的就是两个:钱和人。史玉柱不缺钱,多年保健品业务积累和投资收益给史玉柱带来了巨大的资金积累。在几年前,史玉柱就曾经对网络游戏动心过,但是那时他没有游戏团队,新浪的汪延曾经告诉他,新浪之所以没做成网游也是因为缺人。

2004年,放弃大型网络游戏研发的上海盛大的一个团队准备离开盛大并希望找一个合适的投资伙伴,并在同一个台湾的投资方接触。史玉柱听说此事之后,立刻找到这个团队见面,会谈之后,史玉柱投资IT的热情再度被点燃起来,决定投资。

在正式确定后史玉柱自问:如果失败,其原因有可能来自什么方面?一是产品,二是人员流失等,在一问一答当中,史玉柱罗列出来了十几个项目要点,也一一找到解决的方法。

初做网游的史玉柱,无法全面同对手竞争,因此制定了一个"聚焦聚焦再聚焦"的策略。征途网络只做一款产品,只选择MMORPG类中的2D领域,史玉柱声称要做"2D游戏的关门之作"。从现在的结果来看,史玉柱的聚焦策略取得了一定程度上的成功,《征途》的在线人数已经领先于直接竞争对手。

为了网络游戏的项目,史玉柱预先估计到最高可能会亏损两个亿,因此就在账上准备了两亿元人民币。但是,前期四千万人民币投下去之后,很快《征途》就已经进入良性发展,在公测阶段便已经开始盈利。由此,史玉柱也就正式进入改变网游格局的征途。

有游戏同行说史玉柱太另类、不按常理发牌,但同时也认为将公司广告做到央视,将脑白金的地面推广经验运用到网游渠道,也确实有创意。

外界普遍认为史玉柱保健品成功的关键是广告,而史玉柱自称最关键的一环其实是地面推广。现在,史玉柱将在保健品当中的营销经验应用到了网络游戏当中。据征途网络副总经理汤敏介绍,目前征途网络的地面办事处已经近百家,计划发展到上千家。

思考与问题:

(1)根据案例提供的材料,你认为巨人集团在创业过程中面临着哪些风险?

(2)根据案例提供的材料,你认为征途网络在创业过程中面临着哪些风险?

(3)风险是否一定意味着失败、亏损、危机?应付风险策略的正确与否的重要性体现在哪里?

项目任务一

收集整理牟其中创业的相关案例,试分析其曾经面临的风险种类以及失败的原因。

项目任务二

针对自己的创业计划，分析存在的潜在风险，并提出相应的风险控制对策并完成创业资源自我评估表(见表3-1)。

表3-1 创业资源自我评估表

说明：从自主创业的角度，重新评估自己的创业资源。
我的有形资产资源是：现金、房屋、设备、材料、运输工具、其他。
我的有形资产的优势是：
我的有形资产的劣势是：
针对创业我拟采取的对策是：
我的无形资产资源是：特殊技能、经营权、秘方、口碑、声誉、其他。
我的无形资产的优势是：
我的无形资产的劣势是：
针对创业我拟采取的对策是：
我的社会关系资源是：亲属、朋友、同学、其他。
我的社会关系的优势是：
我的社会关系的劣势是：
针对创业我拟采取的对策是：
我的人际交往资源是：人缘、交际能力、其他。
我的人际交往的优势是：
我的人际交往的劣势是：
针对创业我拟采取的对策是：
我的体力资源是：力量、速度、耐力、灵活、其他。
我的体力资源优势是：
我的体力资源劣势是：
针对创业我拟采取的对策是：
我的脑力资源是：算术、语言、悟性、记忆、其他。
我的脑力资源优势是：
我的脑力资源劣势是：

续表 3-1

针对创业我拟采取的对策是：
我的技术资源是：经营管理、销售、烹饪、修车、养鱼、品茶、其他。
我的技术资源优势是：
我的技术资源劣势是：
针对创业我拟采取的对策是：
我的知识资源是：学历、阅历、社会知识、其他。
我的知识资源优势是：
我的知识资源劣势是：
针对创业我拟采取的对策是：
我的学习资源是（能学什么）：手艺、语言、其他。
我的学习资源优势是：
我的学习资源劣势是：
针对创业我拟采取的对策是：
我的兴趣资源是：花卉、汽车、其他。
我的兴趣资源优势是：
我的兴趣资源劣势是：
针对创业我拟采取的对策是：
我的经历资源是：读书、务农、做工、参军、其他。
我的经历资源优势是：
我的经历资源劣势是：
针对创业我拟采取的对策是：
我的经验资源是：销售经验、经商经验、管理经验、其他。
我的经验资源优势是：
我的经验资源劣势是：
针对创业我拟采取的对策是：
我的年龄资源是：年轻、中年、老年、其他。

续表 3-1

我的年龄资源优势是：	
我的年龄资源劣势是：	
针对创业我拟采取的对策是：	
我的民族资源是：少数民族、特殊风俗、其他。	
我的民族资源优势是：	
我的民族资源劣势是：	
针对创业我拟采取的对策是：	
我的貌相资源是：憨厚、机灵、俊美、其他。	
我的貌相资源优势是：	
我的貌相资源劣势是：	
针对创业我拟采取的对策是：	
我的其他资源是：	
我的优势是：	
我的劣势是：	
按重要性排序，我的优势资源是：	
1	2
3	4
5	6
按重要性排序，我的劣势资源是：	
1	2
3	4
5	6
扬长避短，整合自己的创业资源，并转化为创业核心竞争力的战略：	

模块四　创业项目与创业计划

创业名言

这个世界上能找到和发现问题的人比耗子的数量都多，能够找到问题并提出解决方案的人比猫还要多，而能发现问题的同时提出解决方案，并且能快速地去做到的人就和熊猫的比率差不多了，不管是选择创业还是就业，就踏踏实实做一只NB的熊猫吧！

——李想（泡泡网首席执行官）

教学目标

1. 掌握创业项目评估和选择的方法；
2. 理解创业计划书的作用；
3. 熟悉创业计划书的主要内容；
4. 掌握创业计划书的撰写范围、原则和要点。

重点难点

1. 重点：创业计划书的核心内容；
2. 难点：创业计划书各构成部门的相对重要性。

开篇案例

小肥羊吸引风险投资

1999年内蒙古小肥羊餐饮连锁有限公司（下称"小肥羊"）在包头开业，仅用了7年时间就在中国以及日本、北美快速扩展了720家分店，扩张速度之快令人惊叹。2006年7月24日，小肥羊同英国最大的创业及私募投资机构3i集团公司（下称"3i"）和西班牙普凯基金公司（下称"普凯集团"）达成投资协议，规模达2500万美元，开创了外资入股中国餐饮企业的第一例。一个传统行业的企业为何能引起国际资本的关注？

连锁餐饮帝国的诞生

1998年初，张钢和朋友在一起吃羊肉火锅的过程中，发现"不蘸小料"的火锅味道不错，朦胧之中张钢感觉这是一个商机。张钢意识到羊肉火锅将是一个大市场，决定自己开家火锅店。经过反复配置，多次改进，一种用当归、枸杞、党参、桂圆等调料独特配置的火锅底料诞生了。羊肉入汤后，口感嫩，口味鲜香，完全可以不蘸小料。这样，就甩掉了烦琐的小料包袱，开辟了一条火锅快餐化之路。

在中国人眼中很吉利的日子——1999年8月8日，小肥羊的第一家店在包头开张了。一开业便受到消费者的欢迎。随后，小肥羊的发展犹如星火燎原：2000年，在上海、北京、深圳开直营和连锁加盟店;2001 年,正式开始特许加盟,当年发展 445 家,实现营业额 15 亿元;2002 年,正式在火锅店家乡成都开业,这一年销售额 25 亿元;2003 年,加盟店达到 660 家,并在美国开店,销售额达到 30 亿元的规模。从此,小肥羊的营业额已经连续 3 年仅次于拥有肯德基、必胜客等著名餐饮品牌的中国百胜餐饮集团,荣居“中国餐饮企业百强第二”。2005 年底,小肥羊店数达到 720 家,销售额达到 52.5 亿元。

风投追逐小肥羊

嗅觉灵敏的风险投资家很快就发现了小肥羊的投资价值。3i 的王岱宗无疑是其中最灵敏的一位。在经过各种渠道对小肥羊了解后,王岱宗径直到小肥羊的总部——内蒙古包头,提出对小肥羊最少投资 2000 万美元的意愿。然而,由于经营状况良好,小肥羊并没有融资的想法。“我们不缺钱”,这是王岱宗最初从小肥羊得到的答复。即便需要,1000 万美元也足矣。投资人伸出的橄榄枝就这样被婉拒了。几经调查后,投资人再次上门洽谈,祭出了经过自己调研后的法宝,列举了小肥羊在目前经营中的软肋所在,终于说动了小肥羊决定引入战略投资者。

小肥羊准备引入外资的消息很快在业内传了开来,包括摩根、高盛等在内的境内外 20 多家投资机构纷纷抛出橄榄枝。然而 3i 对于餐饮行业的理解和深厚的国际网络让小肥羊最终选择了自己。

案例评析

以趋之若骛来形容风险资本对小肥羊的青睐一点也不为过,因为主动上门要求投资小肥羊的投资机构都已超过了 20 家。那这种情况到底是什么原因形成的呢?

(1)创新型“吃法”。中餐最难做到的就是标准化,而小肥羊创新性地采取“不蘸小料一招鲜”的火锅吃法,解决了中餐标准化、工厂化这个难题,也解决了原材料的集中供应和店面的快速扩张之间的矛盾,保证顾客在小肥羊任何一家连锁店里吃到的火锅是同样的口感。凭借这一创新型“吃法”奠定了小肥羊连锁经营模式的基础,更使得投资人看到了创始人的市场发现能力和经营管理能力。

(2)连锁经营模式。小肥羊让“不蘸小料一招鲜”的火锅吃法在中国大地迅速流行,并一举成为国内的名牌餐饮企业。据 2005 年“中国 500 最具价值品牌”排行榜,小肥羊(品牌价值 55.12 亿元,排名第 95 位)与全聚德(品牌价值 106.34 亿元,排名第 49 位)作为仅有的两家餐饮企业入选。而连锁经营模式优势,已被麦当劳、肯德基、沃尔玛、家乐福等国际连锁巨头的成功所证明。连锁模式以其无可比拟的复制力和快速的扩展性显示了巨大的市场潜力。

(3)巨大的市场潜力。中国有句俗话“民以食为天”。随着国民经济的急剧增长,餐饮业已成为近年来国内传统行业中发展较快的细分行业。而小肥羊自 1999 年 8 月开业,到 2005 年底连锁店达到 720 家,在不足 7 年的时间里,就获得如此惊人的发展速度,恐怕连新经济的发展速度也无法难以与之媲美。面对以这样高速发展的企业,投资者对其看好是情理之中的事情。

思考与问题:

(1)为什么小肥羊能吸引如此多的风险投资?

(2)小肥羊的案例对你有什么启示?

项目一　评估与选择创业项目

一旦你找到了一个有价值的创业项目，就应该大胆付诸实践。而开始行动的第一步，就是做资料收集和各项准备工作。经营的根本目的是赚钱，赚钱的核心是商业模式。任何一位成功者都是从小做起的，他们的成功依靠的是不同于常人的思路和创新精神。选择一个你认为最合适的项目，循序渐进，不怕困难，踏踏实实地去做，成功就在你的面前。

一、创业项目评价

1. 对创业项目进行商机评估的方法

(1)确定创业项目时的注意事项。

①先调研后决策。当创业者初选了创业项目之后，不要忘记还有一个重要的环节——市场调研。通过详尽的市场调研之后，就可以对创业项目的市场潜力有一个相当的了解。然后再结合其他因素，对创业项目进行一次严格的商机评估。

②先评估再立项。商机评估是项目可行性调研的重要环节——并不是我们喜欢什么，就可以作成什么。任何一个创业项目的成功，都不是偶然的。创业者必须考量：我的产品或服务会被市场接受吗？顾客会信赖我的产品吗？市场上是不是早已经存在着很多强劲的竞争对手？谁在为我的目标顾客提供着同样的产品和服务？

(2)方向正确，才能创业成功。随着创业者逐步迈入创业的大门，会发现有些事和原来预料的并不一样。在创业过程中，有一个共同的特点：往往不是一些专业的问题决定了事业的成败，而是你的创业方向是否正确。有了市场调研和商机评估，你就可以作出判断，判断你的设想是可以获得持久的成功，还是应该尽早放弃。在创业的过程中，最糟糕的感觉应该就是犹豫不决、惊慌失措。一次成功的市场调研，就是你事业稳步发展的保障。

(3)跟成功的创业者学习创业。企业经营管理咨询并非只有大企业才需要，对所有的创业者来说，向创业导师请教，是非常必要的。当然，这位导师一定是有自主创业实践经验的企业家。就像我们学开车，不可能跟一位只知道开车的理论技巧而自己没开过车的人学习，创业也一样，是一个实践的过程。在实践面前，理论对你的帮助十分有限。

2. 对创业项目进行商机评估的内容

商机评估主要包括以下三个部分：自身条件评估、市场需求分析和目标群体及市场容量的分析。

(1)自身条件的评估。判断创业项目是否适合自己的主要依据在于机会特征与个人特质的匹配。

①认真审视自己。首先你要了解创业过程中必须要经历的几个阶段，然后衡量自己的性格、爱好、特点，看你是否适合创业、是否适合做这个项目。主要表现在：

你是否为创业做好了心理准备？创业开始后的前三年，也称为企业的初创期，这时你不仅要有实现创业梦想的强烈欲望，还要能忍受创业初期的寂寞。要知道，不论多么好的项目，也都要经历一个潜伏期才会盈利。这时的情形，就好像“野渡无人舟自横”，你必须做好忍耐的心理准备。创业时期的自由和自己决策，是与寂寞紧密相连的。你要有危机意识，时刻准备承受困难和坎坷，具有坚韧的心理素质，不要轻易喜怒，保持平和心态。

你是否为创业做好了知识准备？创业是一个漫长的实践过程，创业之初的你，一定是一个多面手。你的企业是否具有核心技术是生存的关键。你的盈利模式要不断调整，因为一旦你踏上创业的征程，就好比你创业的帆船已经起航，你已经回不到起点了，必须用坚强的毅力坚持下去，并且为了企业的生存不断学习。创业其实也是一个不断学习、不断提高的过程。你要在干中学，学中干，不断提高自己的知识水平。

你是否为创业做好了能力准备？创业是分阶段的，不同的时期对经营者有不同的要求。当事业取得阶段性的成功时，你一定要清醒。企业的经营成果说明了你的经营能力，会使你信心倍增。但是，你要用平和的心态去面对暂时的成功。美国最新的研究证明，成活十年的企业，才可以算是创业成功的企业。因为一个企业要建立自己相对稳定的盈利模式，需要对市场进行长时期的研究和适应。你是否具有团队协调能力？是否会识人、用人？是否善于发现和预知市场？这些能力其实很大部分是创业者在创业过程中日积月累的一种直觉。因此，只要有勇气和信心，能力会慢慢提高。

②创业成功与否取决于创业者的素质。有资料表明：在新办企业开业后的第二年，约有50%的企业会倒下；到了第三年，存活下来的小企业只有30%；到了第八年，存活的企业仅有3%。分析近年来青年创业的案例，可以得出这样的结论：创业成功的，大都是意志坚定、不屈不挠、不甘落后、自强不息的人；创业失败的，大都是对创业过程中出现的困难和坎坷估计不足，在市场变化、家庭变化以及意外事件来临时，不能很好地调整自己的心态，放弃了继续创业的决心。

(2)市场需求分析。这部分内容既是选择创业项目的关键内容，也是一个创业者必须学会的经营企业的第一步。任何成功的企业，都是以市场需求为导向的。任何有市场的产品都是满足顾客某种需求的，所以说，企业的产品最终是由顾客来决定的，没有需求就没有市场前途。

①找到了市场需求就找到了利润之源。如何确定目标顾客和细分市场？为了确定你的产品或服务是否有市场需求，首先需要找出你的目标顾客，即你要卖给谁。顾客的利益是你行动的唯一指南。找到了目标顾客就找到了利润之源。

②根据地域、文化、年龄、消费者偏好以及宗教等社会因素细分市场。

A. 地域。你的目标顾客分布在哪些地区？在消费习惯上各有什么异同？是本地顾客还是外地顾客？你的产品销售范围是国内市场还是国际市场？

B. 目标群体。你的产品是为谁服务的？谁最需要你的产品？对需要你产品的目标顾客按照年龄、性别、家庭收入、职业等进行划分，对批发客户可按行业、规模等进行划分。

③购买力与经营规模估计。你的销售额预计可达到多少？顾客需要的周期如何？各类顾客分别需要什么样的产品特性？你的产品可以满足顾客的哪些需求？

④顾客心理分析。你的顾客属于社会哪个层次？基本生活习惯和特点有哪些？

⑤顾客购买行为。顾客购买你的产品的动机是什么？你的产品的使用时间、频率和方式是怎样的？你的产品如何获得顾客的信赖？

案例学习 4－1

摩托罗拉的“铱星”

现代市场，是需求决定产品而不是产品决定需求。摩托罗拉的“铱星通信系统”是全球最先进的技术，它当时还被评为美国最佳科技成果。但是“铱星”运营一年后，损失100亿美元，最后不得不悲情陨落。这个典型的商业案例告诉我们：没有市场的产品再好也注定失败。

(3)目标群体和市场容量分析。目标群体有多大,将直接决定你的市场有多大。在分析目标群体有多大时,要重点思考以下三个问题:

①目标群体的数量有多少。目标群体的数量直接决定了利润空间的高低。因此,在选择进入一个行业之前,一定要作系统的分析,目标群体数量越大,发展的空间才会越大。

②产品是否符合目标群体的特点。没有万能的产品,只有符合特定目标需求的产品。我们应当针对自己的目标群体,提供满足这一人群特点和需求的产品和服务,只有这样,开发出来的产品和服务才能最大限度地得到认可和接受。

③目标群体是否具有稳定性和增长性。对于这个问题,需要我们对现状和未来趋势进行综合分析与把握。

案例学习 4-2

雅诗兰黛的细分市场

目前在美国销量最好的四个香水品牌都来自于雅诗兰黛香水公司,最好的十种化妆品中有七种是雅诗兰黛的产品,在十个最畅销的护肤品中有八个是雅诗兰黛的品牌。

为什么很少有化妆需求的消费者都知道雅诗兰黛呢?这是因为雅诗兰黛公司把它的顾客群体(目标市场)根据不同的品位、不同年龄、不同性别进行了市场细分,根据不同偏好生产不同产品,然后再分别满足每个细分市场的需求。

3.创业项目评价的特殊性

(1)没有顾客企业就无法生存。创业就意味着你在为自己工作,没有谁可以给你和你的员工发工资,要时刻谨记:顾客是你的上帝,只有顾客不断购买你的产品或服务,你的企业才可以生存下去。因此,在创业的过程中,有很多繁杂的事情需要你去处理,但是,找到你的目标客户,与老客户建立良好的关系,并且不断赢得新客户,是创业过程中最重要的一件事。

(2)掌握了趋势就掌握了未来。成功的企业家们正是凭着一种对未来趋势的直觉而比别人先抓住了市场未来的需求,从而成了高瞻远瞩者。成功永远属于勇者!你要做的就是把目光放远,紧紧地抓住趋势。你必须对该产品的未来趋势作一个深入的研究:未来它是属于朝阳行业还是夕阳行业?估计未来十年内这个产品的市场有多大,走向如何?只有掌握了趋势,才能掌握未来。

(3)要对本行业进行充分的咨询和调研。创业者应该向从事过本行业管理的开业指导专家咨询,或者向本行业自主创业并且成功经营的企业家咨询。创业者本人必须亲自到市场实地考察,向目前正在经营同类或类似产品的商店了解他们的经营状况。同时,分析国家宏观经济形势,对项目的未来发展趋势和潜在市场、目标客户进行分析研究,也是十分必要的。

(4)到工商联合会了解行业信息。在确定创业项目之前,还应该去一趟当地的工商联合会或者行业协会,因为那里可以给你提供关于创业和该行业的基本情况。

4.创业项目评估的技巧和策略

一般而言,对于初次创业者应该记住以下几个常用的创业项目评估技巧和策略:

(1)问卷调查。如果条件许可,可以在目标市场中,针对未来的顾客群作一个问卷调查。你把你未来的产品或服务进行一个描述,在问卷中调查顾客对它的反应,通过这个调查,确定这个项目是否可行。

(2)商机评估。如果你的创业项目经过商机评估的结果不够完美,发现市场或竞争情况并不是十分理想,或者在顾客调查时发现你的经营设想并不被大家看好,这并不意味着你不可以创业,而是意味着你要重新设计一个新的创业项目。

(3)求教咨询。多跟有经验的成功创业者交流,他们可以凭借在创业过程中对企业管理的经验来为同样是创业者的你提供信息、提出建议。一位成功的企业家会给你系统实用的建议,把你逐步引向成功之路。

(4)独特创意。以市场需求为导向,了解你竞争对手的优势和劣势。对你项目所在的行业了如指掌,你才可以在同类中脱颖而出,做出你的特色,你的产品才会与众不同,你的企业在市场上才可以立足。

(5)分析对手。以市场需求为导向的经营战略包括:首先对顾客的需求和竞争对手的情况作一次深入的分析,其次推出符合市场需求的服务和产品。

(6)确立目标。只有你的商品或者服务被市场看好时,人们才会来购买它,钱才会滚滚而来,你才可以用这些钱来扩大业务。所以,“确立自己可达到的目标,然后去实现这些目标!”

二、选择创业项目

创业就是创市场,创业者必须有敏锐的市场灵感,才能够占领市场。有了灵感就要善于抓住机会,即机会来了,你要抓住,而不要被动地等待机会。

弱者等待机会,强者创造机会。在经济全球化的今天,我们必须多一只敏锐的市场眼,唯有独具慧眼者才能把握机会,唯有把握机会才能赢得胜利。

著名的奔驰汽车公司老板的办公桌上放着一架巨大的恐龙骨架模型,他的座右铭是:“历史上充满了不会适应的庞然大物。”在市场经济条件下,谁对市场动态、发展走向没有高度的预见能力,不认识发展机会,不把握发展机会,不以创新来开拓企业发展之路,谁就将被市场淘汰。

1.创业机会的来源

创业从机会中产生,那么,创业机会在哪里呢?其实,机会无时不有、无处不在,只要你善于发现,机会就在身边。

(1)问题产生机会。创业的根本目的是满足顾客需求,而顾客需求在没有得到满足以前就是问题。寻找创业机会的一个重要途径是善于去发现和体会自己和他人在需求方面的问题或生活中的难处。

在现实中,在我们身边常常会听到一些人的抱怨,抱怨生活中的一些问题,这些问题的解决可能就蕴涵着商业机会。这就需要你做个有心人,多观察细聆听,针对旁人的苦恼或者自己发现的问题仔细分析,看看有无解决之道。也许,他人的话、自己不经意间的感叹就会产生一个创业机会。

例如,现在城市人群工作忙碌,越来越多的人开始选择用金钱来购买方便与舒适,电子商务公司和快递公司便应运而生。杭州涌现了一些奇怪的公司,这些公司的服务听起来有点儿匪夷所思,那就是跑腿,帮助客户代买代办。从买一顿快餐,到帮公司送几千元的支票,从代购一两本书到买几张飞机票,只要你有想办而不愿意出门办的事,他们都乐意帮你办。

(2)变化造就机会。创业的机会大都产生于不断变化的市场环境,环境变化了,市场需求、市场结构必然发生变化。著名管理学大师彼得·德鲁克将创业者定义为那些能“寻找变化,并积极反应，把它当做机会充分利用起来的人”。这种变化可以包括产业结构的变动、消费结构升级、城市化加速、价值观与生活形态的变化、政府政策的变化、人口结构的变化、居民收入水平提高、全球化趋势等方面。

比如居民收入水平提高，私人轿车的拥有量将不断增加，这就会派生出汽车销售、修理、配件、清洁、装潢、二手车交易、陪驾等诸多创业机会。再如随着人们生活水平的提高和物质的丰富，人们的饮食结构发生了重大的变化，不仅要多样化，更要品质化，讲究绿色纯天然，于是，绿色无公害蔬菜、食品生产基地就产生了。

(3)创造发明带来机会。创造发明为人们提供了新产品、新服务，同时也带来了创业机会。一项新的创造发明如果能合理地利用，必将产生一个良好的商机。比如随着计算机的诞生，计算机维修、软件开发、计算机操作的培训、图文制作、信息服务、网上开店等创业机会便随之而来。你即使不发明新的东西，也能成为销售和推广新产品的人，从而发现商机。

另外，产品或技术创新也会带来机会。高新技术是推动产业革命的动力，也是人类社会进入 20 世纪下半叶之后经济的主要增长点。每一次的高新技术革命都会创造一个新的市场。现在高新技术不仅用在军事方面，而且已经普遍地用在百姓日常所用到的物品之中，并且应用速度很快。科学技术是第一生产力，已不再仅仅是一句口号。创业者要想源源不断地获取财富，就必须从科技创新中挖掘商机。

(4)用政策嗅觉觅得机会。“政为名高，贾为利厚”是国人的传统观念，所以很多人一直认为政、商所追求的目标不一致，两者不可兼容并蓄。然而事实并非如此。历史上有名望的商家总是热情而主动地参加政府和主管部门组织的有关活动，仔细听取他们对商界各项工作的意见和建议。如果你政治嗅觉灵敏，可能就会从中抓到难得的商机。因此，在经济发展中，创业者应始终关注国家的有关政策，把握住国家宏观经济的脉搏，这样，才能觅得更多的创业机会。

(5)从顾客差异中发现机会。机会不能从全部顾客身上去找，因为共同需要容易认识，基本上已很难再找到突破口。而实际上，每个人的需求都是有差异的，我们如果时常关注某些人的正常生活和工作，就会从中发现某些机会。因此，在寻找机会时，应习惯把顾客分类，认真研究各类顾客的需求特点，那么机会就会自现。

例如，女性是天生的财源，有调查显示，社会购买力的 70% 以上都是由女性掌握的。从个人的化妆品、服饰到家庭的生活用品，基本上都是女性添置的。任何一种产品对女性来说都具有相当程度的吸引力。现代女性所追求的高品质的生活方式和消费方式，更为商家们提供了充满诱惑的无限商机。因此，学会分析顾客的差异和特点，就会从中发现新的商机。

2. 识别创业机会的行为技巧

识别和发掘创业机会的行为技巧，大致可归纳为以下七种：

(1)经由分析特殊事件来发掘创业机会。例如，美国一家高炉炼钢厂因为资金不足，不得不购置一座迷你型钢炉，而后竟然出现后者的获利率要高于前者的意外结果。经分析才发现美国的钢品市场结构已产生变化，因此，这家钢厂将往后的投资重点放在能快速反应市场需求的迷你炼钢技术上。

(2)经由分析矛盾现象来发掘创业机会。例如，金融机构提供的服务与产品大多只针对专业投资大户，但占有市场七成资金的一般投资大众未受到应有的重视。这样的矛盾显示，提供一般大众投资服务的产品市场必将极具潜力。

(3)经由分析作业程序来发掘创业机会。例如，在全球生产与运筹体系流程中，就可以发掘出极多的信息服务与软件开发的创业机会。

(4)经由分析产业与市场结构变迁的趋势来发掘创业机会。例如,在国营事业民营化与公共部门产业开放市场自由竞争的趋势中,可以在交通、电信、能源产业中发掘极多的创业机会。在政府刚推出的知识经济方案中,也可以觅得许多新的创业机会。

(5)经由分析人口统计资料的变化趋势来发掘创业机会。例如,单亲家庭快速增加、妇女就业的风潮、老年化社会的现象、受教育程度的变化、青少年国际观的扩展等必然提供许多新的市场机会。

(6)经由价值观与认知的变化来发掘创业机会。例如,人们对于饮食需求认知的改变,造就了美食市场、健康食品市场等新兴行业。

(7)经由新知识的产生来发掘创业机会。例如,当人类基因图像获得完全解决时,预期必然在生物科技与医疗服务等领域产生极多的创业机会。虽然大量的创业机会可以经由有系统的研究来发掘,不过最好的点子还是来自创业者的长期观察与生活体验。

案例学习 4-3

豪威公司的创业机会的识别

镇江豪威文教橱柜设备有限公司(以下简称"豪威公司")是一家专业从事高档橱柜、浴柜和文教设备的民营科技企业。豪威公司秉承"因专业而领先"的发展理念,致力于厨房生活的现代化、环保化和艺术化,把先进的厨房用具生产技术引进镇江,并与多家知名企业形成战略伙伴关系。其中,与上海雅洁公司的合作使豪威整体厨房能够与上海、南京等先进大城市的橱柜同步。豪威公司拥有近5000平方米的现代化生产厂房,采用先进生产线,优质原材料和进口配件,这保证了豪威橱柜的工艺和质量能够向欧洲整体橱柜看齐。

豪威公司的创始人杨玲坤女士一直以"眼界开阔、思维敏锐、敢于尝试"在业内享有良好的个人声誉。杨玲坤成功的最大原因就在于她凡事勤学好问的个性。她也是个很自信的人,做什么事情都力求做到最好。她坦言道,自己就是个做企业的人,能取得今天的成就是因为国家大环境的改变为她创造了一个良好的契机。

1996年,杨玲坤决定创业时,正赶上国有大中型企业改革。在许多人看来,这种改制使他们丢掉了铁饭碗;但对她而言,这种改革则意味着商机,意味着创业机会。

目前,她最关心的问题就是如何解决民营企业发展的瓶颈问题。豪威公司在发展过程中经历了两次飞跃:第一次飞跃是由做装潢材料供应变更为做橱柜,第二次飞跃是由单纯做橱柜发展为做宅配,这两次重大的飞跃都是杨玲坤在分析国家有关政策的基础上发现商机的。

第一次飞跃

从年轻时代起,杨玲坤先后任职于工艺美术厂和装潢公司。多年任职于这两家公司的经验使杨玲坤意识到装潢行业是一个高利润的行业,要是能在这个行业做大做好,其发展前景不可小觑。在经过慎重考虑后,杨玲坤于1996年毅然从令人羡慕的国有企业管理层请辞,下海创办了一家装潢材料店,从事装潢材料的批发和零售,从而掘到了第一桶金。但是初始的创业之路都是艰难的,尽管赚了25万元,但经过一年的经营,杨玲坤认识到自己只靠卖装潢材料没有什么前途。1997年,在一次去南京的考察中,一个橱柜展览又使杨玲坤陷入了深思:经营橱柜的商机有多大呢?回到镇江之后,杨玲坤向很多人讲了自己的想法,但是包括自己的老领导在内的许多人都对她做橱柜生意的前景不看好,但是杨玲坤却看到了商机。在冷静地分析了周围环境和市场后，她有了足够的信心，相信自己会成功。在不到一个月的时间里，她招兵买马，开始了橱柜的经营之路，并创建了豪威公司。

第二次飞跃

豪威公司的第二大变革就是从只做橱柜到做宅配的飞跃。杨玲坤还考虑到橱柜的相关多元化：方太、帅康也是做橱柜，但他们还做电器，那我们如何赚电器的钱呢？如何利用橱柜拉动电器的消费呢？由于公司不具备电器生产的条件，杨玲坤就考虑到给品牌做代理，利用给客户做宅配的机会向他们销售电器、水槽等，也就是说，一套毛坯房，只需通过豪威一家公司，就可以将精装修一步到位，以满足顾客全方位的要求。针对豪威公司发展中的技术瓶颈问题，杨玲坤通过与高校合作来解决，主要是接收大学实习生，让他们在实际的工作氛围中将课本上的知识用于实际；而且，还派遣工作人员到大学去进修，提高他们的文化素质。总而言之，缺什么补什么。

近年来，豪威公司致力于推进家装产业化建设进程。在镇江市率先提出了“橱柜、卫浴、家具、装修一体化”，并引用“豪威宅配”的新理念。豪威公司在镇江、扬州、丹阳都拥有连锁店，已经成为镇江装饰界的一大品牌。

项目二　了解与制订创业计划

一、创业计划的概念

创业计划又称商业计划，是创业者在初创企业成立之前就已经准备好的一份书面计划，用来描述创办一个新的风险企业所有的内部和外部要素。创业计划通常是各项职能如市场营销计划、生产和销售计划、财务计划、人力资源计划等的集成，同时也是提出创业的前三年内所有中期和短期决策制定的总方针。可以说，创业计划是创业者叩响投资者大门的“敲门砖”，一份优秀的创业计划往往会使创业者达到事半功倍的效果。

创业计划是对企业进行宣传和包装的文件，它向风险投资企业、银行、供应商等外部相关组织宣传企业及其经营方式。同时，它又为企业未来的经营管理提供必要的分析基础和衡量标准。在过去，创业计划单纯面向投资者。现在却不同，对外，创业计划成为企业推销自己、获得资金和生意机会的工具；对内，创业计划为企业指明了方向，为经营管理提供了依据。

二、创业计划的作用体现

1. 对投资者

投资者是资金的拥有者，但投资者不是慈善家。投资者投资项目的目的在于获取投资带来的收益。投资者对于投资项目的选择也是十分谨慎而苛刻的。由于投资者的时间精力都有限，对于任何潜在投资项目他们不可能身体力行地去考察。因此，做足表面文章就十分必要了。对于投资者而言，一份理想的创业计划书是决定他们作出投资决策的关键。

2. 对创业者

创业计划不仅是创业者融资的工具，而制订创业计划还可以帮助创业者系统地“诊断”企业，掌握公司的情况，发现公司的优势和缺点，及早发现项目的风险，以便制定降低风险的办法。好的创业计划不仅给出了项目的可行性，而且也提出完成项目所要采取的措施。具体而言，创业计划告诉创业者：

(1)你了解或熟悉这个项目吗？

(2)你了解项目的市场并有进入和拓展市场的方案吗？

(3)你和你的管理队伍能够胜任这个项目计划的执行吗？

(4)项目的投资和投资回报是你和投资者期望的吗？

(5)有哪些风险和机会存在？

3.对创业企业的员工

创业计划不仅仅是创业者向潜在投资者描绘的未来蓝图，也是企业今后的奋斗目标。对于任何企业来说，无论它的未来多么美妙，目标多么诱人，最终都要通过企业的全体成员来实现。因此，创业计划只有被企业员工充分理解并认同，创业计划所描绘的目标才能实现。可见，良好的创业计划还具有增强企业的凝聚力和向心力的作用。

三、撰写创业计划前的准备工作

1.明确撰写人

创业计划由创业者自己撰写最合适，但不可能由其一个人单独完成，而是以他或她为主体，同时需要其他人的支持和协助。创业计划是创业者能力和构思的具体体现，亲自撰写创业计划可以帮助创业者理清思路，把创业的激情融入计划之中，有利于增添计划的感染力。但是，创业计划写作的过程非常复杂，是各方面知识的结晶(如市场营销知识、企业管理知识、财务管理知识、人力资源知识、调查与预测知识等)。任何一位创业者不可能是各方面的专家，所以为了尽可能使得创业计划更加符合现实，更加具有可操作性，在撰写的过程中，创业者应该向其他人员咨询。如财务专家、市场营销专家、律师、工程师等在计划的撰写过程中将起到非常重要的作用。

2.明确创业计划的范围

"读者是谁"常常会影响到创业计划的实际内容和计划的焦点问题。因为不同的读者阅读计划都抱有不同的目的，创业者首先必须明确创业计划主要是给谁去阅读，然后充分考虑这个或这几个阅读者对哪些问题感兴趣。在某种情况下，创业计划必须试图满足阅读计划的每一个人的需要，但这很难做到，也不现实。因为每一位阅读者感兴趣的内容相差太远，创业计划很难做到面面俱到。通常的情况是，创业计划应该满足特定群体的需要，要有针对性，应该突出重点，这样才能吸引阅读者的兴趣，才能事半功倍。

在撰写创业计划时，创业者必须从不同的角度进行广泛而又深入的思考，以确定创业计划的范围。

(1)创业者的角度。创业者比任何人都了解包含在这家风险企业中的创造力和技术。创业者首先必须很清晰地表达出这家企业是经营什么的，有什么特色，有什么卖点。

(2)市场的角度。创业者如果是一位技术专家，他往往只会考虑技术和产品本身，而不考虑产品能否卖得出去，这是失败的前奏。创业者必须以用户的眼光来审视企业的经营运作，应该采取一种以顾客为导向的市场营销策略。这就需要进行大量的市场调查工作，甚至还得亲自请教市场营销专家。

(3)投资者的角度。创业者应该试图用投资者的眼光来考察企业的生产经营，投资者往往特别关注计划中的财务规划。如果创业者不具有财务分析和预测的能力，就应该聘请外部的财务专家提供帮助。

创业计划所达到的深度和细致程度有赖于所设想的企业的规模和范围。如果创业者计划开发销售一种新产品，那么这份创业计划就需要涵盖开发、生产、销售等各个方面的内容，非常具体且繁琐，是一份典型的综合性创业计划。如果创业者计划单一地从事零售业或服务业，那么提交的创业计划要求就简单得多。当然，市场规模、竞争状况、发展潜力等也会影响到创业计划的范围。

3.明确需要搜集的信息

正式撰写创业计划之前，应根据未来企业的目标收集相关的信息。需要的信息很多，但是主要的信息包括市场信息、运营信息、财务信息、生产信息等。信息的来源渠道多种多样，互联网络就可以为创业者提供大量的有价值的信息资源。

(1)市场信息。产品或服务的潜在市场信息对创业者尤为重要。为了判断市场规模，创业者需要明确地定义市场。如目标顾客是男性还是女性，是企业还是消费者个人，是高收入人群还是低收入人群，是城市居民还是农村居民，是以国内市场还是国外市场为主，等等。目标市场的确定将会使新创企业的市场规模和市场目标比较容易确定。而这些资料主要来源于相关组织已经公布的信息(即第二手资料)，也可以通过自己的市场调查来获得(即第一手资料)。而且，为了确保市场信息的真实性、及时性，创业者往往要花费较多的资源去进行市场调查。

(2)运营信息。在撰写创业计划过程中，可能需要的运营信息主要包括以下几类：

①地点。计划中应该明确公司坐落的地点，这就需要提前去物色合适的地点。确定地点主要应该考虑是否方便顾客、是否接近供应商以及分销商、价格或租金的高低、周围顾客群的消费能力和消费习惯、当地的法律规定等。选址是关乎创业成败一个非常重要的工作，必须遵循一定的原则，充分考虑各方面的因素。

②生产制造。为了保证生产的正常进行，企业需要拥有或掌握哪些技术，同时也应该明确具体的工序是由企业自己完成还是分包给其他企业，如果是分包，则由谁来完成及如何确保质量等。

③原材料。生产产品需要哪些原材料，这些原材料由谁提供，以及原材料的价格，原材料的供给有没有保障等。

④设备。需要哪些设备，设备的维护和保养怎么解决，设备是选择购买(新的还是旧的)还是租赁，从哪里购买或租赁等。

⑤劳动技能。需要工人掌握的技能，员工的工资如何确定，是计时还是计件，如何对员工提供技能培训，员工的招聘何时开始(一般而言，应该在企业成立之前着手招聘事宜)等。

⑥生产或办公场所的大小。确保企业运作需要的空间大小(生产、生活用的场所都应该考虑进去)、这些场所是自己购买还是租赁等。

⑦其他相关的开支。如办理证照的费用、购置办公用品的费用等。

以上这些信息是反映企业正常运作所必需的，在计划中必须加以明确。

(3)财务信息。创业者必须对企业的资金需求、资金周转和盈利能力有一个全面的评价。这些信息主要是想说服投资者因为所创企业将来会盈利而对该企业进行投资。主要的信息包括：

①资金的需求和来源。创办这家企业需要多少资金，为什么需要这么多的资金，创业者自己准备出资多少，不足的资金准备如何解决。

②未来的销售情况。未来三年能实现多少销售额及相应的费用开支，能否实现盈利，何时开始盈利，每年的利润是多少。

③资金的周转。未来三年的现金流量如何，能否应付日常的开支和偿还债务的需要。

④企业的投资收益率如何，投资回收期多长。

⑤风险资本的退出。如果引进风险资本，风险资本将何时、以何种方式退出。这就需要创业者及其参与者根据过去的市场情况和企业的具体状况加以分析确定。

4. 准备一份优秀的创业计划作参考

创业计划的写作难度较大，单纯看几本参考书并不能马上解决问题，最好找一份类似的、已经成功的创业计划作为参考，然后按照提纲来写。当然，只能是借鉴，绝对不能照抄，因为每一家企业都应该有自己的特色，并且所面临的情况也不一样。

项目三 撰写与完善创业计划书

一、创业计划书概念

创业计划书是用以描述与创办企业相关的内外部环境条件和要素特点，为业务的发展提供指示图和衡量业务进展情况的标准。通常创业计划是结合了市场营销、财务、生产、人力资源等职能计划的综合。创业计划书是将有关创业的想法，借由白纸黑字最后落实的载体。创业计划书的质量，往往会直接影响创业发起人能否找到合作伙伴、获得资金及其他政策的支持。

二、创业计划书的分类

创业计划书按照不同的分类方式有不同的划分结果。

按照行业特点，创业计划书可分为传统产业类和现代产业类的创业计划书。传统产业主要是指以劳动密集型为主体的生产消费品的行业。最典型的有制造业、建筑业、采掘业、种植业、运输业、冶炼业等。电子行业、制鞋、制衣服、光学、机械等可归到传统行业，但若它们加上高新技术之后又是另一种局面，而且是未来的明星产业。现代产业是指依靠现代科学技术装备起来的产业，具有知识密集型特征。最典型的有航天航空、生物技术、微电子、新材料、信息通信等。

按照创业计划书编写的作用，创业计划书可分为争取风险资金投入、争取他人合伙、争取政府支持和创业规划指导等类型。

根据服务类型的不同，创业计划书可以划分为专利性创业计划书、产品性创业计划书、服务性创业计划书和概念性创业计划书。专利性创业计划书，主要适用于自己有某领域的专利技术，但缺少资源、资金等；产品性创业计划书，主要适用于产品制造的创业计划，又可细分为硬件产品型和软件产品型创业计划书；服务性创业计划书，主要适用于以服务为目的的商业计划；概念性创业计划书，主要适用于有好的概念或商业模式，但缺乏资金或资源的商业计划等。

按照创业计划书的详细程度可分为略式创业计划书和详式创业计划书。

三、创业计划书的编写步骤及原则

1. 创业计划书撰写的基本步骤

创业者要想写出一份具有吸引力的创业计划，需要注意做好前期的准备工作，并且在写作过程中遵循一定的写作原则。

(1)准备阶段。成功的创业计划应有好的启动计划。由于创业计划涉及的内容较多,编制之前必须进行充分的准备、周密的安排。第一,通过文案调查或实地调查的方式,准备关于创业企业所在行业的发展趋势、同类企业组织机构状况、行业同类企业财务报表等方面的资料;第二,确定计划的目的和宗旨;第三,组成专门的工作小组,制定创业计划的编写计划,确定创业计划的种类与总体框架,制定创业计划编写的日程安排与人员分工。

(2)形成阶段。这一阶段,实际上是在初步草拟创业计划,主要是全面编写创业计划的各部分,以创业计划总体框架为指导,针对创业目的与宗旨,搜寻内部与外部资料。这些资料包括创业企业所在行业的发展趋势、产品市场信息、产品测试、实验资料、同类企业组织机构状况、行业同类企业财务报表、创业项目、创业企业、市场竞争、营销计划、技术与工艺、财务计划、融资方案以及创业风险等内容,并根据这些资料初步形成较为完整的创业计划方案。

(3)完善阶段。在这一阶段,应广泛征询各方面的意见,进一步补充、修改和完善草拟的创业计划书。编制创业计划的目的之一是向合作伙伴、创业投资者等各方人士展示有关创业项目的良好机遇和前景,为创业融资、宣传提供依据。所以在这一阶段要检查创业计划是否完整、务实、可操作,是否突出了创业项目的独特优势及竞争力,包括创业项目的市场容量及盈利能力,创业项目在技术、管理、生产、研究开发和营销等方面的独特性,创业者及其管理团队成功实施创业项目的能力和信心等,力求引起投资者的兴趣,并使之领会创业计划的内容,从而支持创业项目。

(4)定稿阶段。这是最终确定创业计划书的内容,并将其印制成册的阶段。

2.撰写创业计划书的规范

撰写创业计划书的规范,主要有六个方面,简称"6C",具体如下:

(1)概念(concept)。概念就是让别人知道你要卖的是什么。

(2)顾客(customers)。顾客的范围要很明确,比如说认为所有的女人都是顾客,那五十岁以上、五岁以下的女性也是你的客户吗?

(3)竞争者(competitors)。需要问,你的东西有人卖过吗?是否有替代品,竞争者跟你的关系是直接还是间接等。

(4)能力(capabilities)。要卖的东西自己懂不懂?譬如说开餐馆,如果厨师不做了找不到人,自己会不会炒菜?如果没有这个能力,至少合伙人要会做,再不然也要有鉴赏的能力,不然最好是不要做。

(5)资本(capital)。资本可能是现金,也可能是有形或无形资产。要很清楚资本在哪里、有多少,自有的部分有多少,可以借贷的有多少。

(6)持续经营(continuation)。当事业做得不错时,将来的计划是什么。

一般来说,创业计划书有三大部分。第一部分是事业主体的部分,就是事业的主要内容。第二部分是财务数据,比如营业额、成本、利润如何,未来还需要多少的资金周转等。第三部分是补充文件,比如有没有专利证明、专业的执照或证书,或者是意向书、推荐函等。

3.撰写创业计划书的编写原则

(1)逻辑性原则。逻辑性原则是指在创业计划书中的前后基本假设或预测要相互呼应和一致,也就是说前后逻辑要合理。要给投资者充足的理由,说明投资是可行的;解释创业及投资成功的可操作性时要合乎逻辑;告诉投资者项目的可赢利性要合乎逻辑;阐述项目的可持续性要合乎逻辑等。

(2)真实性原则。创业计划书的论据、假设及内容要合理,有理有据,务必真实,不得有虚假成分。

(3)简洁性原则。创业计划书中应避免出现一些与主题无关的内容,要开门见山直接切入主题,突出重点分析。语言应简洁和精炼,尽量让重点部分一目了然。

(4)完整性原则。创业计划书已成为一种国际惯例,结构是相对固定的。创业计划书中需要叙述的内容绝对不能少,如缺乏财务预估、市场状况及竞争对手数据的创业计划书,会使投资方对方案评估的速度减慢以及使投资的可能性减小。因此,应有的内容不能无故缺乏,结构应完整,各部分内容的叙述要清晰流畅,在格式安排上要严谨周密。

(5)顾客导向性原则。创业计划书一定要让读者感到满意。比如对于融资创业项目来说,项目的独特优势,市场机会与切入点分析,问题及其对策,投入、产生与盈利预测,保持可持续发展的竞争战略,风险应变策略等问题都是投资人最关心的问题,则这部分内容应重点突出。比如还可根据募资对象的不同,适当调整行文的语调、章节的编排、数据的呈现、重点的强调等,以满足需求。

(6)平实易懂性原则。虽然有的项目有一定的技术含量,对项目进行分析不仅需要用到一些专业知识,还需要用到一些专业术语。但在撰写创业计划书时,建议撰写者尽量深入浅出,用通俗易懂的文字表述。因为不是每一位读到这份创业计划书的人都是该项目领域的专家。一份好的创业计划书,应该使一些不懂该项目的人也能明白这是一个好的、可行的投资项目。一位能将专业性强的投资项目用通俗语言向读者展示出来的准投资人,本身就是一位对该项目进行了全面分析、研究,并对该项目的市场前景、盈利能力充满信心的人。

(7)保密性原则。创业计划书中涉及的核心机密可适当进行规避。

四、如何撰写创业计划书

一般来说,在创业计划书中应该包括创业的种类、资金规划及基金来源、资金总额的分配比例、阶段目标、财务预估、行销策略、可能风险评估、创业的动机、股东名册、预定员工人数等,具体内容一般包括以下 11 个方面:

1.封面

封面的设想要有审美观和艺术性,一个好的封面会使阅读者产生最初的好感,形成优良的第一印象。

2.计划摘要

计划摘要浓缩了创业计划书的精华。计划摘要涵盖了计划的要点,以求一目了然,以便读者能在最短的时间内评审计划并做出判断。计划摘要一般在两页纸内完成,具体包括以下内容:

(1)公司的基本情况(公司名称、成立时间、注册地区、注册资本,主要股东、股份比例,主营业务,过去三年的销售收入、毛利润、纯利润,公司地点、电话、传真、联系人)。

(2)主要管理者情况(姓名、性别、年龄、籍贯、学历/学位、毕业院校、政治面貌、行业从业年限、主要经历和经营业绩)。

(3)产品/服务描述(产品/服务介绍、产品技术水平,产品的新颖性、先进性和独特性,产品的竞争优势)。

(4)研究与开发(已有的技术成果及技术水平,研发队伍技术水平,竞争力及对外合作情况,已经投入的研发经费及今后投入计划,对研发人员的激励机制)。

(5)行业及市场(行业历史与前景,市场规模及增长趋势,行业竞争对手及本公司竞争优势,未来三年市场销售预测)。

(6)营销策略(在价格、促销、建立销售网络等各方面拟采取的策略及其可操作性和有效性,对销售人员的激励机制)。

(7)产品制造(生产方式、生产设备、质量保证、成本控制)。

(8)管理(机构设置、员工持股、劳动合同、知识产权管理、人事计划)。

(9)融资说明(资金需求量、用途、使用计划,拟出让股份,投资者权利,退出方式)。

(10)财务预测(未来三年或五年的销售收入、利润、资产回报率等)。

(11)风险控制(项目实施可能出现的风险及拟采取的控制措施)。

3.企业介绍

企业介绍的目的不是描述整个计划,也不是提供另外一个概要,而是对你的公司做出介绍,因而重点是你的公司理念和如何制定公司的战略目标。

4.行业分析

在行业分析中,应该正确评价所选行业的基本特点、竞争状况以及未来的发展趋势等内容。关于行业分析的典型问题如下:

(1)该行业发展程度如何?现在的发展动态如何?

(2)创新和技术进步在该行业扮演着一个怎样的角色?

(3)该行业的总销售额有多少?总收入为多少?发展趋势怎样?

(4)价格趋向如何?

(5)经济发展对该行业的影响程度如何?政府是如何影响该行业的?

(6)是什么因素决定着它的发展?

(7)竞争的本质是什么?你将采取什么样的战略?

(8)进入该行业的障碍是什么?你将如何克服?该行业典型的回报率有多少?

5.产品(服务)介绍

产品介绍应包括以下内容:产品的概念、性能及特性;主要产品介绍;产品的市场竞争力;产品的研究和开发过程;发展新产品的计划和成本分析;产品的市场前景预测;产品的品牌和专利等。在产品(服务)介绍部分,企业家要对产品(服务)做出详细的说明,说明要准确,也要通俗易懂,使非专业人员的投资者也能明白。一般地,产品介绍都要附上产品原型、照片或其他介绍。

6.人员及组织结构

在企业的生产活动中,存在着人力资源管理、技术管理、财务管理、作业管理、产品管理等。而人力资源管理是其中很重要的一个环节,因为社会发展到今天,人已经成为最宝贵的资源,这是由人的主动性和创造性决定的。企业要管理好这种资源,更要遵循科学的原则和方法。

在创业计划书中,必须要对主要管理人员加以阐明,介绍他们所具有的能力、在本企业中的职务和责任、过去的详细经历及背景。此外,在这部分创业计划书中,还应对公司结构做简要介绍,包括:公司的组织机构图;各部门的功能与责任;各部门的负责人及主要成员;公司的报酬体系;公司的股东名单,包括认股权、比例和特权;公司的董事会成员;各位董事的背景资料。

经验和过去的成功比学位更有说服力。如果你准备把一个特别重要的位置留给一个没有经验的人，一定要给出充分的理由。

7. 市场预测

市场预测应包括以下内容：

(1)市场需求预测；

(2)市场现状综述；

(3)竞争厂商概览；

(4)目标顾客和目标市场；

(5)本企业产品的市场地位等。

8. 营销策略

对市场错误的认识是企业经营失败最主要的原因之一。在创业计划书中，营销策略应包括以下内容：

(1)市场机构和营销渠道的选择；

(2)营销队伍和管理；

(3)促销计划和广告策略；

(4)价格决策。

9. 制造计划

创业计划书中的生产制造计划应包括以下内容：

(1)产品制造和技术设备现状；

(2)新产品投产计划；

(3)技术提升和设备更新的要求；

(4)质量控制和质量改进计划。

10. 财务规划

财务规划的重点是现金流量表、资产负债表以及损益表的制作。流动资金是企业的生命线，因此企业在初创或扩张时，对流动资金需要预先有周详的计划和进行过程中的严格控制；损益表反映的是企业的盈利状况，它是企业在一段时间运作后的经营结果；资产负债表反映企业在某一时刻的状况，投资者可以用资产负债表中的数据得到的比率指标来衡量企业的经营状况以及可能的投资回报率。

11. 风险与风险管理

风险与风险管理主要回答以下问题：

(1)你的公司在市场、竞争和技术方面都有哪些基本的风险？

(2)你准备怎样应付这些风险？

(3)在你看来，你的公司还有一些什么样的附加机会？

(4)在你的资本基础上如何进行扩展？

(5)在最好和最坏情形下，你的五年计划表现如何？如果你的估计不那么准确，应该估计出你的误差范围到底有多大。如果可能的话，对你的关键性参数做最好和最坏的设定。

12. 文字排版要求

文字排版要求具体如下：

(1)字型:大标题用2号黑体,中标题用3号黑体,小标题用3号楷体,正文用4号宋体。

(2)纸型:统一用A4纸,左侧装订。

(3)页边距:上2.6cm、下2.6cm、左3.0cm、右2.0cm。

(4)结构层次序数:"一"、"(一)"、"1"、"(1)"。

大学生创业故事

大学生热卖万件"光棍T恤"

杨锐,是西华大学经济管理学院工商企业管理专业的学生。失恋的刺激让他意外发现"单身文化"这个巨大商机,创建了"单身派"服装品牌。随着首款主打产品"光棍T恤"一炮而红,他在半年内,卖出2万多件T恤,销售额达40多万,在网上被称为"最牛专科生"。把"光棍无罪,单身有理"奉为人生格言的杨锐,目前已申请了注册商标,誓将单身文化进行到底。

恢复单身萌生"光棍"创意

以恋爱为大学必修课的杨锐,在2008年末迎来了自己的初恋,可惜短暂的甜蜜只维持了1个月,他们便因性格不合而分手。恢复单身的他为了填补时间,在课余找了多份兼职,卖过微波炉,做过手机销售,连"男礼仪"这种罕见的兼职也不放过,"当时成都政府举办文秘培训班,参会的都是女性,所以需要男性礼仪",这段经历让杨锐记忆犹新。尽管生活被排得满满的,但是情人节浓重的甜蜜气氛仍旧给了他不小的刺激,市面上充斥着情侣装、情侣表等各种情人专用商品,刚恢复单身的杨锐觉得,这种日子对于"打光棍"的同胞来说简直就是末日,如果有标榜单身的商品出售,这种仿佛被全世界抛弃的感觉或许会冲淡许多。商科出身的他马上抓住了这个瞬间的灵感,萌生了创立"单身派"服装品牌的想法。有了创意,杨锐立刻行动起来。2009年3月,他在网上查到一组数据:全国的剩男、剩女超过6000万人,但目前市场上还没有一款为这个庞大的客户群量身定做的文化产品。同时,根据平时的调查发现,班上男女生比例是3∶1,川大的男女生比例大约是6∶1,成都30岁前还是光棍的人占大多数。这些数据让杨锐决定,他要率先占领这个空白的"光棍"市场,要向世界宣布"我单身、我自由",要向大家证明光棍也能"一个人活得精彩"。

"光棍T恤"两周卖出500件

由于考虑到制作成本,杨锐选择制作最简单、便宜的T恤作为"单身派"的首个主打产品。为了"把脉"消费者心理,他开始"招兵买马",游说了五名志同道合的同学,罗列了类似"你愿意穿'光棍主题'的T恤吗?""你喜欢以张扬还是含蓄的方式表达单身身份?"等12个问题的调查问卷,在西华大学校园里,进行了一场市场调查。经过120份的问卷"摸底",杨锐惊喜地发现,有80%的被调查者愿意购买这种T恤。得到认可后,杨锐开始放开手脚,找来几个常做兼职、有些经济实力的伙伴,集资了几千元钱,到成都附近一家小工厂代工,生产500件白色T恤。最初的设计工作是由杨锐一个人搞定的,正面前胸用黑色草书书写4个字"天涯光棍",意为"光棍走天涯",象征自由的单身生活;左胸上方印有"单身派"的拼音缩写字母"dsp"标志;背面印有表示单身含义的英文"single"。"光棍T恤"由此诞生了。最初的销售采取"两条腿走路"的方式,校园上门推销为主,周边小店寄售为辅,"我们从50多所高校中,选出十余所人气较旺的学校,每人负责两所及校园周边的小店,"杨锐回忆说,"没想到这次试水一炮打响,大家都觉得挺新鲜,每件25元的价格也很划算,不少学生一买好几件,送给朋友穿,就连情侣也来捧场,标榜个性。"首批500件"光棍T恤"上市两周,全部售罄。初战告捷的杨锐看到了"光棍品牌”的生命力，马上到成都当地工商部门注册了“单身派”商标，准备乘胜追击，推出系列产品。

光棍排资论辈设计网上竞标

为了不让“光棍T恤”失去消费者再度成为“光棍”，杨锐在细分市场上做足了工夫，开始给“光棍”们排资论辈。光棍中的“金领”当属才子佳人型，他们自封为单身贵族，很享受自由的现状；“白领光棍”表面心高气傲，实则凡心已动，在观望徘徊中；“蓝领光棍”则是在感情中比较弱势的，有的苦苦等待，有的为情所伤，还有的看破红尘，拒绝“脱光”。杨锐一边念叨他的“光棍经”，一边总结道：“不同心理的光棍，对T恤的需求是不同的，我们在产品中设计的文字也不尽相同。”对于非诚勿扰的执着型，适合“光棍之路有多远走多远”的字样；受过情伤，不敢主动出击的保守型，则有“无情却似有情”T恤相配；至于顺其自然的乐天派，则非“我来自1111年11月11日”这种自嘲方式莫属。有了产品细分，接下来的工作就是设计。虽然自己亲自包办的第一款“光棍T恤”可以热卖，杨锐还是有自知之明地请来了四川大学、四川师大等高校服装系的学生为他操刀，并把他们设计出来的样稿挂在学校和成都各类论坛里，让消费者自己把关。网上“竞标”中人气最旺的设计才能拿去生产。经过层层把关，“光棍T恤”越卖越火，小工厂逐渐负担不了庞大的订单，杨锐找到广东一家较大规模的制衣厂赶工，每单衣服都要上千件。同时，他利用网络寻找代理商，每个代理商负责一个区域的销售。他通过QQ联系的代理商已达500多个，除了青海、西藏外，各省市均有代理。2009年5月，“光棍T恤”进驻北京西单明珠大厦，共销售1000多件T恤。从4月到10月半年期间，杨锐共卖出“光棍T恤”2万多件，销售额达到40多万元。

招兵买马做单身文化

随着冬季的来临，单身派T恤暂告停产，杨锐介绍：“虽然目前设计的产品已有30多款，但还不涉及围巾、手套、帽子和冬装产品。”因此，冬天的任务有三个：首先是扩大设计团队，将目前的20多人扩充至100人左右，这样才能负担多元化产品的设计工作；第二是精简代理商，将目前的500多个代理商精简至100多个，集中火力抢占最具消费潜力的市场；第三，希望能与大企业合作。杨锐解释说：“以我们目前的人力、物力、财力，想要扩充产品线还有些难度，秋冬季服装在工艺上更加复杂，而我们的设计师都是高校的学生，能力毕竟有限。如果有成熟的专业团队加盟，会事半功倍。”此后，“单身派”创业团队入驻武侯区大学生创业园，杨锐开心地说，“我们搭上了顺风车，创业园提供给我们一年的免费使用期，工商执照、场地、设备等费用全部免单”。趁着天时地利，杨锐决定2010年3月恢复生产，陆续推出冬装产品。他已经向国家工商总局提交了注册“dsp”商标的申请。申请成功后，他将以“dsp”为依托，开发时装，注册公司，走正规化经营。“我的目标是将‘单身派’打造成中国‘单身文化’领域的第一品牌”，杨锐对此胸有成竹。正如他在博客中写道：“经济学把成熟的市场称作红海，把未开发的市场称作蓝海，我要开发出社会当中潜藏的单身文化市场这片蓝海。”

拓展阅读

创业计划书的模板

目录

一、执行总结……………………………………………………

1. 创意背景和项目简述 ……………………………………………………………
2. 创业机会概述 ……………………………………………………………………
3. 目标市场的描述和预测 …………………………………………………………
4. 盈利能力预测和预计能提供的利益 ……………………………………………
二、产业背景和项目概述…………………………………………………………………
1. 详细的市场分析和描述 …………………………………………………………
2. 项目概述 ……………………………………………………………………………
三、市场调查和分析………………………………………………………………………
1. 目标市场顾客的描述与分析 ……………………………………………………
2. 市场容量和趋势的分析、预测……………………………………………………
3. 竞争分析和各自的竞争优势和劣势 ……………………………………………
4. 估计的市场份额和销售额 ………………………………………………………
5. 市场发展的走势 …………………………………………………………………
四、项目战略………………………………………………………………………………
1. 各阶段的发展战略 ………………………………………………………………
2. 通过项目战略来实现预期的计划和目标
五、总体进度安排…………………………………………………………………………
1. 收入来源 …………………………………………………………………………
2. 收支平衡点和正现金流 …………………………………………………………
3. 市场份额 …………………………………………………………………………
4. 产品开发介绍 ……………………………………………………………………
5. 融资方案 …………………………………………………………………………
六、关键的风险、问题和假定 ……………………………………………………………
1. 关键的风险分析 …………………………………………………………………
2. 应急计划 …………………………………………………………………………
七、团队管理………………………………………………………………………………
八、假定项目能够提供利益………………………………………………………………
1. 总体的资金需求 …………………………………………………………………
2. 融资及其使用 ……………………………………………………………………

一、执行总结

1. 创意背景和项目简述

由于目前的大学统一地为大学生提供大一、大二的教材，大三、大四的教材只能自行购买，极为麻烦，然而大三、大四的教材基本属于专业课范围，实用性较强，努力学好专业知识将会为大学生今后的就业做出良好的铺垫。另一方面，目前市场的书店有限，而且寻找自己所需的书籍特别麻烦，提前拥有所需教材，就可以提前掌握相应的专业知识，在学习的竞争上就有了一定的优势。

淘书网不仅在第一时间提供学期用书的相关信息，而且将这类旧书廉价出售，并且送货上门，货到付款，客户不用出门，只需登录我们的网站，搜索需要的书目，关于这本书的详细信息就会显示出来，然后输入自己的相关信息，就可以满足客户的需求。我们承诺中南大学校园内

24小时内即可收到书籍。方便、快捷、廉价、准确是我们的四大特色，也是我们的竞争优势。

2. 创业机会概述

进入大三、大四之后，上课的教材都需要自己去买，虽然学校每年都有跳蚤市场，但是还是不能满足大部分学生的需求，并且去旧书店找书不仅麻烦，而且能否找到还是另外一码事，结果浪费人力物力。为了减轻大三、大四学生的购书苦恼，满足他们的求学欲望，让他们在互联网上就能完成购书操作，足不出户就能拥有属于自己的教材，一个大学校园淘书网的构思就这样诞生了，并且我们的团队拥有Java编程技术人员，有丰富的实践经验，避免了寻找网站专业技术人员的麻烦，就这样，我们向着我们的理想启程了。

3. 目标市场的描述和预测

我们的市场主要来自大三、大四的学生，而他们大部分都没有上课所需的全部教材，这并不是因为他们不愿意去买，而是对于大三、大四的学生来说，买新书完全没有必要，可以去复印一本，价格又便宜，也可以去图书馆借书，另外还可以参考老师的课件，但是这些虽然便宜方便，但今后都不容易保存，以后若需要用到这方面的专业知识，还得用到书本，所以旧书对大三、大四的学生来说是最好的选择。

4. 盈利能力预测和预计能提供的利益

据调查，大三、大四学生平均每人每年需要购买教材的费用在200元左右，我们若以一折买进，三折卖出的话便可以盈利40元，每年大概有10050人愿意购买教材，所以每年期望盈利为402000元，减去年服务器租金、税收、仓库租金以及宣传等费用，期望纯收益为350000元。

二、产业背景和项目概述

1. 详细的市场分析和描述

我们所开发的是大学校园淘书网，在校园书网方面，暂时没有像我们这样目的性较强的网站，所以很具有发展前景。我们针对的是大学三、四年级的学生，并且出售的是他们上课所需的教材，这方面的信息我们会提前掌握，因此市场是有需求的，又因为处于这两个年级的学生都要自行买书，所以我们所提供的服务更能满足他们的需求。初期在中南大学南校区试行，这里有三大院系：数学院、文学院、法学院，我们计划在每学期末考试之后就去购书，但是在此之前，我们会向学院打听下学期教材使用情况，然后确定去购进哪种类型的书，只有这样，才可以领先其他竞争者，然后为了获得更多的书目，我们以一折的高价收购旧书，并托运回仓库，然后就是根据网上的购买信息，将旧书送至预定顾客，赚取一定的费用。一旦在这三个院成功了，就可以向其他院甚至其他学校推广了，因为在这一行，市场越大，收益才会明显。

2. 项目概述

我们的产品是来自大三、大四的教材以及送货上门的服务，这些旧书在平常的书店分布不均匀，有些书店有这些书，有些书店没有，这样大大加重了学生们买教材的负担，为了方便学生，我们通过互联网，将教材（旧书）的信息发布在网上，只要他们登录我们的网站，留下相关的信息，就可以买到书了，而且在中南大学校园内，不到24小时就可以收到书了。

三、市场调查和分析

1. 目标市场顾客的描述与分析

我们的顾客来自于大三、大四的学生，他们当中80%的人拥有电脑，而且每天都上网，在这部分人群中，家庭条件应该都不算太差，因此购买一本旧书的几元钱应该是没问题的；对于其他没有电脑的同学来说，大部分是家庭情况不好的，学习的主动性就很强，竟然有这么廉价的旧书，当然也会选择购买，所以我们的目标市场还是很具有发展潜力的。

2.市场容量和趋势的分析、预测

据调查显示，有55%的学生是需要教材的，24%的学生表现出无所谓的态度，21%的学生选择了不需要，这是对数学院大四的学生做的一项问卷调查，作为比较令人头痛的专业都还有一半以上的人愿意购买教材，如果那部分无所谓的同学有一半的人选择购买，那么将近会有67%的人愿意购买教材。目前中南大学大三、大四的学生大概有15000人，即每年会有10050人需要购买教材，今后如果学校扩招，就会有更多的人需要购买教材。今后一旦打开市场，将我们的网站推广到其他学校去，我们的市场将会更加广阔。随着目前大学入学率的增长，对教材的需求也会随之增长。由于书籍对大部分学生来说是必要的，每年都会有一部分学生毕业，有一部分学生入学，而且，上一届的旧书可以留到下一届，只要将上一届的旧书买进，就可以卖给下一届的学生了，这样形成一个良性循环。市场容量随着学校招生的多少呈线性变化，随着目前全国高校大学生人数的逐渐增长，市场容量也会增长，虽然递增速度较慢，但是整个市场是趋于稳定的。

3.竞争分析和各自的竞争优势、劣势

我们的竞争优势体现在为学生服务的基础上，在中南大学校园内免费送书(今后市场若打开了，可以将范围扩大)。廉价是我们的第二大特色，我们出售的是旧书，价格便宜，一般来说只要几元钱就可以买到一本教材。方便快捷是我们的第三大特色，顾客只需要在我们的网址上搜索需要的书目，输入通讯地址，就完成了网上的购书操作，接下来需要等待的就是收货了，我们承诺，中南大学校园内24小时内就可收到购买的书籍。准确是我们项目的第四大特色，学校附近虽然有很多书店，但是他们都零零散散，再加上书店面积有限，书籍的分类及数量都没有构成体系，给学生选书带来了极大的不便，有时为了买一本书要看过十几家书店才买到，而我们基本会将大三、大四所用的教材写成数据库的形式链接到网上去，然后再给出相应书目的库存价格等信息，所以就完全省略了四处寻书的过程，在网上就可以轻松了解所需书目的详细情况，这对学生来说太方便了。再者我们身为学生，在掌握和了解教材信息方面会比普通经商者要方便准确，为了提高我们的竞争优势，我们会以较高的价格购进教材(目前大部分的书店都是以废纸的价格收购旧书的，很多学生都不情愿)，这样就保证了库存量。

但是我们仍面临着不少压力，对于有经验的书店经营管理者来说，他们肯定会第一时间在公寓收集旧书，而且他们有车可以载书，一次性可以买走很多的书籍。另一方面，我们刚刚进入这个市场，书籍的购买成为了一大难题，假设市场某本旧书的数量是有限的，就是说假设学生们没有买新书，买的都是旧书，那么这些书经过两三年的循环之后，分布了在不同的书店，这样就难以避免供不应求的麻烦；我们暂时还没有建立网上支付宝的功能，付款相对其他购书网来说并不快捷，但是我们采取的是当面货到付款，无风险；不过由于教师的不稳定性，不同的教师喜欢不同的教材，没有统一性可言，虽然老师说了一部分参考用书，但是上课的大纲还是按照那本书来教，结果使得不少同学上课感觉跟不上节奏，不知道老师讲到哪里了，在一定程度上影响了学习的效率。这对于我们来说更是一种考验，如果下学年用的不是这一种教材，表示我们未销售出去的这类教材将无人问津了。另一方面，如果用的是新教材，表明今年这部分学生就不会来买旧书了，销售额就会减少；由于买教材的同学一半都会选择在开学那段时间购买，所以，其他时间的销售额一般会很低，甚至趋于零。

4. 估计的市场份额和销售额

由于我们所做的这个网站是史无前例的，而且又是为学生服务的，虽然会有很多的旧书店与我们竞争，但是路遥知马力，我们以最好的服务和宣传将我们的网站推销出去，相比起以盈利为目的的零售商来说，我们应该更具有潜力。据调查，在中南大学附近的旧书店大概有15个左右，但是真正能跟我们竞争的却寥寥无几，信息是我们竞争的最大优势，这样不仅避免了购买无用的书籍，而且还会吸引更多的客户，因此，如果宣传做得到位的话，初期的市场份额应该会有30%，销售额达120600元。

5. 市场发展的走势

就像淘宝、阿里巴巴等著名网站一样，只要我们是最大程度地满足客户的需求，就不用担心没有市场，也就是说客户是我们最关心的。只要我们能够将教材的信息把握住，我们就会在旧书这一领域占有重要位置。

四、项目战略

1. 各阶段的发展战略

在项目发展的初期，也就是宣传阶段，我们要做的就是将宣传尽量做到每个寝室，并且对前50名购书的同学有优惠，让大家相信我们的确是服务于大家的；在项目发展的中期，就是项目的推广阶段，这个时候，我们将派相关人士过去进行考察，然后计划在各个学校招聘代理，形成全国连锁的经营模式，并且完成网上支付功能，使得付款更加方便；项目发展的后期，也就是网站的做大与做好，这个时候，我们不仅仅局限于旧书的销售，而且可以延伸到各个领域。由于可以通过销售旧书来提高网站的知名度，因此，一旦网站有所更新，就会被众多大学生所察觉，也就顺便打开其他领域的市场，与此同时，注册一个属于我们自己的公司，招聘公司职员，将这个网站做大做好。

2. 通过项目战略来实现预期的计划和目标

在项目发展初期，由于刚刚进入这个市场，要被大多数人认可还需要一段时间，因此我们的计划是在前3年内使市场份额达到30%，5年之内要推广到湖南省各所高校，10年之内成立我们的公司，并将该网站延伸到多个领域，实现全球化的服务。

五、总体进度安排

1. 收入来源

收入主要来源于出售旧书的差价，然而，本项目与其他项目最大的区别就在于本项目的卖书最高峰是开学的那一段时间，之后买书的人就会很少了，所以可以在其他的时间找份其他的工作来做。

2. 收支平衡点和正现金流

我们的支出初期主要在于购书费、服务器、房屋租赁费以及宣传费用等，计算得年收支平衡点为300人购买全套书籍，一旦超出这个份额，每人每套有40元的纯利润，相关函数为$y=40\cdot x-12000(x\geqslant 0)$，其中$y$是纯利润，$x$是购买全套书籍的人数。

3. 市场份额

计划初期的市场份额要达到30%，即要有3015位客户购买我们的旧书，销售额为12.06万元；中期市场份额在本校要达到50%，即要有5250位客户购买我们的旧书，销售额为21万元，在本省其他学校要达到10%，即要有25000位客户购买我们的旧书，销售额为100万元；后期市场份额在湖南省达到30%，即要有75000位客户购买我们的旧书，销售额为300万元，由于还要延伸到其他领域，到时候的利润增加的更高。

4. 产品开发介绍

本网站由自己自主开发，主要编程语言为Java，全面面向大学生，如果有机会的话，还望有关专家进行指导。

5. 融资方案

初期由于我们还身为大学生，没有足够的资金，所以计划的第一融资方案是政府助资计划，因为只要政府通过了我们的创业计划，就说明我们的创业还是可行的，这样实行下去的风险就会减少很多，尤其是对我们大学生创业来说；第二个融资方案是商业银行融资，因为那时候我们有了一定的硬资产作抵押，银行愿意与我们合作；第三个融资方案是股票融资，因为那时我们公司有了一定的资产与知名度，通过股票融资可以分散公司风险，扩大企业外部影响，提高企业资本变现能力，降低企业负债比率，提高企业偿债能力，增加企业投资能力。

六、关键的风险、问题和假定

1. 关键的风险分析

对于我们项目来说，初期的风险主要表现在财务和市场运作方面，作为大学生的我们都没有创业的经历，所以碰壁较多，而且流动资金的不充足也可能导致整个项目的失败。另外，对市场的运作不够了解，怎样才能更好地在市场上拥有属于自己的天地，还是值得我们去探究和学习。

中期的风险主要在于管理和政策，因为那时候我们已经将市场推广到了整个湖南省，代理商也会相应的增多，如何有效地管理、增加业绩将会成为一大障碍，而且随着市场的扩大，一旦政府推出某政策说明今后的学习都改成在线学习，那我们的旧书销售就会急剧下降，销售额急剧下跌。

后期的风险主要在于财务、技术、市场、管理、竞争、资金撤出以及政策这几大方面。管理和政策同上，这里就不多说了；我们的大部分财务都变成了用来出售的实物，所以公司一旦发生紧急情况，需要现金的时候可能就会出现问题，导致公司强行发行股票，或者低价出售一部分硬资产以解决问题；后期的网站会做得比较大，而且设计的领域比较广泛，竞争就会比较激烈，所以在技术上不能落后，必须走在社会前沿，这样才能使公司有优势，处于有利的竞争环境；最后要说的就是关于资金撤出的问题，如果公司做失败了，如何使公司的损失降到最低是资金撤出主要关注的问题，毕竟做任何事情都不会百分之百成功，要为自己留一条后路。

2. 应急计划

如果遇到专业上的问题，请教关于这方面的专家，让他们为我们分析指导；如果是管理上的问题，那么就派相关人士去相关的企业进行相互交流与学习，看别人的管理方法是否能派上用场，如果不能，我们能否在他的方法上做些改进，然后再运用到本公司；如果是政策上的问题，我们要扬长避短，对于我们有利的政策就抓住机遇，不利的就减少损失；如果是公司失败了，有两条去路，一条是确实这个产品已经被市场淘汰了，那就放弃，另一条就是并没有被市场淘汰，而是自己的问题，那么就对整个公司进行改革创新，改头换面，以另一种姿态出现在社会市场上。

七、管理团队

介绍项目的管理团队，其中要注意介绍各成员与管理项目有关的教育和工作背景（注意管理分工和互补）；介绍领导层成员、创业顾问以及主要的投资人和持股情况。

八、假定项目能够提供利益

1. 总体的资金需求

(1)本项目初期的资金需求如下:(南校区试行)购书费用:600×20=12000元;域名及主机年租赁费:5000元;自行车:500元;问卷调查、宣传海报和宣传单:120元;房屋年租赁费:500(元/月)×12(月)=6000元;共计:23620元。

这项统计表明,如果所购书全部销售出去,则试行阶段结束,并且在拥有网站使用权(一年)和一定的知名度上赚取约1.3万元。

(2)如果试行成功,推广至整个中南大学,则需另外补充资金:购书费用:18.9万(这部分可分批投入);电动车:1000元;宣传海报和宣传单:500元;共计19.5万元。

2. 融资及其使用

我们初期的融资是来自于政府助资计划,我们可以完全根据政府助资的多少来决定市场投入的多少,并且保持一定的流动资金。中期的融资是来自商业银行,这部分资金比较客观,可以让我们将市场进一步推广至整个湖南省,毕竟购书的成本很高,而且还可以用于网站的扩展建设。后期的融资来自股票,有了股票,意味着我们公司成为了股份制公司,公司的风险也就相对下降了,介于此,我们就可以向其他领域延伸,而不仅仅局限于做旧书的销售。

项目任务一

从泡沫里"打捞"的创业机遇

很多人都在寻找赚钱的门道,其实商机无处不在,关键看你有没有发现商机的眼光。

韩小逸和袁海骏,舜宇海逸公司的两位创始人,他俩的研发成果颇为奇特——从泡沫里"打捞"创业机遇。

21世纪初,美国硅谷的AVanex收购了另一家创业企业。他俩是公司的技术骨干,当时正是光通讯的泡沫膨胀期。后来,泡沫破灭了,光通讯元器件成了"没落贵族",价格急跌而供应过剩,这是机会。

就像"硅谷传奇"的标准版本,车库成了袁海骏检验技术创意的实验室。身为世界级的光电专家,他搜肠刮肚,想在现成的光纤技术方案里选出一个,嫁接出别样的可能。

他找到了。袁海骏的技术构思为:电流产生磁场,磁场影响光传播。因此,光可以做"尺",通过测光来测电。他将一种光通讯传感器嫁接到电网上,作为数十万伏骨干电网的"电流计"。电力行业管这种设备叫"电流互感器",而光电互感器被普遍认为代表了新的技术方向。它是建设智能电网的核心器件。有分析师认为,到2020年,光电互感器在中国将拥有近千亿元的市场容量。

虽然他们的商业计划书只有三页,但中国最大的光学科技公司——舜宇集团很快同意投资1760万元。

"搞光的想不到电,搞电的不太懂光。"袁海骏这样解释他们的技术优势。当然,从理论设想到实际技术,有一大段路要走;再到产业化,还要走一大段路,需要时间,也需要钱。

思考与问题:

(1)袁海骏如何从自己熟悉的技术领域挖掘出创业机会?

(2)上述案例是说明技术创新一定带来技术型公司的创业之旅吗?

(3)技术创新带来的创业过程必须具备什么条件?

(4)从上述创业案例中，讨论和分享创业者是如何发现创业机会并识别创业机会和将创业机会转化成创业的成功起点的。

项目任务二

请利用网络收集一份创业计划书，利用所学知识分析这份创业计划书在编制中的优缺点和该项目的可行性(可分组进行)，并填写表4-1。

表4-1 创业项目分析

创业项目：________________		
内容	编制中的优点	编制中的缺点
执行摘要		
市场分析		
营销策略		
企业组织		
财务分析		
风险预测		
其他		

模块五　新企业的创办

创业名言

创业前，很多困难你都不会把它认为是困难，当它突然成为你的困难时，很多人会承受不了压力，就放弃了，这样的人一定是不能成功的。

——史玉柱

教学目标

1. 掌握新公司企业注册的流程；
2. 了解知识产权保护法、产品质量法、合同法、会计法律法规；
3. 掌握企业资金预算方法，理解企业资金来源与使用。

重点难点

1. 重点：新企业工商注册的各项步骤；
2. 难点：新企业资金预算方案计算。

开篇案例

在校生发明自助洗车机获专利

敢想：适时发现商机

2011级石油工程技术专业的李肖肖来自济宁农村。说起如何想起设计这款自助洗车机，李肖肖告诉记者，是春节洗车给她带来了灵感。每当春节前后，洗车价格飞涨，洗一辆车都涨到150元。尽管这样，排队洗车的人还是络绎不绝，这让她有一种特别的感觉：商机来了。因为洗车成本的主要因素是人工，李肖肖想：如果能有一款自助洗车设备，让车主们自己动手参与洗车，一定会有广阔市场。

敢做：感受创业艰难

李肖肖在网上搜索，发现烟台几家企业有自助洗车机。于是她经过考察，从烟台带回来5台自助洗车机，开起了自助洗车店。刚开始机器还能正常使用，但由于机械的不成熟和电路板存在的缺陷，两个月之后机器就开始每天维修，直至无法运行。虽然预想过创业的起步困难，但这样的挫折还是让她一时接受不了。作为一个青春阳光的女孩，时间大都耗在了修理、调整机器的车间里，有时候她产生了放弃的念头。但老师和同学们的鼓励，给了她重新振作的勇气。

敢为先：获得国家专利

考虑到买来的机器这样不稳定，自己研发一款机器岂不是更好？有机电专业基础李肖肖发现了更大的商机。2013 年 5 月，她带着机器维修的大量经验，开始研发属于自己的自助洗车机。一个月后，李肖肖的研发方案定型，并申请了专利。7 月底产品投入使用，并取得了巨大成功，这让李肖肖喜出望外，10 月她创立了“森澜”自助洗车机品牌。她研发的自助洗车机通过刷卡控制消费，有泡沫、清水切换装置，一般的车辆基本上花费 5 元左右就能达到洗车店洗车的效果。2013 年 11 月，李肖肖拿到了国家专利，这为李肖肖的创业之路打下了坚实的基础，也让她在自助洗车领域走在了行业前列。

开拓：收获创业硕果

2014 年 3 月，李肖肖注册的东营森澜机电设备有限公司正式获得工商部门批准，同月她的创业团队就卖出自助洗车机 40 台。目前，她已经与东营市 70% 的生活小区签订了安装协议，她的森澜自助洗车机不但覆盖市区内的住宅区，而且销往全国 7 个省、市。李肖肖非常自豪地告诉记者，随着业务的不断增加，她们有信心当年完成 1000 万的销售目标。

李肖肖告诉记者，目前她的“森澜”团队共有 15 人，基本都是在校的大学生，她说这既可以锻炼自己的专业能力，又可以在学校学习过程中继续创业，这个团队也为许多同学提供了良好的创业平台。李肖肖的创业之路，让很多在校大学生得到了启示。在东营职业学院大学生创业孵化中心，飞创机械研究室、书法培训班、舞蹈培训中心、快递公司等大学生自己创业的公司比比皆是，那些都是同学们自己创业的尝试，他们通过自己的努力，不断提高自身综合素质，使将来更好地融入到社会环境中。

李肖肖的成功创业给很多在校学生树立了榜样，在校大学生年轻又充满激情，拥有“初生牛犊不怕虎”的精神，对未来充满希望，这些都是一个创业者应该具备的素质。可他们往往社会经验不足，常常盲目乐观，对于创业中的挫折和失败没有充足的心理准备，许多创业者遇到挫折就感到十分茫然，甚至沮丧消沉。这是因为大家通常见到的都是成功的例子，心态自然都是保持着一举成功的理想主义状态。大学生一定要清楚地知道自己以后的发展方向，最好的办法就是先观察别人，参考“过来人”的意见，再结合自己的实际情况制定一些符合实际的目标，通过这些小的目标的一步步实现，再规划自己的人生大目标。

思考与问题：

(1)专利对于一个企业的重要性有哪些？

(2)如何申请专利？

项目一　新企业的注册与选址

一、新企业工商注册流程

1. 有限责任公司工商注册流程

有限责任公司注册步骤如图 5－1 所示。

(1)申请名称预先核准登记。到工商局去领取一张“企业名称预先核准申请表”，填写你准备取的公司名称，由工商局上网(工商局内部网)检索是否有重名，如果没有重名，就可以使用这个名称。然后等待工商局核发“企业名称预先核准通知书”。

(2)确定企业住所(经营场所)。可以用自有产权的房屋或以租赁的房屋作为企业的经营场所。需注意的是，有的地方不允许在居民楼里办公。企业住所为自有房产的要提交房产证

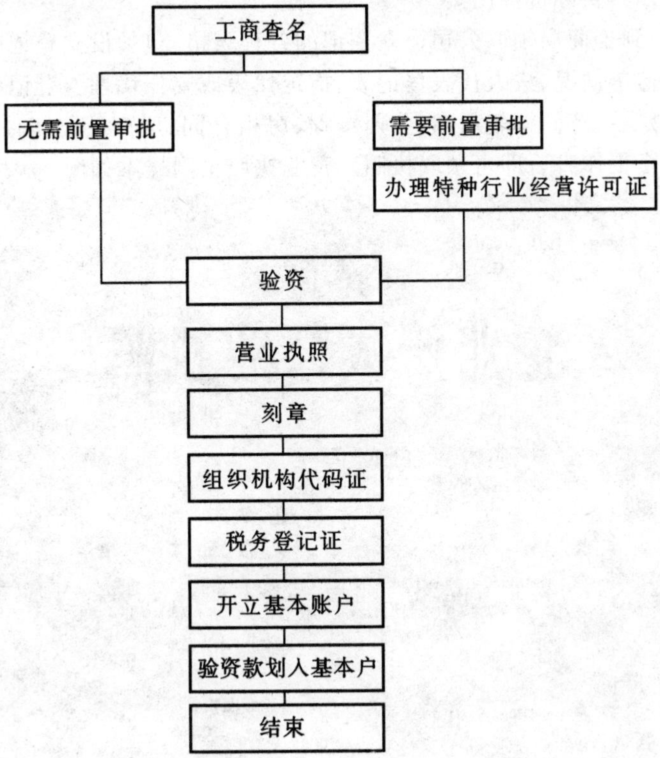

图 5-1 公司注册流程图

复印件；租赁他人房屋作为经营场所，提交租赁合同及出租方的营业执照和市场登记证复印件；以租赁使用房屋为经营场所的，应当提交经房地产租赁管理所登记备案的房屋租赁合同。

(3)草拟"公司章程"。可以到工商局网站下载公司章程的样本，进行修改。章程的最后要有所有股东的签名。公司章程一经制定，公司的运营就应受章程约束，不得任意违反。

(4)前(后)置审批程序。这一程序并不是所有有限责任公司的设立均要必须经历，在大多数情况下，只要不涉及法律、法规的特别要求，直接注册登记就可。但是依据我国《公司法》第6条第2款规定："法律、行政法规对设立公司规定必须报经审批的，在公司登记前依法办理审批手续。"这是指前置审批，共涉及12大类72项。后置审批共41大类191项，依据工商局告知在3个月内办理相关审批手续。

(5)到会计师事务所领取"银行询证函"。联系一家会计师事务所，领取一张"银行询证函"(必须是原件，会计师事务所盖红章)。

(6)去银行开立公司账户。所有股东带上自己出资额和有关材料到银行开立公司账户。资料包括公司章程、工商局发的核名通知、所有股东的名章、身份证原件、空白询证函表格等。

2013年新修订的《公司法》规定，不再限制公司设立时股东(发起人)的首次出资比例和缴足出资的期限。公司实收资本不再作为工商登记事项。也就是说，之前企业登记注册时，需要验资报告这一项，在新的《公司法》中没有要求了。

银行发给每个股东缴款单，并在询证函上盖银行的章。

到银行办的只是货币出资这一部分，如果有实物、房产等作为出资的，需要到会计师事务所鉴定其价值后再以其实际价值出资。

(7)注册公司。到工商局领取公司设立登记的各种表格,包括设立登记申请表、股东(发起人)名单、董事经理监事情况、法人代表登记表、指定代表或委托代理人登记表。

将上述表格填好后,连同核名通知、公司章程、房租合同、房产证复印件、验资报告一起交给工商局。一般5个工作日后即可领取执照。营业执照正副样本如图5-2、图5-3所示。

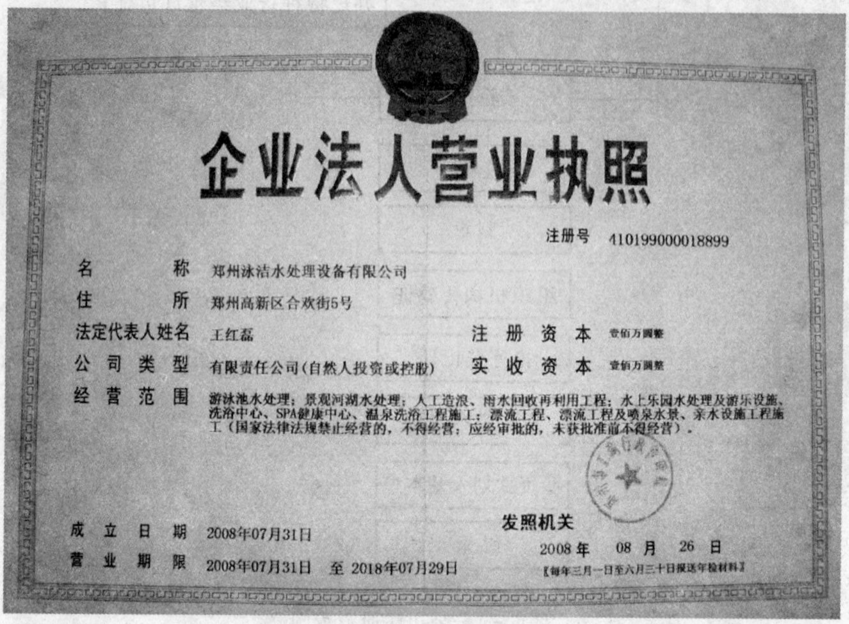

企业法人营业执照

注册号 410199000018899

名　　称　郑州泳洁水处理设备有限公司

住　　所　郑州高新区合欢街5号

法定代表人姓名　王红磊

注册资本　壹佰万圆整

公司类型　有限责任公司(自然人投资或控股)

实收资本　壹佰万圆整

经营范围　游泳池水处理;景观河湖水处理;人工造浪、雨水回收再利用工程;水上乐园水处理及游乐设施、洗浴中心、SPA健康中心、温泉洗浴工程施工;漂流工程、漂流工程及喷泉水景、亲水设施工程施工(国家法律法规禁止经营的,不得经营;应经审批的,未获批准前不得经营)。

成立日期　2008年07月31日

营业期限　2008年07月31日　至　2018年07月29日

发照机关

2008年　08月　26日

【每年三月一日至六月三十日报送年检材料】

图5-2　营业执照正本

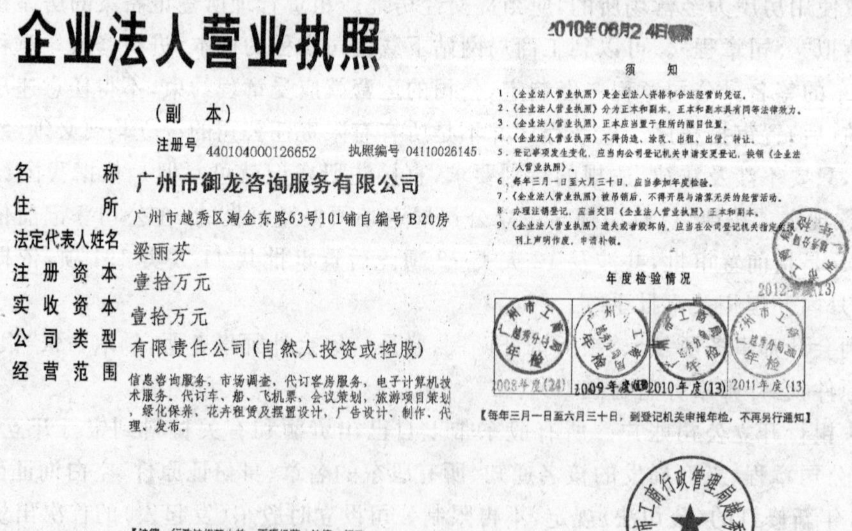

企业法人营业执照

(副　本)

注册号 440104000126652　　执照编号 04110026145

名　　称　广州市御龙咨询服务有限公司

住　　所　广州市越秀区淘金东路63号101铺自编号B20房

法定代表人姓名　梁丽芬

注册资本　壹拾万元

实收资本　壹拾万元

公司类型　有限责任公司(自然人投资或控股)

经营范围　信息咨询服务,市场调查,代订客房服务,电子计算机技术服务、代订车、船、飞机票,会议策划,旅游项目策划,绿化保养,花卉租赁及摆置设计,广告设计、制作、代理、发布。

【法律、行政法规禁止的,不得经营;法律、行政法规限制的项目须取得相关许可文件后方可经营】

成立日期　二OO二年十月三十一日

营业期限　二OO二年十月三十一日　至　长期

二O一O　年　月　日

2010年06月24日

须　知

1.《企业法人营业执照》是企业法人资格和合法经营的凭证。
2.《企业法人营业执照》分为正本和副本,正本和副本具有同等法律效力。
3.《企业法人营业执照》正本应当置于住所的醒目位置。
4.《企业法人营业执照》不得伪造、涂改、出租、出借、转让。
5.登记事项发生变化,应当向公司登记机关申请变更登记,换领《企业法人营业执照》。
6.每年三月一日至六月三十日,应当参加年度检验。
7.《企业法人营业执照》被吊销后,不得开展与清算无关的经营活动。
8.办理注销登记,应当交回《企业法人营业执照》正本和副本。
9.《企业法人营业执照》遗失或者毁坏的,应当在公司登记机关指定的报刊上声明作废,申请补领。

年度检验情况

2008年度(24)　2009年度　2010年度(13)　2011年度(13)　2012年度(13)

【每年三月一日至六月三十日,到登记机关申报年检,不再另行通知】

图5-3　营业执照副本

2.公司工商登记后的主要事项

(1)申请刻章。凭营业执照,到公安局指定的刻字社,去刻公章、财务专用章、法人名章。

(2)办理企业组织机构代码证。凭营业执照到技术监督局办理组织机构代码证。组织机构代码证是由国家技术监督部门给每个机关、企事业单位和社会团体颁发的一个在全国范围内唯一的始终不变的法定代码标识,是组织机构的“身份证”。组织机构代码证的样本如图 5-4 所示。

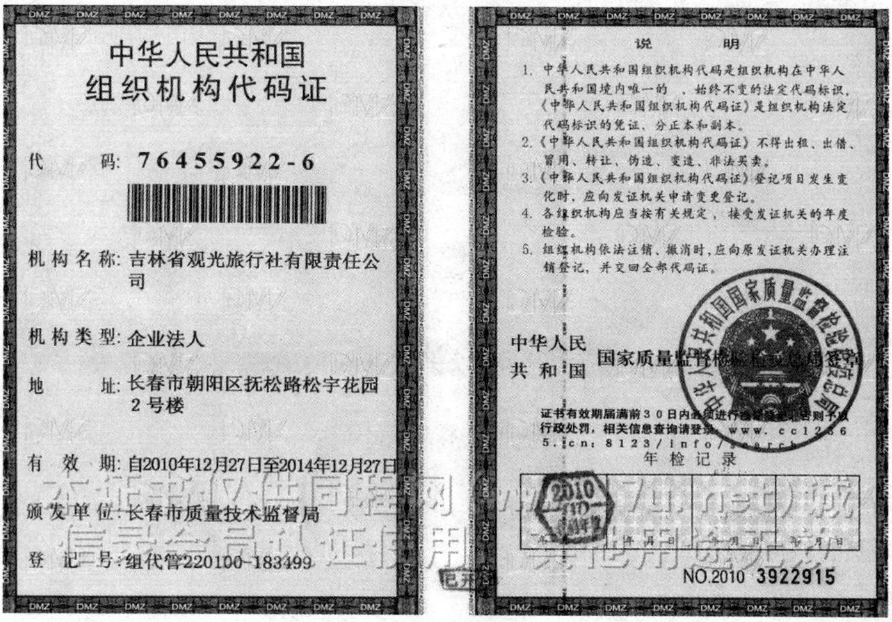

图 5-4　组织机构代码证

(3)办理税务登记证。领取执照后,30 日内到当地税务局申请领取税务登记证。税务登记证由国家税务总局监制,省、市国家税务局和地方税务局联合发放。

办理税务登记证应提供以下材料:经营场所房产证或租房协议书复印件;所租房屋的房产证复印件;固定电话号码;通讯地址。如新公司需领取增值税发票的还应增加以下材料:财务人员身份证复印件;企业法定代表人照片一张。另需企业购买发票人员照片一张,身份证复印件一张,然后办理准购证件。税务登记证如图 5-5 所示。

(4)银行开设企业基本账户。凭营业执照、组织机构代码证,去银行开立基本账号。建议在原来办理验资的银行的同一网点办理。

开基本户需要填很多表,应带齐以下材料:营业执照正本原件及复印件;组织机构代码证正本原件及复印件;公章、法人章、财务专用章;法人身份证原件及复印件;国、地税务登记证正本原件及复印件;企业撤销原开户行的开户许可证、撤销账户结算清单、账户管理卡。

(5)申请领购发票。由企业向所在税务局申请,领取由国家税务局和地方税务局共同监制的发票购用印制簿。企业在申领发票时,必须向税务机关出具发票购用印制簿。带好公章、法人章、发票专用章、税务登记证原件。第一次领发票需法定代表人签字,即需法定代表人与公司财务人员一同前往。如果你的公司是销售商品的公司,一般到国税局去申领发票;如果是服务性的公司,则到地税局去申领发票。

税务登记证

鲁税泰字370902674549948号

纳税人名称：山东岳嘉电子有限公司

法定代表人(负责人)：乔峻峰

地址：泰安市创业大街西段

登记注册类型：私营有限责任公司

经营范围：高低压成套电器生产销售，计算机软硬件开发，电子产品、仪器仪表、机械设备销售。

批准设立机关：泰安市工商行政管理局泰山分局

扣缴义务：依法确定

发证税务机关

二〇〇八年五月四日

国家税务总局监制

图 5-5　税务登记证

开始营业后要注意每个月按时向税务部门申报税款，即使没有开展业务不需要缴税，也要进行零申报，否则会被罚款。

至此，新公司正式成立。

有限责任公司成立后，应当向股东发放出资证明书，并制备股东名册。出资证明书应载明：公司名称；公司成立日期；公司注册资本；股东姓名或名称；交纳的出资额和出资日期；出资证明书的编号和核发日期，并加盖公章。股东名册应记载：股东姓名或名称及住所；股东的出资额；出资证明书编号。股东可以依股东名册主张行使主动权利。

3. 企业登记注册新规定

国务院总理李克强 2013 年 10 月 25 日主持召开国务院常务会议，部署推进公司注册资本登记制度改革，降低创业成本。对企业注册资本、企业年检、经营场所等多方面的限制均进行了调整，以利于企业的创立及经营。具体如下：

(1)放宽注册资本登记条件。除法律、法规另有规定外，取消有限责任公司最低注册资本 3 万元、一人有限责任公司最低注册资本 10 万元、股份有限公司最低注册资本 500 万元的限制；不再限制公司设立时股东(发起人)的首次出资比例和缴足出资的期限。公司的实收资本不再作为工商登记事项。

(2)将企业年检制度改为年度报告制度，使任何单位和个人均可查询，企业相关信息透明化。建立公平规范的抽查制度，克服检查的随意性，提高政府管理的公平性和效能。

(3)按照方便注册和规范有序的原则，放宽市场主体住所(经营场所)的登记条件，具体由地方政府规定。

(4)大力推进企业诚信制度建设。注重运用信息公示和共享等手段，将企业登记备案、年度报告、资质资格等通过市场主体信用信息系统予以公示。推行电子营业执照和全程电子化登记管理，使其与纸质营业执照具有同等法律效力。完善信用约束机制，将有违规行为的市场主体列入经营异常的“黑名单”，向社会公布，使其“一处违规、处处受限”，提高企业“失信成本”。

(5)推进注册资本由实缴登记制改为认缴登记制，降低开办公司成本。在抓紧完善相关法律法规的基础上，实行由公司股东(发起人)自主约定认缴出资额、出资方式、出资期限等，并对缴纳出资情况真实性、合法性负责的制度。

二、新企业如何选择经营地点

很多成功的创业者在总结他们的成功经验时，都会把自己的成功归结为“天时、地利、人和”这三大因素。所谓“天时”，指的是时代、政策和机会；所谓“人和”，指的是创业伙伴的合作、员工的倾力支持，以及客户、供应商和各方友人的帮助；所谓“地利”，是指企业的厂房、店铺或办公场地坐落在“要风得风，要雨得雨”的风水宝地上。创业之初对经营地点的选择，往往决定了企业是否具有“地利”。从管理学的角度而言，这里的“利”既是指企业最终能实现赢利的目的，又是指所选经营地点具有促进企业赢利的各种有利因素。

1.选择经营地点要考虑的因素

选择合适的经营地点又称为选址。由于选址能够提高创业成功的机遇，所以不仅中国的创业者重视它，国外的企业家也十分重视它，舍得为它花费必要的精力、时间和金钱。麦当劳的创始人在总结创业成功的经验时提出，麦当劳成功最重要的三个因素是：选址、选址和选址。

选址的第一层含义是选位，即在大范围上选择在哪个国家、哪个地区、哪个城镇开始自己的创业经营。选址的第二层含义则是选点，即在小范围上具体选择在某城镇的哪个地段、哪幢楼房，甚至哪个楼层开始自己的创业经营。无论是选位还是选点，都必须考虑以下几方面的因素：

(1)市场因素。对于市场因素，需要从顾客和竞争对手两个角度来考虑。

从顾客角度而言，需要考虑经营地点是否接近顾客，周围的顾客是否有足够的购买力。对于零售业和服务业，店铺的客流量和客流的购买力决定了企业的业务量。因此，所选择的经营地点应该是人流的必经之地，方便顾客上门之地。对于制造业而言，则首先要弄清自己的直接顾客是经销商、批发商还是商品的最终使用者，然后才可以决定生产厂房到底是应该靠近最终顾客还是靠近中间商，这样才能够降低包括运输成本在内的总运营成本。

从竞争对手角度而言，经营地点的选择有两种不同的指导思想。一种指导思想相信“钓手多的地方鱼儿密”，正因为某个水域鱼儿密集才吸引了钓手纷纷前去垂钓。于是，经营地点的选择不畏惧同行聚集、对手林立，而应看到同行成群有利于人气聚合、上升。正是这一指导思想才导致了特色街区或地段的形成，比如服装一条街，建材一条街，家电一条街，小商品一条街，等等。

另一种指导思想则奉行“别人淘金我卖水”。别人都蜂拥到某地去淘金，有人成功，有人失败，成功者固然腰缠万贯，失败者则只好落荒而逃。但这些人无论是成功还是失败，总是免不了要吃喝拉撒。若到他们中间去卖水，则肯定稳赚不赔。

(2)接近供应商。接近供应商可以方便供应商提供所需的生产原料或配套货品。对于从事生产制造的小企业，选择接近供应商的地点，会始终有利。因为，企业可以随时就近小量采购所需原材料，既能保证生产不会因为缺乏原材料而停工，又不用担心大量采购占用或积压大量的资金。

(3)物业因素。置地建楼或租用楼房都必须在签署合同之前首先弄清该地段或楼房规划用途是否与自己的经营相符。

其次,还必须考虑该地段的交通因素和配套服务的情况。有时可能会因贪图某地段的物业便宜,结果因交通不便或缺乏配套服务而无法开展正常的经营业务。

最后,还需要深入了解物业的历史,是否长期空置,是否遭受过水灾或火灾,以及出现这些情况的原因。同时要考虑物业坐落地段的声誉与形象,比如是不是环境污染区,是不是治安问题区,等等。若某物业曾供做非法经营活动用,则创业者更需小心,避免日后会有意想不到的麻烦。

(4)社区和政府的支持。创业者无论选择在哪个地点经营,其经营的业务最好是受到当地社区和政府支持的。至少不要经营那些当地社区和政府厌恶的行业,否则,日后难免会遭到当地社区的投诉或被当地政府封杀、驱逐。

当创业者有意选择某个地点经营时,在定夺之前最好向当地政府和有关社区团体了解相关情况。了解当地已有哪些行业经营,经营状况如何。从发展意向来看,他们欢迎什么行业在当地发展,反对和限制哪些行业在当地发展。了解这些情况,可以避免因自己经营的行业在当地不受欢迎而被迫改行或迁址。

(5)个人因素。创业者个人的工作习惯,对地段楼盘的风水相信程度,都会在很大程度上影响经营地点的选择。

在这方面,创业者容易步入的一个误区是:过多地注意经营地点对自己本人的便利性。许多人在开始创业时常常选择在自己的家附近经营。这种选择有它合理和有利的一面:首先,因为创业者熟悉周围环境,了解其交通状况和配套设施,熟悉周围的消费群体及其购买力,因而可以轻车熟路地开展经营;其次,因为创业者与周边环境有良好的人际关系,容易得到亲朋好友的惠顾,还可能为企业的发展提供一定的便利。

但是,熟门熟路虽然有它的好处,却也有它固有的局限和缺点。首先是眼光受到局限,只考虑家门口,无形中可能会丧失许多更好的机会。其次是经营受到局限,无法突破有限的顾客和有限的购买力。最后是家庭生活和企业经营都可能受到熟人的影响。因为就在家门口,家庭生活的矛盾很容易被企业的员工所知晓,企业经营中的矛盾冲突也很容易被家人和周围的熟人所知道。这种情形很容易使创业者的家庭生活和企业经营受到双重的消极影响。此外,当创业者的经营有所发展时,一些熟人总会想占点便宜、揩些"油水",使创业者不堪负担又难以拒绝。如果创业者试图拒绝,熟人没揩上"油水"还失去了面子,很容易因此而生出忌恨,从而使企业经营难有安宁的环境。

2.租楼还是买楼

当经营地点选定之后,如果是一块平地,要自己动手建设经营用的厂房或店铺。假设所选的经营地点已经有可用的现成楼房,则需要考虑是租用还是购买经营所需的用房。

决定租用还是购买楼房的主要因素是价格。购买楼房供企业经营之用,无疑可让创业者享有绝对的物业使用权,同时也不用担心楼房业主无故加租而遭到搬迁。另外,供楼的支出也可算作日常运营的成本之一。即使日后生意失败,创业者因楼价上升而最终获利的例子也为数不少。可是,购买物业需要动用一笔可观的首期费用。这笔支出对开业初期的头半年或头一年内的资金周转,可能会有不利的影响。

租用楼房的第一笔费用也不少，除正常的首月租金外，创业者还需准备押金、经纪人佣金、装修费用、下期月租等费用。而且，租用楼房要冒双重风险：一是到期后能否续租，如不能续租，则又要被迫重新选址，而且所付的装修费用也会全部报废。二是如果创业者希望在租约期满前迁出，将要冒赔偿毁约的风险，即使创业者可以及时找到别人顶租，从而与业主交涉而取回押金，但顶租者一般都不会愿意另付一笔款项买下一切装修。

那些开业时只需要较小经营面积的创业者可以考虑另一选择，即租用提供全套服务的“分租写字楼”(service office)。这种选择的主要优点是首次付出的费用很低。这些全套服务的写字楼已安装好电话线路，提供传真机、打字机以至影印机的设备及其他基本装修，为创业者省却不少烦恼。部分“分租写字楼”更聘有专人接听电话，减轻了创业者在员工开支上的负担，这对于两三人企业的创业者而言，是极为方便和灵活的。当然，若创业者顾虑公司的商业秘密被别人知悉，“分租写字楼”就不适合了。

由于租楼或买楼的方法各有优劣，创业者在作出选择时要考虑买或租的资金、营运所需资金、业务性质、创业失败时的安排、需多少时间创业才可成功、成功后的发展安排、物业市场的供求情况、租金与分期供款的比较、利率趋势等各项因素，以免做出错误决定，从而对企业的业务经营造成不良影响。

案例学习 5-1

某物资公司原系某市政府某局下属的国有企业。2010 年，在改制过程中，该公司改制为由 20 多名职工持股的有限责任公司。公司注册资本 50 万元，其中公司董事长兼总经理陈某持股 10%，其余职工股东则在该比例以下分别持有数额不等的股权。

2012 年，陈某计划对公司增资扩股，提议召开了股东会议，提出了一个《扩股方案》并获得通过。但是，该《扩股方案》中并没有提出各股东增加出资的份额以及股东的股权比例是否变更等内容。

2013 年 3 月，陈某以仿冒签名、移花接木等手段，伪造了股东签名，瞒着大部分股东出具了《关于同意增加注册资本的决定》和《自然人股东签名》等文件，向工商登记机关申请变更登记，将物资公司注册资本增加到 170 余万元，将其个人的股权增加到 28%。而其他一部分职工股东则在不知情的情况下，减少了股权比例。

后来部分职工股东偶然得知此事，大为惊讶，并立即向工商登记机关及物资公司上级主管部门市政府某局反映，要求调查处理。市政府某局纪委为此委托司法鉴定机构，对上述变更申请文件进行了笔迹鉴定，确定上述增资扩股申请资料存在虚假签名的事实。

2014 年 7 月，市政府某局专门就此事致函工商登记部门，请工商登记部门依法查处。工商登记部门在认真调查并听证后，决定撤销物资公司该次变更登记，并对公司予以罚款。

项目二 新企业需要考虑的法律伦理问题

一、知识产权保护方面的法律事项

知识产权包括专利、商标、版权和商业机密，是新创企业的重要资产，是即使不聘请律师也应该了解的知识。创业者由于缺乏对知识产权的了解而对这些资产保护不善的案例屡见不鲜。因此,我们首先要了解知识产权保护方面的法律问题。

1.专利的法律事项

(1)专利的定义。专利是政府和发明者之间的合同,是一项发明创造的首创者所拥有的受保护的独享权益。政府授权发明者在某一特定时期对其发明享有专有权,期满之后政府公布该项发明,将该发明列入公共领域,在发明期满后,作为公共领域的一部分,该项发明可能被复制,甚至被改良为更好的产品。

专利给予其所有者一种消极权利,因为它阻止任何人生产、利用或销售该项专利。另外,即使发明者被授予专利的专有权,在生产或销售该发明的过程中,发明者可能会发现它侵犯了其他专利的权益。发明者应该清楚地认识使用专利和设计专利的区别以及国际专利的一些差异。

(2)使用专利。当提到专利的时候,多数人会想到使用专利。每一个使用专利都有20年的期限,这个期限从在专利与商标办公室备案之日算起。每项使用专利的备案费用为800元。外加的费用根据在申请专利时所要求的权利的多少而定。使用专利对其所有者起到保护作用,防止其他人制造、使用或出售已鉴定的发明。使用专利一般还能够对新的、有用的、不显著的工艺技术起到保护作用,例如电影制作、复印机之类的机器、化学化合物或混合物之类的合成产品的配方,以及牙膏包装筒之类的商品,使用这些商品的专利可以对它们进行保护。

(3)设计专利。设计专利包括新的、有独创性的、作装饰用的以及不明显的制造商品的设计。设计专利反映物品的外观并享有10年的保护期。和使用专利一样,设计专利为发明者提供消极的排他权利,防止他人制造、使用或销售在此外观设计专利保护范围内的商品。每项设计专利申请的原始费用为500元。另外还有颁布费,根据项目的大小收费。这些费用要比使用专利的申请费用低很多。

人们通常认为申请设计专利没有用,因为它太容易被模仿。然而,这种观点如今已经有所改善。例如,像锐步和耐克之类的鞋类制造公司就对申请设计专利很有兴趣,以此来保护其产品样式。设计专利对需要保护其产品部分或全部造型的公司来说,也是有价值的。

(4)植物专利。植物专利是在和使用专利相同的条文下出具的,专利保护对象是新品种的植物的一种专利。该种专利的权利保护范围有限,因此对此种专利的申请很少。

(5)专利管理部门。专利权由知识产权管理机构授予。除了授权外,知识产权管理机构还管理其他项目,其中一项就是文件披露项目。发明者披露其发明信息时,该办公室给予鉴定,证明该发明者是第一个开发或发明此创意的人。在多数情况下,发明者会为其创意申请专利。知识产权管理机构的另一个项目是公开防御项目。此项目给不想为其创意申请专利的发明者提供保护其创意的机会,防止其他人在此项发明公布于众后对其申请专利。

(6)国际专利保护。由于WTO和其前身关贸总协定的作用,全球贸易更加自由化。尽管自1948年关贸总协定建立以来国际贸易以每年6%的速率增长,但是直到现在,仍然需要一部国际专利法来保护各个公司,使其产品免于被复制;同时也需要另一种机制在国际市场上为企业提供保护。

为此,相应地建立了专利合作协议(PCT),目前已有100多个国家加入。该协议允许专利申请人在一个国家便可以完成在多个国家的专利申请,且无需分别在每个国家都申请专利。PCT由坐落在瑞士日内瓦的世界知识产权组织监督管理,它会提供事先调查,确认申请公司在其他国家是否有可能面临侵权,然后由该公司决定是否申请在每一个国家的专利,此种专利的申请需要 20 个月的时间。虽然 PCT 允许同时申请在多个成员国家的专利，但是各个成员国的专利法是各不相同的。例如，美国专利法允许计算机软件同时接受专利保护和版权保护，而在欧盟，专利保护不包括计算软件。

(7)文件披露。创业者首先备案一份披露文件来建立此项发明的构想日期。当两个创业者同时申请类似发明的专利时，该文件很重要。当涉及外国公司的时候，该文件也是有用的。如果发生上述情况，创业者可以凭该文件说明他是第一个构想出发明的人，并获得专利权。要备案披露文件，创业者必须准备一份清楚精确的发明描述。除书面材料以外，还需要照片。此外，还需要一封信及其复件，并和发明描述一起提交。收到信息之后，专利与商标办公室会把复印件寄回给申请者，以证明文件已经收到。披露文件将保留两年，如果不在此期间内申请专利的话，文件将被注销。

备案也要收取费用，具体金额由专利与商标办公室决定。

需要注意的是文件披露不是专利申请。在申请专利之前雇用专利法律师进行专利调查是很明智的。在律师完成调查之后，再对发明的可申请专利权作出决定。

(8)专利申请。专利申请必须包括发明的全部来历和描述，以及对该发明使用的权利要求。专利申请的表格可在知识产权管理机构的网站上下载。总的来说，专利的申请包括以下几个部分：

①引言。该部分应包括发明的背景和优点以及能解决哪些实际问题。引言应当详细叙述该发明与已获得专利的发明有何不同。

②发明描述。申请材料应包括发明的总体图纸描述，这些图纸描述必须符合专利与商标办公室的要求。此外，还要有该项发明的详细描述，包括工程规格、材料、性能等，这些对该发明的实际生产很重要。

③权利要求。这部分是申请材料各部分中最难准备的一部分，因为权利要求是衡量是否侵权的标准。这些权利要求应详细说明创业者想要得到的专利保护范围。发明的重要部分应该广泛地从多个方面进行描述，以防止他人高度模仿。同时，权利要求又不应该太宽泛，从而掩盖了专利的独特之处和优势。这个平衡是很难掌握的，应该与律师仔细讨论。

除上述几部分外，申请还应包括由发明者签字的声明，该表由律师提供。这样，完整的申请就可以提交到专利与商标办公室，使发明成为专利待定品。这对创业者非常重要，因为该发明在专利申请通过之前受到完全机密保护。申请通过之后，该专利方可投放市场，并为外界所知。

一项专利可以提供保护，防止竞争者生产与之类似的竞争商品。然而，一旦申请通过，如果存在侵权，也会招致官司，起诉别人或是被人起诉。

申请费用不是固定的，它取决于专利调查和申请中的权利要求。律师费也是申请总费用的一部分，备案费用在前面已经提及。在专利的生命期内，还需要定期支付维持性费用。

(9)专利侵权。前面已经讨论了申请专利的重要性和程序。对于创业者来说，弄清自己是否对其他人的专利造成侵权是很明智、很重要的。其他人已经拥有专利的事实并不意味着终止你创建新公司的想法。对许多企业来说，发明或创新都是现有产品的提高或改良。模仿和改进已有产品可能完全合法(没有侵权)，也可能是很好的商业战略。对于模仿和改进现有产品，避免专利侵权是十分重要的，创业者可以尝试从专利持有者那里获取许可证。如果存在可能涉及侵权的专利，创业者就可以考虑利用许可证。如果对此问题有疑问，创业者应当雇用专利法律师，以确保不会有任何侵权的可能性。表 5-1 为创业者提供了一份简明的清单，以把专利风险降到最低限度。

表 5-1 降低专利风险的检查单

1. 寻找一名对你的产品领域有专业知识的专利法律师
2. 创业者应考虑申请设计专利保护产品设计或产品外观
3. 在会议或媒体上公布发明之前，或在建立测试网站之前，创业者应寻求法律建议，因为对发明的公布可能会使后来的申请无效
4. 评估竞争对手的专利，以洞察他们会对专利做何种改进
5. 如果你觉得你的产品对其他公司的专利造成了侵权，寻求法律建议
6. 确定与可能对新产品有所改良的个人签订的雇用合同中包含这样的条款：将新的发明或产品让与公司
7. 确保为已获专利的产品贴上合适的商标，没有商标会导致在专利诉讼中遭受损失
8. 考虑对你的专利实行许可证授予，这样可以通过创造新的市场机会加强对专利的投资，同时增加长期收入

2. 商标的法律事项

商标可以是一个词语、图标、设计或者这三者的混合，或者是一个口号甚至是某种声音，它可以使人们辨别出某种商品或服务的提供者。与专利不同，只要商标还存在，它就受到保护。在我国，注册商标的有效期为 10 年。注册商标有效期满后需要继续使用的，应当在期满前的 6 个月内申请续展注册。在此期间未能提出申请的，还有 6 个月的宽展期。宽展期内仍未提出申请的，期满后商标局将对商标予以注销。商标局对商标续展注册申请审查后，核发商标续展证明，不再另发商标注册证，原商标注册证与商标续展证明一起使用。

在美国，1989 年 11 月 16 日以后注册的商标先被授予 10 年的注册商标保护期，每 10 年办理一次商标使用续展期。在第 5 年到第 7 年，注册者被要求向专利与商标办公室提交一份保证书，表明该商标目前用于商业用途。如果不提交保证书，注册商标将被取消。在注册后第 9 年到第 10 年之间，以及此后的每 10 年，商标所有者都必须为商标续展期提交申请，否则，商标将被取消（有 6 个月的宽限期）。

商标法允许申请仅用于试图在国内商业或国外商业活动中使用该商标的情形。申请日即为商标使用的首日。但这并不意味着创业者在商标已经使用之后不可以申请。倘若如此，创业者可以提交保证书，说明商标只用于商业用途，标明首日使用的日期，并在专利与商标办公室的申请表中写入合适的文字声明。

如果你想要在将来使用某商标，也可以现在申请。你诚意申请的话，在申请材料中加一份将使用该商标的保证书。但是，商标的实际使用必须在知识产权管理机构正式登记该商标之前，所取得的保护取决于商标本身的特性。

商标有多种类型，可分为四类：①杜撰商标。商标与商品或服务之间没有关系（例如梅塞德斯、柯达），此种商标为扩展到其他产品领域留有余地。②任意商标。任意商标是一种在我们的语言里有另一种意思的商标（例如苹果），此种商标应用于某一种产品或服务。③提示商标。提示商标被用来提示某一种产品或服务的某种特性、质量、配料或特色（例如香波）的商标。此类商标区别于任意商标的是，它可以提示商品或服务的可描述特征。④说明性商标。

此类商标必须是在正式登记前很长一段时间内与众不同，并且已经获得了消费者的认可，此类商标被认为有另一层含义，即它对某种产品或服务进行说明（例如，Rubberoid说明防水材料中含有橡胶）。

创业者注册一个商标能够获得巨大的优势或利益，它可以提醒其他人你有商标在某一国境内的独占使用权；给予你在法庭起诉商标侵权的权利，可以使你的利润、损失以及成本得到赔偿；确立对商标商业使用的无可争议的权利；确立在海关登记的权利，以防止相似商标货物的进口；给予你使用注册通知的权利；为在外国申请专利商标提供基础。

如上文所说，知识产权管理机构（商标局）负责商标登记注册。要提交申请，创业者需要完成一张表，该表可以下载。申请可以邮寄，也可以通过商标局网站申请。

申请商标注册必须满足四点要求：①完成表格填写；②绘制商标；③五个能体现该商标使用的样本；④申请费。每个商标都必须单独申请。接到申请后商标局会为其申请编号，并给申请人发一份申请，以提示收到通知。

注册过程的下一步是由商标局的审核律师做出该商标是否适合注册的决定。在大约三个月的时间内，就会给出该商标适合性的最初决定。创业者对此决定的所有异议都必须在六个月内提出，否则视为放弃申请。如果申请被拒绝，创业者仍然有权再向商标局申请。

3.版权的法律事项

版权保护作者的原创作品。版权保护不保护观念本身，因此允许他人以不同的方式使用此观念或概念。

版权注册由国家版权局办理，通常不需要律师。要想为自己的作品注册版权，申请者须提交一套完整的申请材料、两份作品副本以及申请费。版权的受保护期限是作者在世及其逝世后的50年。

除了计算机软件，版权还涉及著作、剧本、艺术作品、诗词、歌曲、雕塑、模型、地图、行动计划、拼贴、棋盘游戏印刷材料、数据以及音乐等内容。在某些案例中，常常会涉及几种保护形式。例如，某个棋盘游戏的名称会由专利商标保护，游戏本身受到使用专利的保护，其印制或棋盘受到版权的保护，游戏规则受到设计专利的保护。

案例学习5-2

《舌尖上的中国》作品信息网络传播权民事纠纷案

《舌尖上的中国》是中央电视台摄制的一部大型美食类纪录片，于2012年5月14日首映。该节目在介绍美食的同时，巧妙地融入了各地特色的文化和礼仪，展现了中华美食文化的博大精深和源远流长，有较高的艺术价值和知名度。中央电视台将该节目的信息网络传播权授予原告央视国际网络有限公司（以下简称央视公司）独占行使。2012年5月23日，原告发现被告上海全土豆文化传播有限公司（以下简称全土豆公司）在其经营的“土豆网”（网址：www.tudou.com）上提供《舌尖上的中国》节目在线点播服务。原告认为，土豆网未经许可，在涉案节目热播期内提供在线点播服务，给原告造成了重大经济损失，故诉至法院，请求判令被告赔偿经济损失人民币80万元及合理费用人民币5万元。被告辩称，其提供存储空间服务，无事先审查义务，不明知也不应知涉案视频的存在，不构成侵权。

上海市闵行区人民法院经审理认为，涉案作品是我国著作权法规定的类似电影摄制方法创作的作品，应受《著作权法》保护。全土豆公司未经授权于作品热播期内在其经营的网站上提供涉案作品的在线点播服务，属于侵害作品信息网络传播权的行为，应当承担相应的侵权责任。全土豆公司辩称涉案作品系网友上传，但未就该主张提供证据证明；且有关实际上传者的信息属于其掌控和管理范围之内，理应由其举证，其自行删除原始数据导致该节事实无法查明，应对此承担不利后果。据此判决被告全土豆公司赔偿原告央视公司经济损失人民币 24 万元，合理费用人民币 8000 元。一审判决后，被告不服，提起上诉。上海市第一中级人民法院经审理，判决驳回上诉，维持原判。

该案是一起典型的视频网站侵害作品信息网络传播权纠纷案件。涉案作品《舌尖上的中国》创作过程花费巨大的人力、物力、财力，体现出较高程度的独创性，享有良好的社会知名度。土豆网是专业视频分享网站，在国内具有较大的影响力，其在涉案作品热播期就在自己网站上擅自提供在线点播服务，给权利人造成较大的经济损失。法院充分考虑涉案作品的类型、社会知名度、侵权行为的性质以及侵权网站的经营规模、经营模式、社会影响力等因素，合理确定法定赔偿金额，不仅体现了人民法院加强著作权保护的司法政策，而且有助于警示网络服务提供商加强自律，遏制日益多发的网络著作权侵权现象。

二、产品安全方面的法律事项

1. 产品质量与产品责任

产品质量是指产品适合一定用途，满足消费者一定需要的特性。产品质量的特点大致可归纳为以下五个方面：

(1)适用性。适用性指产品应符合一定的标准，能够满足一定适用目的的要求的特性。

(2)适用寿命。适用寿命是指产品能够适用的期限，即产品在规定的条件下，满足规定功能要求的工作总时间。

(3)可靠性。可靠性是指产品在规定时间内、规定条件下完成规定功能的能力。

(4)安全性。安全性是指产品在流通或使用过程中保证安全的程度。

(5)经济性。经济性是指包括研制成本、生产成本、使用成本在内的产品寿命周期总费用的大小。

产品责任是指生产者和销售者对于因其制造和出售有缺陷的产品而使该产品的购买者、使用者及第三人遭受人身伤害或财产损失而进行赔偿的责任。《产品质量法》是调整上述产品责任关系的法律规范的总称。

2. 我国《产品质量法》的相关规定

(1)产品责任的归责原则。产品责任的归责原则是指确定产品责任归属的依据和准则，它在整个产品责任制度中处于十分重要的地位。

我国《产品质量法》对于产品生产者和销售者分别规定了不同的归责原则。对于生产者的责任，该法第 41 条规定："因产品存在缺陷造成人身、缺陷产品以外的其他财产(以下简称他人财产)损害的，生产者应当承担赔偿责任。"按照这一规定，生产者承担责任的条件是产品存在缺陷，并因此造成了人身和财产的损害，而并不以生产者主观上具有过错(故意或过失)为前提条件。因此，在生产者承担的是严格责任。

对于销售者的责任，该法第 42 条第 1 款规定："由于销售者的过错使产品存在缺陷，造成人身、他人财产损害的，销售者应当承担赔偿责任。"依照该规定，销售者的责任要以销售者在主观上具有过错为责任的成立要件，只有当销售者的过错使产品存在缺陷的情形下，销售者才承担赔偿责任。因此,它是属于一种过错责任。但是,在实践中作为原告的消费者要证明作为被告的销售者具有主观上的过错往往是十分困难的。因此,在法院一般不要求受害人证明销售者具有过错,而是责令作为被告的销售者进行举证,证明自己无过错,如销售者不能证明自己无过错的话,则推定其有过错,需对原告承担赔偿责任。因此,在实践中适用的是过错推定责任。

同时,根据该法第 42 条第 2 款规定,"销售者不能指明缺陷产品的生产者也不能指明缺陷产品的供货者的,销售者应当承担赔偿责任"。依其规定,销售者还有向受害人指明产品的生产者或供货者的义务。如果他不能指明产品的生产者或供货者,那么即使其举证证明了自己无过错,也仍需承担相应的赔偿责任。

该法第 43 条还规定了生产者与销售者的连带责任,即"因产品存在缺陷造成他人人身、财产损害的,受害人可以向产品的生产者要求赔偿,也可以向产品的销售者要求赔偿。属于产品的生产者的责任,产品的销售者赔偿的,产品的销售者有权向产品的生产者追偿。属于产品的销售者的责任,产品的生产者赔偿的,产品的生产者有权向产品的销售者追偿"。这一规定赋予了受害人对生产者起诉还是对销售者起诉的选择权,这对于消费者权益的保护是十分有利的。

(2)关于产品缺陷。《产品质量法》第 46 条将缺陷定义为:"产品存在危及人身、他人财产安全的不合理的危险;产品有保障人体健康、人身、财产安全的国家标准、行业标准的,是指不符合该标准。"按照这一定义,确定产品存在缺陷的标准有两项:

①具有不合理的危险。而这种不合理的危险一般是指"产品存在明显的或者潜在的以及被社会普遍公认不应当具有的危险。这种危险主要表现为存在可能危及人体健康、人身和(或)财产安全的因素"。

②不符合法定的安全标准。凡具有强制性的国家标准、行业标准的,生产者负有遵循该标准的法定义务。如果其生产的产品不符合该标准的规定,即被认为具有缺陷。

(3)损害赔偿的范围。

①人身伤害赔偿。《产品质量法》第 44 条第 1 款的规定:因产品存在缺陷造成受害人人身伤害的,侵害人应当赔偿医疗费、治疗期间的护理费、因误工减少的收入等费用;造成残疾的,还应当支付残疾者生活自助费、生活补贴费、残疾赔偿金以及由其抚养的人所必需的生活费等费用;造成受害人死亡的,应当支付丧葬费、死亡赔偿金以及由死者生前抚养的人所必需的生活费等费用。

②财产损害赔偿。《产品质量法》第 44 条第 2 款规定:因产品存在缺陷造成受害人财产损失的,侵害人应当恢复原状或者折价赔偿。受害人因此遭受其他重大损失的,侵害人应当赔偿损失。这里的"其他重大损失"是指受害人因财物毁损所发生的经济上的损失,如受害人正用于货物运输或旅客运输的车辆的停运损失。另外,缺陷产品本身的损害,不在赔偿范围之内。因为这一损害属于纯合同法上的关系,应以合同法上的瑕疵担保责任加以救济。

③精神损害赔偿。修改后的《产品质量法》增加了关于"残疾赔偿金"和"死亡赔偿金"的规定。根据最高人民法院于 2001 年发布的《关于确定民事侵权精神损害赔偿责任若干问题的解释》的规定,自然人的生命权、健康权、身体权遭受非法侵害的,可以请求精神损害赔偿。此精神损害赔偿,致人死亡情形下的赔偿称为"死亡赔偿金",致人残疾的情形下的赔偿称为"残疾赔偿金",其他损害情形下的赔偿称为"精神抚慰金"。因此,《产品质量法》第 44 条所规定的"残疾赔偿金"和"死亡赔偿金"是一种精神损害赔偿。可见,我国在立法上对产品责任中的精

神损害赔偿是认可的。

三、合同方面的法律事项

创业者在运营新企业时，会经常与供应商、业主及客户谈判和签合同。合同是双方或更多参与方订立的只要满足某种条件就具有法律效力的协议。合同和协议在实际的日常生活或商业经营中，一般而言并没有本质上或法律意义上的区别，合同就是协议，协议就是合同。二者只要依法成立，都具有法律效力。但严格地说，合同和协议是有区别的。《合同法》第 2 条第 1 款规定："本法所称合同是平等主体的自然人、法人、其他组织之间设立、变更、终止民事权利义务关系的协议。"该条第 2 款规定："婚姻、收养、监护等有关身份关系的协议，适用其他法律的规定。"从这里可以看出，合同主要适用于经济活动中约定的债权债务关系，不允许带有身份性质的内容，而协议除了具有合同的使用范围外，还可涉及身份关系。

创业企业由于企业规模的局限或者出于对运营成本的考虑，绝大多数创业企业都没有专业的法务人员负责处理合同以及相关的法律问题，同时仅认识到律师解决纠纷的作用，没有认识到律师防范纠纷、化解法律风险的作用。因此，创业企业很多时候都是仅仅凭着自己的经验与理解签订相关合同的。

在日常的企业经营中，创业企业应在法律专业人员的帮助下处理合同的谈判、订立、履行等法律事务。此外，创业者依然需要学习怎样防范合同风险。创业者理解协议中提供法律保护的以下四个重点是有好处的：确认合同涉及的各方及其在特定交易中各自的特定作用（如买方、卖方、顾问、客户）；交易应详细描述（如确切的地点、日期、单位、发货地点、哪方付运费）；明确交易的价值（如财务费用分期付款）；获得双方的签字。

1. 订立合同前应尽可能全面了解对方的有关信息

订立合同前应对对方的法律经营范围、资信状况以及近期的经营业绩进行必要的考察。查看对方的营业执照是最基本的要求，因为营业执照是由工商行政机关依法核准企业登记后的合法凭证，具有法律效力。在经济生活中，经常出现的合同欺诈行为很多是因为订立合同的主体没有相应的资格，根本没有履行能力。通过查看营业执照可以知道签约主体的名称与其所持营业执照上的记载是否一致，对方签约代表是否是法定代表人。若非营业执照上记载的法定代表人签订合同的，应当查看授权委托书，了解该代理人的代理权，包括授权范围、授权期限、授权书的真实性等。

2. 应当订立书面合同，并且合同内容应详尽、全面

我国《合同法》虽然允许采用书面形式、口头形式和其他形式订立合同，但非书面形式在发生纠纷时往往无法举证，也难以确定责任。因此，订立合同应尽量采用书面形式。同时，应当根据具体情况，尽量详尽、全面、准确地约定双方的权利义务以及违约责任，对于纠纷解决方式和管辖权也要作出明确规定。在实际商务活动中有一些人恶意利用合同的不完善，如借口产品质量差而拒绝付款、产品质量存在问题而故意不告知等，从而使公司遭受重大损失。因此，在订立合同时如能进行积极的事前防范，将极大地减少合同风险。

3. 加强合同履行管理

很多公司虽已重视合同的签订，但却忽视合同的履行管理。在合同履行中出现的问题，应当及时沟通协调，并签订相关补充协议，必要时应积极主张自己的权利，并保留相关证据，一方面可避免因超过诉讼时效而蒙受损失，另一方面也可使自己在诉讼中处于有利地位。

案例学习5－3

小建与某公司签订了为期两年的合同，并在合同中约定了3个月的试用期。在2个半月后，公司突然通知他明天不用上班了。小建请公司拿出解除合同的理由，公司说，你不符合公司的要求。说到最后，公司干脆说：你在试用期内，解除合同要什么理由。小建请公司把上述说法写进解除合同的协议，公司照做了。小建向劳动争议仲裁委员会提出仲裁申请，要求公司维持劳动关系。他向仲裁庭提供了几份有力的证据：公司招聘时对他这个岗位的具体要求的广告；他与公司签订的合同中关于岗位的要求；公司岗位责任制对他这个岗位的考核要求；他在两个半月中完成工作的量、质与公司岗位责任要求的对比……他提供的证据证明自己完全符合公司招聘录用的条件，公司不能以试用期为名解除与他的合同。相反，公司在这些有力的证据面前显得苍白无力，无法证明小建不符合录用条件。结果是小建赢了官司，仲裁庭裁定公司不得解除与小建的劳动合同。

劳动者在试用期内的地位很脆弱，有不少用人单位利用试用期侵害劳动者的合法权益，其主要表现在：不签劳动合同、单独签订所谓的“试用合同”、随意决定试用期期限、有意拉长试用期、在试用期随意解除合同等。在这些违法违规的行为中，对于前四种行为，法律法规有相当明确的规定，劳动者可以依据法律法规的规定通过劳动检察、劳动仲裁等方法来自护自己的合法权益，而对用人单位在试用期随意解除合同的行为，更多的人是自认倒霉。其实这种认识是片面的，在这个问题上，劳动者也有办法保护自己的合法权益。

在试用期内，用人单位要解除合同并非是无条件的，必须证明对方不符合录用条件。因此，劳动者要想在试用期不被随意炒鱿鱼，就必须证明自己符合录用条件。从小建的成功经验中，我们可以知道，证明自己符合录用条件，可以从以下几方面着手搜集证据：

第一，用人单位在招聘时对岗位的招聘要求（如果是公开媒体的广告，您可以将它拷贝下来；如果是现场招聘，您可以抄录下来），这是最主要的依据。

第二，劳动合同对你的岗位的要求。要想使这点成为证据，就要求你在与单位签订合同时，尽可能把岗位描述得详细些，而不是没有任何说明的干巴巴的岗位名称。如果合同写得不明确，你可以利用单位有关的规章制度来证明你的岗位要求（最好有具体的质量与数量的要求）。

第三，你在试用期内工作数量与质量的记录。在这一点上你更要做个有心人，因为有的工作是无法用数量来衡量的，你可以把自己与同一岗位的人做个对比，用来证明你在这个岗位上是称职的，是能够胜任的。

四、财务方面的法律事项

1.违反会计制度规定的行为

根据《中华人民共和国会计法》第四十二条的规定，有下列行为之一的，由县级以上人民政府财政部门责令限期改正，可以对单位处以三千元以上五万元以下的罚款；对其直接负责的主管人员和其他直接责任人员，可以处以两千元以上两万元以下的罚款；属于国家工作人员的，还应当由其所在单位或者有关单位依法给予行政处分。

（1）不依法设置会计账簿的行为。不依法设置会计账簿的行为，是指违反《会计法》和国家统一的会计制度的规定，应当设置会计账簿的单位不设置会计账簿或者未按规定的种类、形式及要求设置会计账簿的行为。对于不依法设置会计账簿的行为，应当追究有关单位和个人的法律责任。

(2)私设会计账簿的行为。私设会计账簿的行为俗称“两本账”、“账外账”，是指不在依法设置的会计账簿上对经济业务事项进行统一登记核算，而另外私自设置会计账簿进行登记核算的行为。鉴于现实中有的单位将发生的经济业务事项和财务收支不通过法定会计账簿统一核算，而是进入私设的会计账簿，形成“小金库”，因此有必要对这种违法行为追究其法律责任。

(3)未按照规定填制、取得原始凭证或者填制、取得的原始凭证不符合规定的行为。根据《会计法》和国家统一的会计制度的规定，办理经济业务事项，必须取得或者填制原始凭证并及时送交会计机构，以保证会计核算工作得以顺利进行。

同时为了保证原始凭证记录的真实性，对原始凭证不能涂改、挖补，如果发现原始凭证有错误，应当由出具单位重开或者更正，更正处应当加盖出具单位的印章。原始凭证金额有错误的，应当由出具单位重开，不得在原始凭证上更正。

2.违反会计制度规定的行为应承担的法律责任

根据《会计法》第四十二条的规定，违反会计制度规定的行为应承担以下法律责任：

(1)责令限期改正。所谓责令限期改正，是指要求违法行为人在一定期限内停止违法行为并将其违法行为恢复到合法状态。违法单位或者个人应当按照县级以上人民政府财政部门的责令限期改正决定的要求，停止违法行为，纠正错误。比如，私设会计账簿的单位，应当取消私设的账簿，并根据实际发生的经济业务将在私设的会计账簿上登记的事项转移到依法设置的会计账簿上，统一进行登记、核算。又如，任用会计人员不符合规定的单位，应当将不具备任职资格的会计人员予以解聘或者转其他职务，并任用具备规定资格条件的人员做会计人员。

(2)罚款。县级以上人民政府财政部门根据上述所列行为的性质、情节及危害程度，在责令限期改正的同时，可以对单位并处三千元以上五万元以下的罚款，对其直接负责的主管人员和其他直接责任人员，可以处以两千元以上两万元以下的罚款。

(3)给予行政处分。对上述所列行为直接负责的主管人员和其他直接责任人员中的国家工作人员，视情节轻重，还应当由其所在单位或者其上级单位或者行政监察部门给予警告、记过、记大过、降级、降职、撤职、留用察看和开除等行政处分。

(4)吊销会计从业资格证书。会计人员有上述所列行为之一，情节严重的，由县级以上人民政府财政部门吊销会计从业资格证书。

(5)依法追究刑事责任。我国《刑法》并没有对上述所列行为单独明确规定为犯罪，但是行为人为了偷逃税款、骗取出口退税、贪污、挪用公款等目的，从事了上述行为，并造成了严重后果的，按照《刑法》的有关规定，构成犯罪的，应当依照《刑法》的规定分别定罪、量刑。

3.其他违反会计法律制度规定行为应承担的法律责任

(1)伪造、变造会计凭证、会计账簿，编制虚假财务会计报告的法律责任。根据《会计法》第四十三条规定：“伪造、变造会计凭证、会计账簿，编制虚假财务会计报告，构成犯罪的，依法追究刑事责任。有前款行为，尚不构成犯罪的，由县级以上人民政府财政部门予以通报，可以对单位并处五千元以上十万元以下的罚款；对其直接负责的主管人员和其他直接责任人员，可以处三千元以上五万元以下的罚款；属于国家工作人员的，还应当由其所在单位或者有关单位依法给予撤职直至开除的行政处分；对其中的会计人员，并由县级以上人民政府财政部门吊销会计从业资格证书。”

(2)隐匿或故意销毁依法应保存的会计资料的法律责任。所谓隐匿，是指故意转移、隐藏应当保存的会计凭证、会计账簿、财务会计报告的行为。所谓销毁，是指故意将依法应当保存的会计凭证、会计账簿、财务会计报告予以毁灭的行为。

《会计法》第四十四条规定："隐匿或者故意销毁依法应当保存的会计凭证、会计账簿、财务会计报告，构成犯罪的，依法追究刑事责任。有前款行为，尚不构成犯罪的，由县级以上人民政府财政部门予以通报，可以对单位并处五千元以上十万元以下的罚款；对其直接负责的主管人员和其他直接责任人员，可以处三千元以上五万元以下的罚款；属于国家工作人员的，还应当由其所在单位或者有关单位依法给予撤职直至开除的行政处分；对其中的会计人员，并由县级以上人民政府部门吊销会计从业资格证。"

(3)授意、指使、强令会计机构、会计人员及其他人员伪造、变造会计凭证、会计账簿，编制虚假财务会计报告或隐匿、故意销毁依法应保存的会计资料的法律责任。所谓授意，是指暗示他人按其意思行事。所谓指使，是指通过明示方式，指示他人按其意思行事。所谓强令，是指明知其命令是违反法律的，而强迫他人执行其命令的行为。

根据《会计法》第四十五条的规定："授意、指使、强令会计机构、会计人员及其他人员伪造、变造会计凭证、会计账簿，编制虚假财务会计报告或隐匿、故意销毁依法应保存的会计凭证、会计账簿、财务会计报告，构成犯罪的，依法追究刑事责任；尚不构成犯罪的，可以处五千元以上五万元以下的罚款；属于国家工作人员的，还应当由其所在单位或者有关单位依法给予降级、撤职、开除的行政处分。"

(4)单位负责人对依法履行职责、抵制违反《会计法》规定行为的会计人员实行打击报复的法律责任。《会计法》第四十六条规定，单位负责人对依法履行职责、抵制违反《会计法》规定行为的会计人员以降级、撤职、调离工作岗位、解聘或者开除等方式实行打击报复，构成犯罪的，依法追究刑事责任；尚不构成犯罪的，由其所在单位或者有关单位依法给予行政处分。对受打击报复会计人员，应当恢复其名誉和原有职务、级别。

根据《刑法》第二百五十五条规定，公司、企业、事业单位、机关、团体的领导人对依法履行职责、抵制违反《会计法》规定行为的会计人员实行打击报复，情节恶劣的，构成打击报复会计人员罪。

根据《刑法》规定，对犯打击报复会计人员罪的，处三年以下有期徒刑或者拘役。

(5)财政部门及有关行政部门的工作人员滥用职权、玩忽职守、徇私舞弊或泄露国家秘密、商业秘密构成犯罪的，依法追究刑事责任；尚不构成犯罪的，依法给予行政处分。财政部门及有关行政部门的工作人员滥用职权、玩忽职守、徇私舞弊或泄露国家秘密、商业秘密的行为可能构成以下犯罪：

①滥用职权和玩忽职守罪。根据《刑法》第三百九十七条的规定，财政部门及有关行政部门的工作人员滥用职权或者玩忽职守，致使公共财产、国家和人民利益遭受重大损失的，构成滥用职权罪或者玩忽职守罪。对犯本罪的，处三年以下有期徒刑或者拘役；情节特别严重的，处三年以上七年以下有期徒刑。财政部门及有关行政部门的工作人员徇私舞弊，犯上述罪行的，处五年以下有期徒刑或者拘役；情节特别严重的，处五年以上十年以下有期徒刑。

②泄露国家秘密罪。根据《刑法》第三百九十八条的规定，财政部门及有关行政部门的工作人员违反《保守国家秘密法》的规定，故意或者过失泄露国家秘密，情节严重的，构成泄露国家秘密罪。对犯本罪的，处三年以下有期徒刑或者拘役；情节特别严重的，处三年以上七年以下有期徒刑。

对财政部门及有关行政部门的工作人员泄露其在执行职务中获取的商业秘密的行为，我国《刑法》未明确将其规定为犯罪。但是，财政部门及有关行政部门的工作人员保守其在执行职务中获取的商业秘密，是其法定职责。财政部门及有关行政部门的工作人员不能履行、不正确履行或者放弃履行这一职责的，则属于滥用职权、玩忽职守、徇私舞弊行为，按照《刑法》第三百九十七条的规定构成犯罪的，应当按其规定定罪处罚。

(6)将检举人姓名和检举材料转给被检举单位和被检举人个人的法律责任。《会计法》第四十八条规定："违反本法第三十条规定，将检举人姓名和检举材料转给被检举单位和被检举个人的，由所在单位或者有关单位依法给予行政处分。"这是对将检举人姓名和检举材料转给被检举单位和被检举个人的行为应当承担的法律责任的规定。

(7)违反《会计法》的同时违反其他法律规定的行为的处罚。《会计法》第四十九条规定："违反本法规定，同时违反其他法律规定，由有关部门在各自职权范围内依法进行处罚。"

项目三 新企业创办的资金预算

一、资金预算

在收入预算的准备过程中，创业者必须首先做一份销售预算，即对月度销量进行估计。对于销量的估算方法将在后面的内容中进行探讨。从对销量的预测中，创业者就能够确定这些销量的成本。在制造业企业中，创业者能够对这些生产成本进行内部比较，或者将其转包给其他制造商。同时，对期末库存需求的估算也应该被包括在内，而这种库存需求可以作为直接劳动力和原材料的成本和需求波动时的缓冲器。

表5-2展示了新创企业中科铭器企业运营前3个月的一份生产预算的样本，它将成为对这些产品(其中包括库存中的部分)生产成本的现金流进行预测的重要依据。这一预算中的重要信息就是每月所需的实际产量以及能够允许需求发生突然变化的库存量。从表中可以看出，1月份所需产量要比预计的销售量大，这是因为要保留100件作为库存。2月份，实际产量就要考虑到1月份的库存，同样也要考虑到当月的库存需求。如此每月，库存的需求量将会随着销售量的增加而增加。这样，这种预算能够反映季节性需求或者营销策略所带来的需求和库存的增加。

收入预算只能将已销售产品的实际成本作为直接开支反映出来。因此，在那些需要高库存或者季节性需求变化明显的企业，这种预算是估计现金需求的一种非常有效的手段。

表5-2 新企业运营前3个月的生产预算(单位:件)

	1月	2月	3月
预计销售量	5000	8000	12000
期望期末库存	100	200	300
可用销售量	5100	8200	12300
期初库存	0	100	200
所需的总产量	5100	8100	12100

完成了销售预算以后，创业者就可以关注运营成本了。首先应该完成一份固定消费(与销售量无关)清单，如租金、水电费、工资、广告、折旧和保险等。对这些项目的成本估计可以通过个人经验或者行业标准来确定，还可以通过与房地产经纪人、保险代理以及顾问的直接接触来确定。对扩增空间、新的雇员和增加广告投入等的预测也可以被加入到这个预算中来。这些

项目的费用一定要与商业计划中的战略相关。表5-3给出了一个运营预算的例子。在这一实例中，我们可以看到，由于增加了一个发货人，第三个月的工资增加了；由于这一产品的主要销售季节的临近，广告投入增加了；由于增加了雇员，工薪税也增加了。

表5-3 新企业运营前3个月的运营预算(单位:千元)

	1月	2月	3月
工资	23.2	23.2	26.3
租金	2	2	2
水电费	0.9	0.9	0.9
广告投入	13.5	13.5	17
销售费用	1	11	1
保险	2	2	2
工薪税	2.1	2.1	2.5
折旧	1.2	1.2	1.2
办公费用	1.5	1.5	1.5
合计	47.4	47.4	53.9

资金预算将会为影响企业一年以上的费用的估算提供依据。例如，资金预算会预估新的装备、车辆、计算机，甚至是一种新的工具的费用支出。资金预算还会考虑到，在制造过程中，制造成本和购买成本的衡量，以及租赁设备、购买旧设备或者购买新设备的费用比较。由于这些决策的复杂性，包括使用现有的价值方法进行资金成本的估算和对投资回报的预测，建议创业者为会计师配备一个助手。

二、收入预算

根据前面讨论过的营销计划，可以对未来12个月的销售量进行估计。由于销售量是收入的主要来源，并且其他运营行为和费用都与销售量有关，所以销售量通常是被先确定的。

表5-4总结了中科铭器公司第一年运营的所有利润数据。该公司主要为客户提供塑料模具，其客户包括一些硬质产品制造商、玩具制造商和家电制造商。从表5-4的收入预算中可以看出，该公司从第11个月开始盈利，已售货物成本一直保持在销售收入的50%左右。

在准备收入预算时，月度销售量应该首先被计算出来。市场调查、行业销售量和相关经验能够为月度销售量提供依据，一些诸如购买意向、销售人员的意见、专家的观点或者时间序列等预测技术都可以被用来预算销售量，还可以通过获取同类创业企业的财务数据来支持这些预算。可以预见，新建企业是需要花费一些时间来获得一定的销售量的。在特殊阶段的特定情况下，为获得销售量的增加而导致的成本在有些月份会非常高，甚至会不成比例。

表 5-4 中科铭器公司第一年月度收入预算表(单位:千元)

	1月	2月	3月	4月	5月	6月	7月	8月	9月	10月	11月	12月	合计
销售额	20	32	48	70	90	100	100	100	80	80	120	130	970
已售产品成本	10	16	24	35	45	50	50	50	40	40	60	65	485
毛利	10	16	24	35	45	50	50	50	40	40	60	65	485
运营费用													
工资	23.2	23.2	26.2	26.2	26.2	26.2	26.2	26.2	26.2	26.2	26.2	26.2	308.4
租金	2	2	2	2	2	2	2	2	2	2	2	2	24
水电费	0.9	0.9	0.9	0.8	0.8	0.8	0.9	0.9	0.9	0.8	0.8	0.9	10.3
广告费	13.5	13.5	17	17	17	17	14	14	14	21	17	17	192
销售费用	1	1	1	1	1	1	1	1	1	1	1	1	12
保险	2	2	2	2	2	2	2	2	2	2	2	2	24
工薪税	2.1	2.1	2.5	2.5	2.5	2.5	2.5	2.5	2.5	2.5	2.5	2.5	29.2
折旧	1.2	1.2	1.2	1.2	1.2	1.2	1.2	1.2	1.2	1.2	1.2	1.2	14.4
办公费用	1.5	1.5	1.5	1.7	1.8	2	2	2	1.8	1.8	2.2	2.2	22
运营费用合计	47.4	47.4	54.3	54.4	54.5	54.7	51.8	51.8	51.6	58.5	54.9	55	636.3
总利润	(37.4)	(31.4)	(30.3)	(19.4)	(9.5)	(4.7)	(1.8)	(1.8)	(11.6)	(18.5)	5.1	10	(151.3)

注:①第三个月增加了一个发货人。

②72000 美元的厂房和设备采用直线折旧法,5 年折旧。

网络创业企业的销售收入通常更加难以预算,因为它们需要投入更多的广告费用来吸引客户到其网站上去。例如,一个网络家具订制公司在建立的前几个月很难获得销售量,直到其网站有了一定的知名度。为了获得知名度,通常需要大量的广告费用。现在,通过网站的"点击率"可以获得一些相关数据。这样,网络家具订制公司就可以基于行业数据来预测其每天或每月的平均点击率。通过点击率的数据,就可以预测出真正想从网站上购买产品的顾客数量,同时也可以预测出每笔交易的平均交易额。用点击率的合理百分比乘以平均交易额,就能够估算出网络创业企业的销售收入。

收入预算还能够将企业建立第一年每个月的所有经营费用预估出来。正如前面所探讨的,这些费用支出的每一项都应该被列出来,并且进行仔细的估算,这样就能保证任何增加的费用都能够被加入到相应的月份中。例如,当超出了销售区域或者雇用了新的销售人员或销售代表时,诸如出差、代理、招待等销售费用通常会增加。作为销售额的一部分,在公司创建的初期,销售支出会比较高,因为为了促成每一笔交易,需要打很多销售电话,特别是当公司并不为人所知的时候更是如此。产品销售支出成本,既可以通过直接将生产单件产品的各种成本乘以售出产品数量来确定,也可以使用行业标准,由销售额的固定比例来确定。例如,以酒店为例,全国酒店协会或者食品营销协会会颁布产品成本占销售额的比例,这些比例是通过对协会成员和酒店行业的调研来确定的。

薪资能够反映企业的雇员数量,同时也能反映他们在组织中的作用。随着业务的扩展、新雇员的增加，其费用应该被包括到预算中去。例如，在3月份，一名发货人加入到员工中。薪资方面的其他增长也可以反映薪资水平的提高。创业者应该考虑，随着销售额的增长而增加销售支出，随着新雇员的加入或者薪资水平的提高而调整税金，随着销售额的增加而增加相关办公费用的支出，还要随着销售季度的变更而调整广告预算，或者单纯由于在企业创建的前几个月广告预算应该高一些，或者是为了提高知名度等。这些调整都在中科铭器公司的案例中可见(见表5-4)，并且在第一年的月度收入预算中得以体现。一些值得注意的变化都应在收入预算中标出，并在表格下方予以解释。

创业者在创业的第一年会体会到费用支出的逐月变化。如由于新厂房的增加而导致的租金的增加，由于为雇员增加福利项目而导致的保险支出的增加，由于办公空间的增加而导致的水电费的增加，以及由于购买新的设备而导致折旧的支出等。创业者需要考虑到任何能导致费用支出增加的可能变化，因此这些变化应该在创业第一年的收入预算中得以体现。

除了为创业第一年制定月度收入预算，还应该为第二年和第三年做预算。通常投资者希望看到三年的收入预算。表5-5展示了中科铭器公司创业前三年的年度收入预算。第一年各支出项占销售额的比例可以为创业者预测第二年的费用和销售额提供参考；这些比例在制定第三年的预算时也应该被考虑到。此外，每年各项占销售额的比例的计算也是一种非常有效的财务控制方式。与第一年和第二年相比，在公司创建的第三年，企业希望能够大幅度提高其收益。有些时候，创业者会发现，新企业直到第二年或是第三年才开始盈利，这往往取决于企业的业务性质和成长费用。例如，与高技术企业或者需要大量财务投入的企业相比，服务导向型的企业可以花更短的时间进入获利阶段，而前者则需要更长的时间。

在中科铭器公司的预算中(见表5-4和表5-5)，我们可以看出，企业在建立第一年的第11个月开始盈利。在第二年，企业不需要在广告方面投入更多的钱，随着销售额的增长，盈利达到16300元。在第三年，虽然企业增加了雇员，但还是获得了26%的销售额的增加，最终获利127900元。

表5-5　中科铭器公司创业前三年收入预算概要(单位:千元)

	百分比(%)	第一年	百分比(%)	第二年	百分比(%)	第三年
销售额	100	970	100	1264	100	1596
已售产品成本	50	485	50	632	50	798
毛利	50	485	50	632	50	798
运营费用						
工资	31.8	308.4	24.4	308.4	21.8	348.4
租金	2.5	24	1.9	24	1.5	24
水电费	1.1	10.3	0.8	10.3	0.7	10.3
广告费	19.8	192	13.5	170	11.3	180
销售费用	1.2	12	1	12.5	0.8	13.5
保险	2.4	24	1.9	24	1.5	24
工薪税	3	29.2	2.3	29.2	2	32
折旧	1.5	14.4	1.1	14.4	0.9	14.4
办公费用	2.3	22	1.8	22.5	1.5	23.5
运营费用合计	65.6	636.3	48.7	615.3	42	670.1
总利润	(15.6)	(151.3)	1.3	16.3	8	127.9
税收	0	0	0	0	0	0
净利润	(15.6)	(151.3)	1.3	16.3	8	127.9

在预算第二年和第三年的运营费用时，可以首先关注那些随着时间的推移保持稳定的支

出。在知道第二年和第三年的销售额预测值的情况下,诸如折旧、水电费、租金、保险和利息等项目都会很容易被确定下来。一些水电的支出,如取暖费和电费等,可以利用每平方米的行业标准费用来计算;销售支出、广告费用、薪资和税金可以按预测的净销售额的一定比例来计算。在计算运营费用的预测值时,出于编制计划的初衷,最重要的是要保守一些。对于新建企业来说,经过保守估算而获得的合理利润会更加可信。

对于网络创业企业而言,资金预算和运营预算将发生在设备的购买或租赁、库存和广告费用等方面。例如,网络礼品公司就需要购买或者租赁大量的计算机设备来满足互联网上潜在客户的需要。与企业零售商店相同的是,库存费用也是基于对销售收入的预测而产生的。然而,网络创业企业的广告费用将会是巨大的,只有这样才能提高网站的知名度。这些广告费用通常包括在诸如雅虎、Lycos、Google 等搜索引擎中的引用,一些知名杂志的网站中的链接以及在杂志、电视、广播和印刷品中大量的媒体广告(之所以在这些方面投入广告,是因为它们能将其与目标市场相连接)。

三、资金来源及使用计划预算

资金来源及使用计划预算展示了如何处置生产运营所得和融资所得,其目的是显示净收入和融资如何用于增加资产或清偿债务。

表 5-6 显示中科铭器公司运行第一年后的资金来源及使用情况。多数资金来自个人投入及贷款。因为在第一年年底实现盈利,他们也将增加资金的来源。折旧被加回,是因为它并不是一项现金支付的费用。因此,典型的资金来源来自生产运营收入、新投资、长期借款及资产出售收入。资金的主要用途是增加资产,偿还长期负债,减少所有者或股东权益,并支付股利。资金来源及使用计划强调了这些资本运营项目的相互关系,有助于创业者及投资者更好地了解公司的财务状况以及有效的财务管理。

表 5-6 中科铭器公司第一年年末的资金来源及使用预算(单位:元)

资金来源		
投资者自有资金	300000	
经营净收入(或损失)	−151300	
加折旧	14400	
资金供给总计		163100
资金使用		
设备购置	72000	
库存	1200	
资金消耗总计		73200
资本净增长		89900 163100

大学生创业故事

大学生微信创业:从小打小闹到成立公司

新鲜水果、名牌鞋包……刷新微信朋友圈,各种美图便蹭蹭地冒出来。如今,许多大学生开始尝试流行的“OTO”(Online To Offline)线上销售模式。“微信营销”俨然成了年轻人创业、兼职的潮流。

“朋友圈”里做零风险生意

许多大学生选择微信平台做生意,就是看中它不用租房子、不用注册公司,等于“零成本”投入;并且它不像淘宝,需要保证金和层层认证的流程,只需要手机号、身份证号就能快速开店。

在“朋友圈”做生意收益如何?去年冬天,小静在“朋友圈”卖暖手宝就成交了200个,“平均每个赚5元钱,赚了1000多元。”但小静同时表示,毕竟“朋友圈”里只有那么几百人,能挖掘的客户资源有限,想赚更多的钱有一定难度。

“朋友圈”做生意卖什么?那就要看你的小伙伴都是什么来头了,大四学生小庞的朋友圈里除了同学、老师,还有很多“富二代”和潮男靓女,她看准这个市场,在“朋友圈”里卖起了奢侈品。名包、名表、名服饰,因为找到一手货源,小庞的卖品性价比特别高。

“‘朋友圈’做生意真是零成本的,我在这边只负责传图卖货,有人看中了就给我汇款下单,我把成本钱打给线下卖家,通知厂家发货。我挣差价。”小庞说,“每月的收入够零花,并没有同行吹嘘的月收入上万那么犀利。”

大学城里当电商开“微店”

如果说微信“朋友圈”是“摆地摊”,那么微信服务号做生意更像是“进商场”。

“微信服务我来做!送餐、送水果、送零食,跑腿就为你满意……”大学城里一股“微信营销”风蔚然兴起。大学生们申请微信公共号经营“微店”,通过微信提供服务和买卖。“只要你拥有一部智能手机,想吃什么,发几句留言,马上就能送到你面前。”

2014年元旦,广州大学城第一家微信水果商城“果姑娘”开始运行。中山大学软件学院毕业生吴承峻和一个老乡合伙开始了水果电商创业。“果姑娘”不仅送水果上门,还负责水果的挑选和“售后”,“发现有坏水果可换可退。”短短两周试运营时间,就卖出2000斤水果。如今用户已接近两千人,日流水也达到700多元。随着用户数的增长,团队开始招聘兼职学生送水果。据吴承峻介绍,他们还计划在其他高校设置代理点,将该微信水果商城推向整个大学城。

类似的学生电商在其他高校也相继涌现,陕西理工学院数学与计算机科学学院的5位大三学生便创办了微信购物公众平台——陕理工一号店,该“微店”只针对校园用户,主营水果和零食,接单之后送货上门。组织者周浩说,“当收到同学下单信息后,工作就开始了,称重、打小票、送货上门等一系列活儿,谁有空谁就来做。学校的老师也下单买我们的水果。”此外,他们还利用微信购物公众平台帮同学免费发布二手交易信息,提供免费的数码产品维修等服务。

从小打小闹到成立公司

福建农林大学的林烨用微信卖水果近一年,特色是水果拼盘,最高纪录月收入超3万元。前期创业时,进货、销售、送货全都一人包办,“独来独往”太累,租店成本又太高,林烨决定将他的“创业基地”放在微信上。如今有5个小伙伴加入到了他的水果微营销中,生意好时,一天就能收入1000多元。“希望把利用新媒体建成的网络商店做成一个品牌。”林烨说。

同样做水果配送的姜军是重庆邮电大学研二学生。姜军和他的合伙人王健乐创办了品牌“菜小二”。“配送暂定为水果，做好了再拓展至生鲜。”他们组建团队，找来一批技术达人，做网站、APP、微信平台的技术研发、运作，在校外租了一个80多平方米的套间作创业基地。姜军说，第一笔创业资金来自于两人的积蓄和奖学金。创业的资金不多，水果所挣的也不多。

业余时间，“菜小二”的技术团队会承接一些项目，所获得的资金用来推动创业运转，现在已经盈利。“我们即将推出APP，顾客可以在线选购并搭配水果，我们根据要求配送。”

微信创业获校方和企业支持

在武汉商学院，三个学生组成“三分度”创业团队，他们通过微信卖红枣、电脑耗材、运动文具等，生意不错，还获得了“院长奖学金”，微信卖枣还引起某上市公司的关注，对方授权他们建起首个校园代理店。团队负责人杨磊表示，宣传单的印制、物流等方面的费用全部由企业承担。企业还给出八折优惠，提供了500张校园会员卡。“三分度”正计划逐步向武汉其他高校发展校园代理店。

而姜军和王健乐创办的“菜小二”在2013年12月的重庆市大学生创业大赛上，得到了多位评委好评。目前已有几家大企业表示想投资。如今，“菜小二”的月销售额已经达到1.2万元。

拓展阅读

避开融资的14大误区

创业者融资的目标是能实现梦想、做成事情，可以掌握更多的时间去完成目标。但事实情况是，并不是每一个投资人都值得信任。多数人根本不懂投资，也不愿意去判断信息的对错和真实性。要知道，拿到钱，并不是创业的终极目标。在创业融资时，请避开以下误区：

1.高估帮忙的价值

大家都知道好的投资人应该是帮忙不添乱。有些投资者尤其是战略投资者，最喜欢罗列他们拥有的资源和帮助。但往往到最后发现，资源是共用的，派过来帮忙的人是外行，其他诉求石沉大海，最后还得靠自己。

2.低估添乱的影响

业内有一些老资历公司，是公认的害虫，尽管在被投资公司中占小股，但发号施令，天天骚扰，董事会上从不配合，让你日日胸闷。就因为他最早找到你，就因为他不断引诱你，就因为不拿白不拿，就因为钱快烧完，总之你拿了缺乏共识的投资人的钱。最终，听他的可能把公司搞成四不像，不听他的他又去外面放话，让你陷入人间炼狱。

3.把投资人等同于身后的机构

不靠谱的机构，人多半不靠谱；但靠谱的机构，不一定各个都靠谱。有的人虽然在产生过很多明星公司的机构，但完全水货一个，好的案子跟他无关，坑爹的案子干过不少。擦亮眼睛，去评判投资人的专业程度，而不要被所谓品牌蛊惑。

4.宁做凤尾，不做鸡头

这指的是孵化器的情形。很多团队一窝蜂往明星孵化器钻，也不肯加入一个新开设的孵化器。然而，孵化器的好坏区别在于它资源的大小，好的孵化器，能使数十个团队都得到支援，单薄的孵化器则只能支援数个，甚至一个。即便你假如一个不知名的孵化器，但如果你表现得最好，起码你可以得到再次融资的机会。

5. 过早稀释股权

因为不熟悉融资的游戏规则，因为你听信了“重要的是赚钱了以后分钱”，你在第一轮或者第二轮融资中就稀释了40%、60%甚至80%的股权。被别人控制公司导致失败、分裂或难以发展倒不算痛心，万一发展得很好，结果前面稀释的越多，后面融资的选择就越少，当你被稀释到只剩10%、5%，这还算是你的公司吗？

6. 用错误的结构融资

为了赶快把钱拿进来，跟投资人签夸张的分成方式、管理机制、对赌条款、完全不平等的清算条款等非常另类的合同，或是用非国际惯例的结构设计特别股。这里面的道理很简单，没想过共赢做大的投资人也没能力让公司发展壮大。乱七八糟的资本结构和合同，只会吓跑后面想投资的机构。

7. 早期融资轻视投资人

很多人融了天使资金以后，闷头封闭，再也不和投资机构接触。如果你选择了一家优秀的投资机构，这是大大的浪费。投资机构积累了大量成败案例和商业判断以及其他企业的友好关系，如果不去交流和利用，和拿土豪的钱有何区别？

8. 后期融资高估投资人

公司发展起来之后，很多人在选择下轮投资的时候，总倾向于大牌、知名的机构，但越大牌的机构，手中积累的优秀公司越多，他绝不会为你的生死去赌上身家。发展方向是否一致，反而是唯一的判断标准。

9. 选择不靠谱的战略投资

但凡投资部门没有独立于业务部门的战略投资方，都是耍流氓。有一些大公司投资了一堆团队，不要说成功，连产品影子都没看到，为何？因为负责投资部门的高管是无实权的存在，或者兼任着其他业务部门。投资的成败要么无足轻重，要么只是他汇报业绩时候的锦上添花。你们的死活，与他们无关。

10. 选择关注自己多于创业者的投资人

总在说自己多牛逼、公司多牛逼，却不细细询问创业者情况的投资人，是典型的投机者，一旦谈成投资，他多半人间蒸发，忙着另外一些让他“更牛逼”的事情。于是，你不过是他投机过程中的问路石或者垫脚石。

11. 选择一头热的投资人

当然投资人必须对你的团队、产品，或商业模式有一定的热情，但投资毕竟是很理性的工作，如果他过分热情，却没有想清楚自己为什么要投资你的公司，那也是非常危险的结合。新创公司往往必须酝酿多年才能到达被收购或上市的彼岸，在这漫漫长路上，创业团队的财务状况常常是忽高忽低。现在一头热的投资人，未来随时可能会受不了这云霄飞车，转而成为难搞的恐怖股东。

12. 选择内部权力结构不稳定的投资人

有一种投资人，投资的时候都很好，刚开始成为股东时也合作非常愉快。但突然间股东的公司内部出现斗争、权力大幅转移，导致股东代表换成了当初反对这样投资的一方，接着便开始处处找团队麻烦。碰到这样的情况，新创公司当然是哑巴吃黄莲，不过如果一开始对方的权力结构就不太稳定，那么拿他的钱之前恐怕还是要三思。如何评价一个公司乱不乱，看高管是不是走马灯就知道了。

13. 选择没有投资过同样业务的投资人

第一次投资某业务的股东，投资后在董事会上大概要12～18个月才能真正上轨道，到了第二次投资以后，情况就会好很多。所以有选择的话，还是尽量倾向于已经投过相关业务公司的人。

14. 选择基金将要到期的投资人

这指的是中后期融资所发生的情况。基金通常有7～10年的寿命，因此到了后期，负责管理基金的投资人(所谓GP)会受到他们的股东(所谓LP)越来越大的压力，要赶快出脱持股，获利了结。所以假设他投资你时基金还有4、5年寿命，那你可以想象2、3年后，他会开始感受到压力，因此推动你往退出方向走的力度会不断的增加，这时可能会让公司陷入困难的抉择。

项目任务一

在小组内围绕新企业的创办程序进行讨论，假设现在马上要注册一个企业，都应该去哪个政府部门，办理哪些手续。请围绕本章内容，进行下列讨论和操作。

(1)围绕新企业的创立，为该企业办理注册方案。

(2)基于现有团队的资源，制定创业企业所需资金及资金使用计划预算方案。

项目任务二

(1)小丁是一名大二的学生，他用暑假进行了一次独立创业的体验，从父母那里借了5000元，在学校附近开了一家手机挂件的专卖店，请以小丁会计的身份，叙述财务预算内容。

(2)由于小丁的经营有方，所以专卖店很红火，于是小丁又从厂家赊购了一批手机挂件，依照你对企业运营管理的基础知识，谈谈你对这批赊购款的处理。

(3)小丁为了让顾客满意，对其销售的产品提出了质量三包的服务口号，你作为小丁的会计，需要做哪些估计，这体现了企业资金管理哪些方面的要求。

模块六　创业初期的管理

创业名言

很多创业者的目标都是为了抓住某个短期的机会，而并没有考虑到长远的战略，然而，成功的创业者能够很快地适应从战术导向到战略导向的转变，从而引导企业走向成功。

——Christopher Orpen

教学目标

1. 掌握创业初期营销管理、财务管理和风险管理的基本方法；
2. 理解创业初期企业的典型特征。

重点难点

1. 重点：创业初期的营销管理、财务管理、风险管理；
2. 难点：常见的财务风险及应对措施。

开篇案例

不贷款、不融资、不上市——“老干妈”的经营之道

2014 年“老干妈”正式打入韩国市场，在当地各大 home plus 一瓶售价 3800 韩元，约合人民币 21 元。这是一瓶不可小觑的辣椒酱。北美、欧洲、东南亚、日本、韩国、中国香港、中国台湾……都能见到老干妈的身影。美国奢侈品闪购电商 Gilt 更将老干妈誉之为“全球最顶级的热酱”，称其为“教母”。

2013 年，老干妈全球销售额超过 37 亿元人民币。很难想象，这艘只做辣椒酱的调味品业“航母”，是个资本市场绝缘体。不贷款、不融资、不上市，不让别人入股，也不去参股、控股别人。老干妈就是这样一个特别的存在。

据工商资料显示，这家年销售额数十亿元的贵阳南明老干妈风味食品有限责任公司（文中称“老干妈”），注册资本仅 1000 万元。公司成立于 1997 年 10 月 5 日，股东结构极其简单，只有陶华碧与其两个儿子。其中，陶华碧仅占 1%的比例，大儿子李贵山持有 49%，小儿子李辉 2012 年 5 月才入股，持有 50%。如今，陶华碧已不再管老干妈的具体事务，只掌握大方向。李贵山主管市场，李辉负责生产。

不需借助资本的纽带，仅靠自己强大的现金流，老干妈的市场越做越广，北美、欧洲、东南亚、日本、韩国、中国香港、中国台湾……“可以说，只要有华人在的地方，就有老干妈。”一位北京投资机构人士说。“老干妈是一家非常纯粹和质朴的公司，有一个最简单的商业模式。我觉得这个模式是合理的。”深创投西南大区负责人许翔说。在许翔看来，企业是千姿百态的，不是

每一家公司都适合上市，也不是每一家公司都必须依靠资本才能做强做大。

与欧洲许多古老的公司一样，做好产品，恪守自己的一亩三分地，充裕的现金流和强大的品牌效应，便可以支撑老干妈继续往前走很远。“即便老干妈愿意融资，也不是随便哪家机构就能出得起价钱，这么优良的资产，又很赚钱，估值肯定会很高。”北京投资机构人士说。

许翔表示，老干妈是一个很不错的企业，但并不是一个好的投资标的。他解释，“发展理念不吻合，而且老干妈现金流很充足，不缺钱，非得去投资它，那不是浪费社会资源吗？投资应该是优化社会资源的配置，投给需要的人，投后能产生协同效应，能起到一加一大于二的作用。”

据悉，贵阳市政府曾经期望老干妈能走多元化路线，陶华碧不为所动。“我只晓得炒辣椒，我只干我会的。”这是陶华碧始终坚持的东西，用自己的钱，做自己的辣椒。

思考与问题：

(1)“老干妈”的营销管理、财务管理、风险管理有什么特点？

(2)“老干妈”的企业经营理念对创业者有什么启示？

新企业启动之后，并不能保证其就能一帆风顺地发展，在其成长道路上会遇到各种各样的难题和挑战。借用陈毅元帅的一句话：“创业艰难百战多”。这里的“战”，对创业企业来说，有技术之战，有市场之战，更有管理之战。相当多的中小企业“出师未捷身先死”，不是死于激烈搏杀的竞争对手手里，而是死于“自己人”手里，是“后院着火”，令人遗憾！管理对于中小企业来说就是“大后方”，没有稳定的“大后方”，创业是走不远的。

项目一　新创企业的特征

新创企业一般规模比较小，内部结构简单，办事效率较高，企业成长快速，但也面临资金不足、制度不完善、因人设岗等问题，一般来说，新创企业具有以下典型特征：

1. 行业门槛不高

新创企业由于自身在资金、人才等方面的不足，创业时一般不轻易涉足进入和退出障碍都比较高的行业。在大多数情况下，小企业比较集中的行业，进入障碍比较低。大量新兴企业之间的过渡（甚至是无序）竞争，一方面使大量的企业在竞争中退下阵来，倒闭破产；另一方面使那些成功的企业在原来基础很薄弱的情况下实现加速发展。

2. 自筹资金经营

相对于大企业，规模较小的新创企业在筹资方面要困难得多。许多国内外学者都已证实，资金短缺是新创企业所面临的首要经营难题。自筹资金兴办企业，利用企业赢利滚动发展便成为新创企业的又一显著特征。自筹资金经营，使企业所有权比较集中，经营权也比较集中，从积极的方面看，这有助于培养和强化创业者的企业家精神。

3. 对创业者本人的依赖性强

这是新创企业最明显的特点。对于大多数新创企业来说，企业的创业者往往也是企业资产的所有者。他们凭借对资产的所有而集中了企业经营所必需的各种决策权利，使新创企业的竞争力状况在很大程度上几乎完全依赖于创业者本人。小企业间的竞争多表现为经营者个人间的竞争，企业经营者个人对小企业的成败起决定性作用。他们往往集责、权、利三位于一体，实现所有权与承担风险的统一，领导企业、决策自主与担负责任的统一。

4.管理结构简单

由于新创企业的经营者集中了企业经营所必需的各种决策权力，以至于没有必要建立复杂的组织机构。同时，新创企业多处于创业初期，资金上的困难迫使新创企业保持组织结构的简单和压缩开支。新创企业管理结构简单主要表现在：组织结构简单，决策权比较集中，所有权与经营权统一，决策权、指挥权与监督权划分不明确，通过非正式渠道沟通频繁等。小型企业拥有的最有力的资产之一是灵活性。在发展阶段，企业需要具备获取和积累资源的能力。建立商业网络是小型企业利用自身所不具备的外部资源的方法之一。只有保持灵活性，企业家才能建立起发展阶段所需的关系网络。

5.富于创新精神

新创企业经营者之所以更富有创新精神，一方面是受经济与心理方面需求满足的驱动；另一方面是创业者利益与企业利益休戚相关，甚至融为一体。强烈的开拓意识和承担风险的勇气促使创业者和企业积极创新，善于发现潜在的赢利机会并极力捕捉每一个赢利机会。不断创新使企业富有灵活性，为发现和捕捉赢利机会而接近顾客，并通过降低成本、精简组织机构等实实在在的措施增加赢利。

6.受环境的影响程度大

新创企业大多都针对外部环境中存在的某种机会而创业，以至于一旦出现机会，便会在短时间内涌现大量的企业；另一方面，由于新创企业拥有或所服务的顾客少、信息拥有量相对不足、企业规模实力弱等特点，因而难以了解整体环境变化，更谈不上驾驭环境变化。因此，小企业容易受环境的影响，风险很大。

案例学习6-1

初出茅庐的大学生创业

毕业于复旦大学企业管理系的夏小飞和家住江苏吴江的同学小梁，看准吴江是中国化纤面料重要生产基地这一优势，两人合作出资做化纤布料的中介生意。其创业的细节是：小飞扎根上海某商城，寻找客户，承接订单；小梁长驻吴江，负责解决供货渠道问题。他们初步确定，如果业务发展顺利，到当年(2002年)年底，两个人的股权按30%和70%分配。小梁的父母答应支持他们一年，公司所需的费用，每月结算后找小梁的父亲报销。

凭借着所参加的一年一度面料展示会的后续效应，每天都有十几个客户打电话或上门找他们谈业务。与商城内竞争对手的产品相比，小飞自认为他们提供的产品质量有保证、价格合理，应该很有竞争力。但是，一个多月过去了，没有一个潜在客户签订单。

得知此事后，小梁的父母帮他们分析了原因：化纤面料这个行业情况很复杂，发展到现在，国内外厂商和供应商之间的关系相对稳定。因此，虽然产品质量好，价格低，但是如果缺乏业务往来的话未必能争取到客户。

小飞也想过，变被动等人上门为主动上门洽谈，以增加跟客户直接沟通的机会。但因为没有明确的目标，效果很差。为此他还草拟过一个销售计划，招聘业务员，但由于成本会增加，遭到小梁父母的反对，只好作罢。

屡次碰壁后，小飞逐渐调整工作策略，不再有求必应，而是先跟客户充分沟通，有所选择地提供报价。6月初，小飞总算吃到了创业后的第一只螃蟹——合同金额1万多元，利润1000元出头，紧接着又陆续签了几笔业务。7月中旬，有个台湾老板来跟小飞接洽。这笔生意如果谈成，每个月将有2万～3万元的收入。

但8月中旬，小梁突然从吴江打来电话，说家里不支持他们创业了。小飞很希望能够再拖一拖，等手头几个正在谈的单子敲定，但考虑到粮草已断，再坚持也是枉费精力，最终创业以失败告终。

项目二　创业初期的营销管理

营销的本质是发现和了解顾客的需求，然后想办法满足顾客的需求。创业初期，销售是此时最重要的任务。营销是价值创造和市场回报之间的桥梁，是创业初期企业的生命线，如果对这些不容回避的现实缺乏明确的认识，而盲目采用教科书中所谓的4P、4C、4R营销模式，忽略了这些营销原理、方式方法基本是针对成型企业的，就很容易走入营销误区，最终因资源耗尽、无以为继而导致失败。

一、定位聚焦，事半功倍

由于创业初期企业在资金、人员、品牌影响力等条件上的限制，再加上当前国内物流成本居高不下、商业信用尚不健全，创业初期的企业不宜四面出击，一开始就进行全国性销售布局，避免战线拉得太长，管理跟不上，使各种差旅费和异地公关费消耗宝贵而有限的企业财力和人力。反之，初创企业要不断做出取舍，优选较快较易成单客户群，放弃全面发展，重点聚焦服务少数优质客户。企业可以把市场定位集中在一个人口密集的大城市，绕开各层级的批发商中间环节，用较少的市场开发成本，直接铺货到终端零售店面，而大城市本身的销售终端数量巨大，产品就能够很快直接与广大消费者见面，从而实现直接销售，产生较大的真实销售额。同时，地缘上的方便，使业务员也不要坐飞机火车，直接坐公交车就能和客户见面交接，不但运营成本低，也使销售回款得以保障，避免异地销售导致的各种呆坏账风险。要知道，今天不计其数的企业就死于异地经销商赖账不给，“有销售、无回款”是中国企业无可奈何的常态。

案例学习6-2

日本尼西奇公司发展的秘诀

尼西奇股份公司是日本福冈市的一家小企业，起初是一个生产雨衣、尿布、游泳帽、卫生带等多种橡胶制品的小厂，由于订货不足，面临破产。有一次，当尼西奇公司经理看到一份人口普查的报告，得知日本每年大约出生250万婴儿的信息，他想，现在人们生活方式都在变化，收入在不断提高。如果每个婴儿用两条尿垫，一年就需要500万条，这是一个相当广阔的尿垫市场。如果把眼光放到国外，市场更大，而生产尿垫，正是尼西奇公司的专长。于是公司决定致力于专门生产尿垫，把尼西奇公司变成尿垫生产的专业公司，以集中力量，创立名牌。根据这一战略决定，为了满足日本战后高峰所带来的对婴儿尿垫的巨大需求，尼西奇公司集中力量大力进行婴儿尿垫和尿布的生产，聘请专业研究人员研究各种花色品种，不断选择新材料，开发新品种，在激烈的竞争中首先站住了脚跟。经过几十年的努力，如今尼西奇股份公司虽然只有职工700多人，资本1亿日元，但是它的年销售额却高达70亿元。现在日本市场上的婴儿尿垫70%以上都是尼西奇公司生产的，欧洲、美洲、大洋洲及非洲市场上都有大量尼西奇公司生产的尿垫，而且公司每年销售额以20%的速度递增。尼西奇公司不仅已成为日本的“尿布大王”，而且是世界上最大的一家尿布专业公司。

二、互利共赢，借力营销

创业初期企业资源匮乏，在产品推广和渠道拓展中都面临许多限制。此时不能单打独斗，应尽量寻找与非竞争对手双赢互利的合作机会，实现相互借力，共同发展。在制定创业初期营销策略时，要尽可能地避免做规模化的广告投入和斥巨资自建销售渠道，而应采取“借势营销”。所谓借势，就是审时度势、开动脑筋，发现可以利用的外在机会，巧妙地借助免费的社会资源、公众关注点，制造或利用新闻事件实现自己项目的推广。比如，2009 年 1 月 9 日，澳大利亚昆士兰旅游局宣布，面向全球征召一名大堡礁汉密尔顿岛看护员。消息一经发出，顿时引发了席卷全球的巨大反响，各国媒体纷纷转载，活动第一天，昆士兰旅游局网站点击率就达 100 万次，其实这个活动是澳大利亚昆士兰旅游局精心策划的“互联网借势营销活动”。最终以 170 万澳元的低成本，为大堡礁旅游宣传，赢得了超过 7000 万美元的全球轰动效应。再如，有的汽车饰品、配件企业就与中石油、中石化加油站网络体系合作，不用自己开店，而是借路上道，把自己的产品纳入到人家现成的网点，以较低的时间和经济成本实现了分销渠道落地。

案例学习 6-3

TOMS 鞋的慈善营销

TOMS 是美国的一个休闲鞋品牌，提倡舒适度第一，采用环保材料，内有耐用的软牛皮鞋垫，貌似法国人最爱的帆布草跟便服鞋，公司 2006 年才刚刚成立，却在 2011 年和 Apple、三星、沃尔玛等知名公司一起被美国评为“最鼓舞人心的公司”，其休闲鞋也早已成为好莱坞明星们的最爱。TOMS 源于其创始人布雷克·麦考斯基(Blake Mycoskie)2006 年初夏从美国去阿根廷的一段旅程。他来到阿根廷学习打马球、跳探戈，并参加了一些社区服务工作。在那里，麦考斯基发现，由于极端贫困，很多孩子们长期光脚走在二氧化硅过量的土地上，患上了种种脚部疾病。一天，他在路上偶遇一批都市游客正在发放为农村孩子募捐来的旧鞋，但很多旧鞋的款式和尺码并不合适。麦考斯基在想，有没有一种新的办法，可以让孩子们穿上合适的鞋呢？回去之后麦考斯基用 30 万美元在加利福尼亚州的圣莫尼卡创立了 TOMS 鞋公司，麦考斯基决定以销售带动捐赠，承诺每卖出一双鞋子就捐赠一双同样的鞋给贫困地区的孩子，正如他们的口号“ONE FOR ONE”。很快，《洛杉矶时报》生活版发现了他的创意，头条报道给他带来了生意，登报当天就有 900 多张订单，仅仅四个月，TOMS 就卖出了1万多双鞋。TOMS 鞋公司还倡议消费者，如果他们买一双 TOMS 的鞋，请他们立即在社交网站 Facebook 上传照片。这样做所带来的后续效应是：如果消费者在网上买了 TOMS 的鞋子，不仅仅要告诉朋友，他们做了件好事。还会让朋友也去买，从而也能为贫困地区的孩子们提供一双鞋子。

三、企业家营销

经历过创业的经理大都有过这样的体验：曾经直接向顾客推销过产品，亲自与供应商谈判扣点，亲自到车间里追踪过顾客急要的订单，在库房里卸过货、装过车，跑过银行，催过账，策划过新产品方案，制定过工资计划，被经销商骗过，让顾客当面训斥过，等等。每个企业在创建之初，都经历了一个艰苦奋斗的过程。很多现在非常成功的企业，最初的营销是创业者个人自己走出去，推销自己的产品。最初的营销过程，是对创业者心理素质的极大挑战。创业初期企业家营销的原因大概可以归纳为：创业者自己对自己的产品最自信；创业者自己对自己的产品最了解;创业者自己可以在谈判中独立决策;在自己亲自推销中,可以掌握客户的第一手资料;唯有了解细节,才会知道成本。

案例学习6-4

波士顿啤酒老板的上门推销

波士顿啤酒公司的创立者吉姆·科克在公司创立的1984年,就是带着一瓶瓶的啤酒,到一间间酒吧亲自上门劝说酒吧老板试饮他们的啤酒。他极力恳求他们把他的啤酒加入到他们的菜单中去。在将近十年的创业时间里,他的企业由于负担不起广告费用,而不得不通过这种直接销售渠道和人际关系来推销啤酒。

但是今天,波士顿啤酒公司的啤酒已经成为美国同行业销量最好的啤酒了,他们每年的利润已经达到了2.1亿美元,成为了行业领头羊。

项目三　创业初期的财务管理

企业的规模不管有多小,都必须有财务制度或者会计操作准则,从而使企业有规范可依据。从财务管理的角度,企业首先需要按照基本财务账本进行记录,然后根据财务数字做出报表。

一、新创企业的财务管理目标及基本过程

许多有经验的创业者都会强调财务管理在企业中的首要地位。在众多企业参与竞争的环境中,鲁莽地进行财务决策非常有害。微软创始人比尔·盖茨强调了这个观点:企业的创办与倒闭,都与财务数据的严密分析有关。无论你做其他任何事,如果你不了解企业的实际情况,而是根据传闻信息或天性直觉来进行企业决策,那么你终将为此付出惨重代价。财务管理是以取得最高回报率的方法,筹建资金并管理公司资金的过程。创业者识别机会并把机会转变为创业企业的能力,与资金的利用率密切相关。在不计产品或服务水平的条件下,如果公司在财务上运转不灵,那它很难长久存活。资金既可以从外部获取,也可通过收入内部生成。对一家企业而言,牢牢把握住企业财务状况至关重要。

在财务管理目标方面,大多数创业企业都要面对四个主要的财务目标:营利性、流动性、效率和稳定性。理解这些目标有利于企业财务步入良性轨道,并帮助企业对上述问题做出满意的回答。

营利性是企业赚取利润的能力。许多新创企业在成立的最初三年需要培训员工并树立品牌,因此开始并不会营利。但企业必须能够营利,才能保持运转并向所有者提供回报。

流动性是企业偿还短期债务的能力。即使企业能够营利,它也必须保证在银行里有足够的钱及时满足日常贷款需要。为此,企业必须时刻关注应收账款和存货。应收账款是顾客欠企业的货款,而存货则是企业的货物、原材料和待售产品。如果企业这两项资产都过高,那就很难保证企业有足够的现金来满足短期债务的需要。

效率是指相对于收益和利润而言的,是企业利用其资产的生产效率水平。以美国西南航空公司为例,该企业利用资产的生产效率水平非常高。飞机在港停泊时间或飞机在地面卸货和装填货物的停留时间,在航空企业中是最短的。西南航空对此的解释是:“停在地面上的飞

机不能带来任何价值,我们需要飞机尽快返回空中。”

稳定性是企业整体财务状况的活力与实力。具有稳定性的企业,不仅要能够赚取利润和保持流动性,还要能控制企业债务。如果企业不断向贷款者借款,它的权益负债率(企业的长期债务除以股东权益的比值)就会过高,这对企业偿还债务非常不利,会使企业财务水平难以满足企业持续成长的需要。

为了评估企业是否满足财务目标的要求,企业非常依赖对财务报表、预测和预算进行分析。财务报表是数量上描述企业财务健康状况的书面报告。损益表、资产负债表和现金流量表是创业者最为常用的三类财务报表。预测是基于企业过去的绩效、当前环境和未来计划,对企业未来收入和费用的估计。新创企业往往在销售预期的基础上进行预测,然后根据行业平均水平或同类新创企业销售产品和其他开支的经验作预测。预算是对企业收入、费用和资本需求的明细预测,也是企业进行财务规划和控制的重要工具。

二、初创企业现金流的管理

在创业初期,创业者需要特别关注现金流的问题。随着企业成长,它需要更多现金来服务客户。除此之外,企业必须谨慎管理现有现金,确保维持足够的流动用来发放薪水并支付其他短期债务。

在现实生活中,我们经常看到创业者为了现金流疲于奔命,甚至将自己的房产抵押到银行来贷款。这种现象通常发生在新企业承担很多任务而顾客的支付却比较滞后的时候。一个新企业可能有 100 万美元的应收账款,但是却负担不了 2.5 万美元的账单,这就是为什么几乎所有的书中都强调合理地管理自己的现金流的重要性。

通常,企业的成长会提高而非降低现金流管理的挑战,因为销售增加意味着将会有更多资金流入或流出企业。一些企业处理潜在的现金流短缺是通过提高银行给予的授信度或者获取外部投资,而另一些企业则刻意地限制成长步伐以避免现金流问题出现。

要做好现金流管理工作,必须做好以下三个方面的工作。

首先,需要预测现金流。要认真对年度和季度现金流进行预测,如果公司业务不稳定,甚至应采取周预测。准确的现金流预测可以及时发现的问题,防患于未然。在这里必须明确一点——现金流预测不是模糊猜测,而是基于数据之上有根据的评估,包括客户付款情况、未来费用评估、供应商付款期限等。此外,现金流预测应考虑诸如资本改善、贷款本金和利息等费用,还应将季节性销售波动带来的影响也计算在内。

其次,需要改善应收账款回收。如果是一手交钱一手交货,那么永远不会有现金流的问题。然而,实际情况往往并非如此。因此,可以通过加强应收账款管理改善现金流,这个方法的关键在于加快资金流动速度、原材料转化为产品、存货转化为应收账款及应收账款转化为现金的速度。

再次,需要加强应付账款管理。销售额快速增长常常会掩盖很多问题。如果管理一家增长期公司,应非常注意费用开支情况,不要仅仅满足于销售额的增加,因为随时都可能出现费用增长速度快过销售额增长的问题,这时应认真审视各项费用,找出可以削减和控制费用的环节。

三、初创企业应记好的四本最基础的账目

(1)现金账。建议以月度为周期,目的是防止现金流断流。账目详细记录每月几个重要的现金结算日期,例如,何时发工资?何时交房租?还要记下每月重要的回款日期,这样可以有效避免出现赤字或者支付能力不足的情况发生。

(2)销售账。建议以单日为周期记录,最好是日清日结。用流水账方式记录每天的销售额是多少?发生的成本有哪些?毛利是多少?每一笔按时间顺序详细记载。

(3)费用账。建议以表格形式把所有已经发生的费用都呈现出来,每月记录一次即可。它包括把人员工资、房租、水电费、通讯费、交通费、办公耗材、设备折旧等企业所有发生的费用详细记录在内,并从毛利中扣除。如果创业者忽略这些必然发生的费用,很容易造成“表面上赚钱,实际上赔钱”的结果。

(4)库存账。创业初期由于业务量小,不具备合格的库房,容易造成理货或者盘库的时候库存与账目不符。要建立定期盘库和专人理货的制度,库存账目要注意记录进货出货日期、进货批次、批量、存放货架等信息,以便于及时掌握库存周转情况,这也是有效提高资金周转效率的方法之一。

初创企业成功的关键就是正确、严格的财务控制。处于创业初期的企业往往把管理的重点放在运营上,而忽略了财务管理。这是创业者对财务管理认识上的偏差。许多企业融资顺利、计划书完美、产品适销对路、组织高效、营销有力,最后却因财务管理不善而失败了。

案例学习6-5

财务管理:秦池酒厂的盛衰

秦池酒厂是山东省临朐县的一家生产“秦池”白酒的企业。1995年厂长赴京参加中央电视台黄金时段广告“标王”竞标,并以6666万元人民币的价格夺得“标王”,这在全国引起极大轰动,一时间“秦池”白酒成为家喻户晓的品牌,身价倍增,秦池酒厂也因此一夜成名,订单雪片般地飞来,在短短的一个多月内,秦池酒厂就签订了4亿元的销售合同,两个多月秦池酒厂的销售收入就达到2.18亿元,实现利税6800万元,相当于秦池酒厂自建厂以来前55年的总和,至1995年6月底,它的订单已排到了年底。尝到甜头后的秦池酒厂,不久又做出了惊人之举。1996年11月8日下午,中央电视台传来一个令全国震惊的消息,在全国白酒行业无论是厂名还是品牌并不起眼的秦池酒厂以3.2亿元人民币的“天价”,买下中央电视台黄金时间段的广告权,从而成为令人为之炫目的两届“标王”连任者,一时间,全国上下刮起了“秦池”风,就连在全国享有极高知名度的四川白酒企业沱牌酒厂的高层管理者们都感到汗颜,惊呼“狼来了!”现实也正如秦池酒厂高层人士的预期,巨大的广告投入确实给秦池酒厂带来了“惊天动地”的效益,1996年秦池酒厂的销售收入达到9.5亿元,此时,秦池酒厂的老总们可谓是踌躇满志,秦池也风光无限。

秦池成名之前作为一家县级企业,其总资产规模和生产能力有限。面对成为“标王”之后滚滚而来的订单,不可能弃之不管,但仅凭现有的生产能力又难以应付,为满足客户的需求,秦池酒厂必须扩大生产规模。生产规模的扩大,就需要对现有的厂房设备进行更新或扩建,引进新设备。巨大的广告费用和企业生产规模的扩大都需要大量的资金,限于当时的条件,秦池酒厂只有向银行贷款,按当时的银行政策,此类贷款往往是短期贷款。贷款使企业的负债比率提

高，生产规模的扩大使企业总资产中固定资产比例提高。扩大生产规模，大规模提高生产能力，并不能产生立竿见影的结果，因为即使企业完全有能力扩大生产规模，但无论是设备厂房的购建，还是白酒的酿造，都需要一定的时间周期。为满足眼前客户的订单，秦池酒厂在扩大生产规模同时，想到了另外一条解决燃眉之急的捷径，那就是与周边地区的白酒企业横向联合或收购其他企业的白酒进行勾兑，但无论怎么做，这都很难保证产品的质量。

让秦池酒厂始料不及的是，1997 市场风云突变，白酒这一诱人的市场，高额的利润引来无数的竞争者，很多白酒企业效仿秦池酒厂，一时间全国白酒生产企业大增，数量达 4 万余家。这 4 万余家企业所产的白酒量远远大于销量，约有 50%的产量过剩，与此同时，洋酒也悄然进入酒业市场，使白酒在酒业消费中的比重下降，秦池的市场份额面临着严峻的考验。与此同时，秦池酒厂又陷入了品牌危机，1996 年 12 月《经济参考报》上 4 篇关于秦池酒厂沿川藏公路两侧收购散装酒勾兑秦池的报道，不仅使秦池陷入巨大的媒体危机之中，而且使刚树立的秦池形象遭受了损害。1997 年，秦池完成的销售额不是预期的 15 亿元，而是 6.5 亿元，一下子丢了 60%的市场份额。1998 年销售额更下滑到 3 亿元。从此，秦池一蹶不振，最终从人们的视野中消逝了。

项目四　创业初期的风险管理

虽然中小企业数量众多，但企业的生命周期则较短，一般重复着“一年发家，二年发财，三年倒闭”之路，能做强做大的企业非常少。与欧美企业平均寿命达 40 年相比，中国集团企业平均寿命只有七八年，而中国中小企业平均寿命则只有 2.5 年。如何进行风险管理是一门博大精深的学问，应对和化解风险的方法和手段也不尽相同，以下仅就创业初期的常见风险及防范做一些讨论。

1. 临渊羡鱼

在今天的中国，盈利十几万甚至几十万的故事似乎到处都在上演。不过，对于那些没有大额资本当本钱的人来说，这一切似乎仍然是十分遥远的。

没有大额的资金当本钱就难以致富了吗？答案显然是否定的。没有资本，靠着好点子一样可以圆自己的致富梦。更何况一生下来就拥有财富的人毕竟是少数，与其临渊羡鱼，不如退而结网，放弃一夜致富这不切实际的幻想，脚踏实地地掘好人生第一桶金才是正道。事实上，即使是如今做大生意的老板，他们往往也是从小生意开始做起的。所以说，能不能拥有一个敏锐的商业头脑才是成败的关键。要发展，就不能再仅仅停留在仰慕别人的财富上。所以，与其临渊羡鱼，不如退而结网。

案例学习 6－6

农民工返乡创业

32 岁的江西人胡永利在桐乡打工已有 4 年了，由于老婆孩子都在老家，他不仅思念家乡，还一心思虑着在桐乡学点实用技术回家自己创业。“这两年，水果种植效益特别好，像葡萄亩产效益都超过 1 万元了，可以赶上老家一家人一年的收入。”胡永利跟着梧桐街道一位葡萄种植能手学种葡萄。从品种选育、大棚栽种到防虫疏土、品牌营销，胡永利足足记了两大本农业笔记。他说，老家气候土壤和桐乡相似，也有足够的土地资源可以利用。这次打算回去后先在自家地里试种 3 亩葡萄，效益好的话，带动村里人一起种，共同致富。

2. 无米之炊

创业需要资源，这是常识。创业资源包括人才、资金、市场等资源。

错误估计市场使很多初创企业面临巨大的风险，如果一个企业的主打产品没有足够的市场，其失败几乎是必然的。

缺少资金也会使很多创业者遭受挫折，事实上，只有企业在经营到一定程度以后，才会有资金的回流。所以创业者必须充分估计到资金的需求量，而且一定要有相当的资金余地，并努力降低创业成本。

但是，风险也意味着机会。例如浙商大都出身寒微，起初也是一穷二白，“无资金、无技术、无市场”，但最终“草根”成林。浙江是人均资源综合指数居全国倒数第三的“资源小省”，但现在却成了中国最大的“内资”（主要是民间资金）输出省份。市场上流传一句话：哪里有市场，哪里就有浙商。也有人说：哪里就有浙商，哪里就有市场。这说明作为一个创业者不仅要善于追逐市场，而且要善于创造市场。

3. 匹夫之勇

创业如同其他经济活动一样，其本质是以最小的费用取得最大的效用。创业问题不仅涉及技术，还牵涉天时、地利、人和等诸多因素，尤其是在变幻莫测的市场风云中，实现经济的要求就如同一场永无休止的战争。在日趋激烈的商战中，用心、斗智、出奇、弄巧以达到经济之目的日趋流行。任何一位出色的企业家都应当是通晓经济竞争技巧的智勇双全的人物。

创业不等于赌博，不是凭匹夫之勇就可以成功的，是更精明的头脑，和更可靠的方案，是更长远的眼光和更可行的方法。如果没有这些，创业只是一个玩笑和冒险。

如今的社会是人才化的社会，信息化的社会，体制趋于成熟，消费趋于理智。那种单纯凭借着自己的一技之长，加上胆大妄为就能成为百万富商的年代已经成为过去；光有一点经济实力和一个好的项目就能在业界独占鳌头的时代也已经成为历史。

4. 自暴自弃

卡尔·马克思曾经说过：“自暴自弃，这是一条永远腐蚀和啃噬着心灵的毒蛇，它吸走心灵的新鲜血液，并在其中注入厌世和绝望的毒汁”。可以说，自暴自弃是创业成功的头号天敌。

其实大部分创业者在创业过程中都难免遇到大大小小的挫折，真正一帆风顺的创业者微乎其微。在失败和挫折面前，积极的态度还是消极态度直接决定了创业者未来的命运。向挫折和失败投降的人，永远失去了成功的可能性；而以乐观的态度对待失败和挫折，对于一个创业者和企业来说是至关重要的，如果跌倒了，还可以重新站起来，就有取得成功的可能。

案例学习6-7

屡败屡战的孙剑波

稀饭网CEO孙剑波创业的头两年，曾经和好友做过出版/广告/媒体代理等多个行业，但很少有人知道他刚出校门的第一个项目其实是设计一种“卫比斯心情T恤”，他幻想能用可怜的资金打造一个个性T恤衫的品牌。其实，这并非是一个很差的创意，个性T恤在美国流行文化的带动下确实开创了很大的市场，而两个年轻小伙子也确实具备打造一个品牌的创意能力和设计能力。但是，圈内人都知道，中国的任何事情都有自己的特殊国情，他们忽略了国内消费者的成熟程度和服饰市场渠道的复杂局面，更关键的是，忽略了盗版服装这一吞噬人的力量。起步的时候，他们未能看透形势，这就注定了，从创业第一天起，这个项目就无法避免失败的命运。

更雪上加霜的是:从2003年5月份开始,非典袭击北京城,孙剑波和他的伙伴不得不从小小的办公间搬到家里办公。非典的侵袭使北京城的街道人影寥落,开店卖T恤的打算彻底破产了。他们只得先开了一个电子商务网站来贩售T恤。祸兮,福之所藏。客观上,正是这样的无奈让他们节约了部分资金,而不至于让这第一跤跌得更惨。

这一段短短的创业历程,几乎成为接下来两年他们转而从事出版和广告等行业的缩影,用孙剑波的话来说,就是一个挫折接着一个挫折,一个失败接着一个失败。创业者犯过的错误,他们都犯过了;创业者可能遇到的艰辛险阻,他们也都遇过;创业者传奇中的好故事,他们倒是一件都没碰上。短短两年,他们经受了别人在其他环境下十年才能经受的磨难,用最短的时间从学校人变为了社会人。

"我创业三年多,从来不知道什么叫一帆风顺。"孙剑波说,"挫折和磨难甚至曾让我丧失尊严和自信,但而今回头去看,全是财富。"

5.计划不明

机遇从来都是垂青有明确目标的人,同样的,失败之神也很少放过那些没有明确目标的人。创业的道路上充满着荆棘和艰辛,不能光凭满腔热情和雄心壮志,还需要有明确的目标和实现这些目标的周详计划。

计划不明,意味着行动是盲目的。如果一个盲目的人成功了,那么只能说是歪打正着,是一种偶然的幸运,而绝不能作为成功的经验尊奉。计划是创业过程中指导性、方向性的东西,计划如果是错误的,或者是不明确的,尤其是关键的地方、关键的步骤不明确,那么失败几乎是不可避免的。

6.仓促上阵

选择自主创业的人越来越多,但其中也有相当一部分人的创业行为未能成功。在创业的时候,一定要谨慎投资而不能仓促上阵。

案例学习6-8

仓促创业的李女士

李女士是永康市清溪人,对创业一直有着相当的热情。早在几年前,李女士就决定摆脱打工者的身份自己当老板。不过,由于找不到好的投资项目,她一直没有开始自己创业。

一天,一位亲戚告诉她,当前生产塑料粒子非常赚钱。那位亲戚本人在武义县经营塑料生意,而且赚了很多钱。李女士告诉记者,由于得到了亲戚的指点,再加上看到在塑料行业赚钱的人的确很多,她抛开了创业者应有的谨慎。没有作任何市场调查和前期准备,李女士投入了4万元资金,在永康市办起了一家小型的塑料编织袋加工厂。

由于没有充分了解该行业,在创业初期李女士就犯了一个低级错误。经营塑料制品,需要有场地堆放材料。可是,李女士却选择了一个很小的场地,就开始动工生产了。由于材料堆放的原因,厂里的生产经常要停工。当发现这个问题时,已经在小场地上投入了不少资金,没有足够的资金再去寻找其他场地了。

创业的仓促与盲目,使得困难不断地找上李女士,除了场地问题,销路问题也让李女士烦恼不已。

李女士选择的是塑料编织袋生意,和亲戚的塑料粒子加工不一样。本来以为都是塑料加工企业,亲戚能在销售上帮忙,可事实上,他却帮不上忙。在创业初期片面倚重亲戚,当发现亲戚不能提供帮助时,她才发现凭自己夫妻两人的能力,并不能顺利销售产品。

李女士的创业很快走进了死胡同,这让根本不懂塑料行业的李女士对创办塑料厂失去了信心。她觉得,自己不适合经营这个行业。

7. **朝三暮四**

进行创业,一定要坚持不懈,绝不可朝三暮四、见异思迁。比如,做大还是做强,这是每一个创业者都会遇到的两难问题。当你刚开始经商或者创业的时候,并不一定要做大,但是一定要做强,而做强就需要专心做一件事情,不要盲目地做一些看来似乎有发展的项目,从而分散精力,废弃主业,这样的结果往往是主业无法做强,做大也只是一个空壳子。所以,在创业阶段,要使企业发展,要把生意做大,必须安心做好一件事情。每一个行业都有强劲的对手,都面临着严峻的竞争。如果不抓住自己的主业,盲目地涉足一个自己不熟悉的领域,势必分散精力、资金,不但在新的行业中难有所建树,恐怕连自己的老本也都要赔光。

打算创业的人在开始时就应该耐得住寂寞,守得住目标。企业发展最重要的是企业自我定位的问题。在创业的道路上,往往有很多诱惑。当你遇到一项新的投资时,安心做自己的事情,才会把这件事情做好。如果放弃自己的事情,去做新项目的投资,就有可能会失败。

8. **急功近利**

每一个创业者都想做一个成功的人、优秀的人,只不过在众多诱惑之下,失去了忍耐的性子。成功是要讲究储备的,仓库里的东西越充足,成功的机会就越大,才可能走得更远。

人生的成功之路更像一场马拉松赛跑而不是百米冲刺,前 100 米领先者不一定就能成为全程的优秀者,甚至都不可能跑完全程。在这漫长的征途上,基础的积累将会起到决定性的作用。如果你自觉先天不足而又已然踏上征程,那就更要格外注意随时给自己补充能量。

9. **单打独斗**

俗话说:"一个好汉三个帮"。在现代社会,人与人之间的联系是非常紧密的,一个创业者需要和客户打交道,和政府部门打交道,和合作伙伴打交道。一个单打独斗的人是不可能取得创业上的成功的。

此外,创业的时候最好有好的合作伙伴,就算你无所不能,你也需要同伴们来集思广益,避免愚蠢的举动,以及在遇到挫折时的互相鼓励。最重要的一点是,在创业的过程中你可能遇到难以承受的低谷。当你有多个合作伙伴时,彼此信念上的支撑就好比捆成了一捆的箭,每个人都暗暗给自己打气:"我绝不能让我的朋友们失望。"这是一个人最强大的动力之一,而单一的创始人则缺少了这一动力。

大学生创业故事

刘鹏飞:草根创业 5 年开 8 家公司

2012 年 5 月,义乌市上溪镇工业园区,两辆装着 10 万只孔明灯的大货车停在一家工厂门口。这里,就是飞天灯具厂在义乌的"根据地"之一。年生产量 1000 万、销售额 3000 万,在孔明灯生产和销售的领域,"飞天灯具厂"的级别堪称"老大",成就它的,是一个叫做刘鹏飞的毛头小伙。

2007 年的一个夏夜,刘鹏飞和女友在义乌梅湖公园散步,那时他 24 岁,刚从江西九江学院毕业一个月,义乌,是两个年轻人寻找梦想的第一站。"走着走着,看见头顶上飘过一盏盏亮亮的东西，还以为是 UFO。”从没见过孔明灯的两个年轻人兴奋不已，刘鹏飞也似乎被那些光亮点燃了灵感。

第二天，刘鹏飞走进号称有 10 万多家商铺的义乌国际商贸城，“卖孔明灯的店只有三四家。”这个发现让他颇感意外。回到家后，他通过阿里巴巴、百度等网站进行了搜索，依然没有人在卖。刘鹏飞确定，机会真的来了！

拿到第一个月打工挣到的 1400 元工资后，刘鹏飞跟老板说了“拜拜”。他用其中的 400 元进了 100 多只孔明灯，开始做电子商务，这或许称得上是飞天灯具厂的雏形。“第一个月就赚了几千块钱。”初尝甜头的刘鹏飞，更加坚信自己的选择。

第一桶金来自温州一家外贸公司。对方打算订购 50 万只孔明灯，条件是先上门考察。“一听就有点发懵，我都是从别处拿货，没有工厂、没有员工，办公就是在床上对着电脑敲敲。”无奈之下，刘鹏飞向朋友借了一个小作坊和一间稍微能见人的办公室，决定打肿脸充一回胖子。然而，当他真正面对这批客户时，心里却是忐忑不安，“这不就是欺骗么？”刘鹏飞心一横，把实际情况和盘托出。结果并没有他想象的那么糟，因为态度诚恳，客户依然下了 20 万的订单，刘鹏飞也从中赚了 9 万。

靠着这笔收入，刘鹏飞继续马不停蹄。

2007 年 10 月，他成立以孔明灯生产为主的飞天灯具厂。销售在义乌，生产在江西，全家老小一起动手，每天最多生产 500 只。

2008 年，他陆续在仙居、义乌、金华等地建立 6 家工厂，以满足更多的订单需求。

2008 年 12 月，飞天灯具厂完成 400 万只孔明灯的销售量，销售额达 2000 万，成为名副其实的孔明灯龙头企业。

“有了项目就赶紧做，这叫‘先把帽子扔过墙’。”从一无所有到成为“孔明灯大王”，刘鹏飞只用了不到一年时间。

建立 8 家公司　把鸡蛋放进不同的筐里

如果你以为刘鹏飞会满足于这份成功，那就错了。在他看来，孔明灯只是为他打开了创业的一扇门，门后的无限风光在险峰，才是他更感兴趣的。“赚了这么多钱，不如创造更大的价值。”当刘鹏飞发现在孔明灯领域能超越的只有自己时，他决定，重新找块地方施展拳脚。

十字绣是他涉足的第二个领域。2008 年 6 月，此前投奔他的学弟发现十字绣行业投资少、门槛低，国内规模性的企业也不多，便向刘鹏飞作了推荐。两个月后，由刘鹏飞投资的香港灵泉十字绣有限公司成立，学弟任总经理，他自己担任大股东。一年以后，灵泉十字绣旗下的雅典、锦绣阁、伊人绣坊等多个品牌占据了国内十字绣市场前五的位置，实现年销售额 3000 多万。

开公司的念头就这么一发不可收拾。2009 年 3 月，路德图文设计印刷有限公司成立；2009 年 5 月，鹏道工艺品厂成立；2010 年 5 月，飞天光电科技有限公司成立……到如今，他已经投资建立了 8 家公司，涉及孔明灯、十字绣、数字油画、荧光板、印刷、家居、服饰等多个领域。

“这几个公司看着好像没什么关系，其实有共同点。”刘鹏飞解释，他投资的领域都属于新兴实业、入行门槛低、行业发展不成熟、有一定市场前景。对于这种快速横向式发展，也有人提出异议，但他却认为，现在正是“打江山抢占地盘”的时候，发现好项目，不管三七二十一，干了再说。

这种投资模式必然会有风险。之后，刘鹏飞成立了一家雨伞加工厂，由于决策失误，工厂在9个月后倒闭，这也使他直接损失了20万。“这钱都是我之前赚回来的，成立的时候我也没严格计算过回报率。”对于这次失败，刘鹏飞看得很开，他甚至悟到，自己开这么多公司是正确的把鸡蛋放到不同的筐里，碎了一筐还有其他筐，反而是降低了风险。

一个想当“英雄”的商人

刘鹏飞成立8家公司的另一个原因，是他内心的英雄主义情结。这个从小就迷恋名人传纪的80后，视毛泽东为偶像，张口闭口都是“打江山”和“闹革命”，那些投奔他的学弟学妹，都被他视为志同道合的革命兄弟。

“没有成功的个人，只有成功的团队。”为了留住这些兄弟，让他们有更多干劲，刘鹏飞选择多开几家公司，让兄弟们担任公司总经理。一个刚从学校毕业不久的新人，如何能当好一家公司的老总，刘鹏飞似乎对此并不担心，“谁天生就会当老板？我自己也是‘赶鸭子上架’逼出来的。”在他眼里，一个人的忠诚和品德是最重要的，至于个人能力，完全可以后期培养。

总经理的位置毕竟有限，刘鹏飞又想到了股份制。他拿出公司的一部分股份，分给公司的20多名骨干，这些人以他的校友为主，曾经和他一起打拼。“我的理想是共有、共富、共荣，建立全民股份制。”

让公司的每名员工都有股份，这是刘鹏飞理想中的企业，他将此视为一项伟大的事业，而这个事业最先要解决的问题就是房子，他要在义乌盖一栋高楼，让员工不必再为高昂的房价发愁。除了支持一同创业的兄弟，刘鹏飞也没有忘记学弟学妹。他在母校成立了飞天电子商务基金会，专门用于大学生创业。

“一家优秀的企业，一定要赢得社会的尊重。”坐拥千万资产的刘鹏飞回想自己的创业之路，他提到了“时势造英雄”这句话。在他的概念里，所谓“时势”，是义乌这个全国最大的小商品市场，也是近十年飞速发展的电子商务平台，而那个“英雄”，正是他自己。从少年时想当一个抓坏人的警察，到成年后想做一个给员工盖房子的老板，刘鹏飞的英雄主义情结，似乎从未改变。

集团化　一场艰难的升级

2012年5月，刘鹏飞开始被员工们称为“刘董”，此时的他有了更大的梦想，那就是将旗下的8家公司、1个基金会合并，成立飞天麦光光集团。他要在做好B2B领域批发、分销、团购的同时，再把B2C做大做强，并朝网络科技方向转变，打造“麦光光”网络品牌。

这绝不是一个容易的过程。8家公司涉及领域不同，难以形成一个相关联的产业链，不同公司遇到的具体问题不同，这让“拼命三郎”刘鹏飞也感到精力有限。他需要更加结实的“左膀右臂”，而这并不是有兄弟就能完全搞得定。

“我们的人在经验、能力方面还是有些欠缺。”自己的团队太过年轻，这让刘鹏飞有些无奈，他也曾招过几个年龄稍长、有一定积累的员工，可最终还是都选择了离职。目前，8家公司的行政管理层几乎是清一色的江西老乡或校友，这样的用人模式，他一边认为“自己人”用起来比较放心，一边又在困惑，外面的人为什么就留不住。

精细化管理是他面临的另一个挑战。由于各个公司实行总经理负责制，大家多少有些各自为政，而忽略了从全局思考问题。而刘鹏飞要做的，就是梳理每个公司的制度，再将它们统一到一个框架下面。

“以前哪有后勤、行政？总共就两个部门，一个生产，一个销售。”刘鹏飞说，如果遇上订单多，销售就过来支援生产，如果市场不好，生产就去跑订单。现在的他，明白那只是一时的权宜之计，一家公司要健康发展，必须有健全的制度做保障。“这是个穿针引线的活儿，要有耐心和毅力。”习惯粗放式管理的刘鹏飞，正一步步向精细化管理走去。

拓展阅读

创业者必须回答的问题

许多人都在做创业的美梦，于是每年都涌现出不计其数的新创企业。然而，在创业大军中成功者甚少，失败者居多，某些新创企业甚至未见天日就夭折在摇篮里。为什么创业如此艰难呢？

创业者面临的各种各样的选择和难题，可能会使成熟企业的经理人也感到惊慌失措。阿马尔·拜德是哈佛商学院的副教授，一直从事创业问题的研究。他通过对数百家新创企业长达8年的观察，为创业者提供了一个框架以及相应的经验法则，目的是想帮助他们分析自己所处的环境，认清他们面临的众多机会和众多问题的轻重缓急，并对企业发展前景做出理性的判断。阿马尔·拜德的这个框架主要包括前后紧密相连、循序渐进的三大问题，即我的目标是什么？我的战略正确吗？我有能力实施这些战略吗？其中，每个问题又包含若干个小问题。

首先，一位创业者的个人目标和他的企业的目标之间有着难解难分的联系，因此在确定企业目标之前，创业者必须对自己的个人目标一清二楚。如果创业者停下脚步想一想，大多数都能够确定一些非常具体的目标。例如，他们可能是为了有机会试验一种新的技术，为了追求自己喜欢的生活方式，或者为了建立一家可持续发展的企业等。当创业者明确他们的个人创业目标后，他们还必须回答这样几个小问题：我需要建立什么样的企业？这样的企业要承担什么风险、做出什么牺牲？我能接受那样的风险和牺牲吗？

其次，创业者必须制订正确的战略。很多人创业的目的是为了抓住某个短期内的机会，没有考虑长远的企业战略。对于一家新创公司来说，制订一套完善的战略比解决聘用问题、设计控制系统、确立上下级从属关系或者确定创始人的角色等事项更为重要。要确保企业战略的正确性，创业者应该定期让他们的战略接受如下问题的检测：公司的战略明确吗？这项战略能带来可观的利润和企业的成长吗？这项战略能持久吗？我的发展目标是太保守还是太远大？

最后，是否有能力实施制订好的战略也许是创业者最难回答的问题。很多新创企业之所以夭折，就是因为创业者不能有效地实施他们自己制定的战略。因此，即使创业者有了一个完善的战略，也不能保证企业一定能取得成功。如果他们不在人才招募、融资、组织基础设施方面进行投资，以及培养与战略匹配的组织文化等方面下工夫，创业者还是无法取得成功的。要正确评价自己实施战略的能力，创业者必须从资源、组织的能力以及个人角色这三个方面进行评估：我有所需的资源与关系吗？组织有多强大？我能胜任我的角色吗？

如果发现自己不能胜任角色，创业者就必须考虑个人在企业中的角色转换。当然，如果想创办小型企业，亲自承担所有重要任务的创业者无须转变角色。例如，在个体服务公司，合伙创始人经常是从创业直到退休，一直在和客户打交道。然而，当一家新创企业成长为能独立生存的实体时，就要求创业者扮演新的角色。一位专家建议，创业者角色的转变应经历四个步骤：从亲自干活起步，到教会别人如何干，再到规定想要取得的成果，最终是全方位的统筹安排。

创业者还应该居安思危，要有一种强烈的危机感。因此，作为一个合格的创业者，他们必须经常“充电”，学习新的技能和知识，而且还要不断地反问自己：我要到哪里去？我怎样才能到达那里?

项目任务一

互联网为创业者提供了一个不需要资金、经验与关系的绝佳平台,白手起家是许多年轻人的梦想,所以当下有80%以上的大学生创业选择网上开店。但据不完全统计,淘宝小商家的淘汰率在96%以上。请分析电商创业的营销策略、财务管理要点和经营风险。

项目任务二

设计一份创业计划书,针对自己的创业计划,分析存在的潜在风险,并提出相应的风险控制对策。

模块七　新企业的持续经营

创业名言

创业需要与现行管理方法不同的管理方法。但和现行的管理方式一样，创业也需要有系统、有组织、有目标的管理，不懂得管理的创业家，不能存活很久；而不懂得如何创新的管理者，也不会存活很久。

——彼得·德鲁克

教学目标

1. 掌握顾客对企业效益的重要性、提高顾客忠诚度和留住顾客的方法；
2. 理解企业差别化经营是避免同质化竞争的有效策略；
3. 理解企业人力资源管理对留住人才、确保企业持续化经营的重要作用。

重点难点

1. 重点：差别化经营的概念，新企业人力资源管理的独特性；
2. 难点：顾客满意度衡量的方法。

开篇案例

顾客使产品成型——戴尔计算机公司根据顾客的要求制造产品

“为顾客着想”，是在德克萨斯朗德罗克的戴尔计算机公司三栋大厦之一的戴尔3号大厅的巨大的招牌。这一提示物看上去几乎是多余的，但从1983年迈克尔·戴尔在简陋的宿舍里开始创业时，它就成了戴尔计算机公司的标志，以促使计算机中间商调解公司和顾客之间的关系。戴尔创立了一种激进的、不同于以往的商业模式：把计算机直接卖给顾客，并为他们提供直接的技术性的支持。“我们有庞大而清晰的商业模式。”年轻的创业者迈克尔·戴尔说。这样的经营思路给戴尔公司带来了惊人的利润。1998年，戴尔的收入是123亿美元。公司以每年52%的速度增长，已经超过了IBM，成为美国第二大商业计算机卖主，并正在入侵惠普的领地。

直接面对顾客的商业模式，使戴尔公司可以很快获得市场信息，因为戴尔是先有订单再生产，所以它可以有效地降低存货，并且保持较低的成本，因此，戴尔把它的产品价格降低到比它的竞争者最低价还低10%～15%。现在，当顾客需要元件时，只要几分钟，戴尔公司就可以把元件送到。在戴尔工厂，一台计算机装入软件，并进行测试，8小时后就包装完毕。然而，速度只是戴尔模式的一部分，服务则是另一部分。公司创造了一种“戴尔视野”的服务能力，力求使每一位顾客“必须有一种质量经验，并且必须获得满足，而不仅仅是满意”。

实际上，通过成功的商业模式的转变，公司发现了顾客的重要性。戴尔公司的顾客有两种：企业和个人消费者。个人消费者的购买因素是价格，与此相反，企业购买者需要一种慎重发展的关系。像大多数成功的公司一样，戴尔把大多数资源放在与其最有利可图的顾客建立关系上。

公司的顾客占戴尔业务的90%，并且公司用高层的销售团队管理企业客户。现在，戴尔也安装定制软件，并追踪企业客户的存货，它已经获得了许多大型的客户。戴尔用于顾客关系最为创新的工具是互联网。作为最早通过在线销售获利的公司之一，戴尔现在把在线业务作为企业增长的一部分。网络销售已经迅速成为公司直接面向顾客的销售模式，迈克尔·戴尔说："而且，这也是使我们和顾客相互联系的最有效的方式。"

戴尔计算机公司之所以在个人电脑业获得快速的发展，部分原因也是因为他们做到了一流的服务，使顾客的满意度很高，并且戴尔公司一直把让顾客满意的宗旨在目标客户中广为宣传。

对于那些以顾客为导向的公司来说，顾客满意既是目标，也是营销策略。顾客满意度高的公司也一直向自己的目标市场和目标顾客灌输他们的理念。

思考与问题：

(1)重视顾客跟企业的利润有关系吗？为什么？

(2)企业为什么要抓住顾客的需求，并为满足这些需求而努力？

(3)提高企业利润有什么好办法？

项目一　以顾客为中心

现在的市场是一个竞争激烈的市场。如何在竞争中赢得顾客和战胜竞争者，是每一个创业者都必须思考的问题。任何企业的盈利都是通过顾客购买企业的产品或服务来实现的。

顾客管理本来应该属于市场营销的范畴，但是由于在企业创建初期，顾客管理尤其重要，因此专门地列出来，以期引起创业者的重视。创业开始的第一份订单和第一位顾客对企业发展来说，是很关键的一个开端，因此管理好顾客，一切以顾客为中心，让顾客满意，才是企业的生存之道。

要想获得良好的公司效益，只有为顾客提供可以满足顾客某种需要的产品并为公司的目标顾客提供优质服务这一条捷径。

一、吸引顾客不是某一个部门的事

很多公司认为，吸引顾客是营销人员的事和广告的作用，事实上，在公司吸引和留住顾客的工作中，营销和广告仅占其中的一部分。即使是最优秀的营销人员也无法销售劣质、无人需要的产品，即使是广告投入再多，也无法把顾客感到无用的产品推广出去。所以，只有公司上下从产品质量、售后服务、公司文化以及公司形象上都对顾客给予高度的重视，才会使顾客满意和带来良好的口碑。

二、企业经营的重要内容就是灵活性和创造性

1.加盟特许经营企业比新创企业更容易

目前的市场，没有人可以预知整体经济将会发生什么变化，在经济衰退时，任何措施都会

使企业陷入困境。当企业的现金流中断时，通常都会有员工被裁员。

事实上，这个时候加盟特许企业就显得更有优势了。在经济低谷时，选择特许经营比单独经营要有利得多。那些成熟的特许加盟企业，往往有更强的抗风险能力。开办新企业要付出常人所不能付出的艰苦努力，而加盟成熟的特许经营企业，就显得省力得多。

但你在选择这类加盟企业时，最好是选择已经有三年以上特许经营历史的成熟企业，因为他们的商品质量和客户服务系统往往比较完善。

2. 谁赢得顾客，谁就赢得了市场

现在已经很难找到空白市场或者独家垄断的市场了。因此，顾客在选择一个产品时，必然面对着众多的产品、品牌、价格和供应商，但是谁将最后赢得顾客呢？

每一个顾客都会对他所要购买的产品有一个期望值，顾客在选择产品时，往往会基于以往的购买经验或者朋友和伙伴的意见。因此，很多公司都把提高顾客的满意度作为自己的追求目标。

案例学习 7-1

追求顾客满意——现代商战中永不变的星辰

顾客满意在商战中的重要性是无可否认的。下面我们将从上海施乐公司的营销实践中寻找答案。上海施乐公司是成立于1998年的中美合资企业，目前拥有员工600多人。该公司在成立后的短短五年多的时间里，不仅熟练地掌握了美国施乐公司的生产技术，更把美国施乐公司先进的营销管理方法融汇于企业的经营管理实践中，成为中国企业经营管理方面的佼佼者和复印机行业的市场霸主。1993年，该公司销售复印机2.2万台，炭粉22万瓶，销售额达5.5亿元，人均销售额85万元，其市场占有率达45.3%，遥遥领先于其他六家复印机制造商（排名第二位的制造商其市场占有率不到20%）。上海施乐公司取得如此巨大的成功无疑有多方面的原因，但促使上海施乐公司走向辉煌的最根本原因是上海施乐公司始终以顾客为中心追求顾客满意度的最大化。其具体做法是：

1. 注重市场调研，跟踪市场的细微变化

领先一步调整产品定位要做到在经营中以顾客为中心，使顾客满意，首要的工作便是了解目标顾客的需求和欲望，研制和开发适合他们需要的产品。否则，离开了这一点，使顾客满意就无从谈起。

2. 搞好售后服务工作

开发适销对路的产品，仅仅是使顾客满意的开始，还有许多问题是无法在工厂的产品开发、生产过程中解决的。如施乐公司坚持质量取胜的观念，但什么是质量呢？无疑，生产工艺方面的标准是最基本的需求，但仅此还远远不够，上海施乐的质量观是满足上海施乐公司所有客户在产品创新和服务方面的需求。售后服务是上海施乐公司的重中之重，由于任何产品都无法保证100%无故障。

3. 定期调查顾客的满意度，消除顾客的抱怨

为了准确地了解顾客的满意度，上海施乐公司还建立了客户满意测评系统，这一系统包括以下四项内容：

(1) X-90调查，即对使用上海施乐公司产品达90天的新用户进行满意度调查，之所以选择90天，是因为复印机这种产品在初次使用的90天内最容易暴露出问题来。

(2)X－180 调查，也叫周期调查，是对购买机器一年以上的老客户所做的一年两次的定期调查，这种调查内容与 X－90 相似，但从每次调查结果看，两者呈现有规律的差距。

(3)竞争性调查，是把施乐公司和竞争对手放在一起所作的比较性调查。一类以经销商为调查对象，一类以最终用户为调查对象。

(4)对员工满意度的调查，这是因为员工满意度会直接影响顾客的满意度，故把这项调查也列入客户满意测评系统，这种调查一般一年一次。

除搞好顾客满意度的调查外，上海施乐公司还建立了客户抱怨处理系统，负责处理客户抱怨，该系统要求各职能部门及时处理由质量办转来的抱怨。

施乐公司力求使顾客“全面满意”，提出了：保证在顾客购买的三年里，如有任何不满意和质量问题，公司将为其更换相同或类似的产品，一切费用由公司承担。假如现在恰好有一名顾客正在选择这类产品，而其他同类的产品尚没有施乐公司这样的服务承诺的话，这位正在犹豫中做抉择的顾客，就会在施乐公司“全面满意”的顾客至上的经营宗旨面前，选择他们的产品。

施乐公司用让顾客“全面满意”的营销策略，赢得了新的顾客。

三、如何提高顾客的忠诚度

顾客忠诚度往往是靠一些小事的积累而形成的，忽略这些细节，有可能使已经来过的顾客流失。

案例学习 7－2

快捷旅馆的顾客会员制

在某公园附近有一家快捷旅馆，创业者希望顾客可以记住他们的品牌，并且时常光顾他们的旅馆。他们首先把目标顾客确定为那些个体商务旅行者，然后为这些旅行者设计了一个优惠的形式，以维护与这些顾客的联系。他们从细致体贴的服务入手，与每位会员签署一个契约：请加入我们顾客会员俱乐部，住满几天可以送一天，而且可以累计，凡此种种，他们都尽力去满足顾客的要求，最后，量变产生了质变。

如今，这家旅馆的生意在商务旅行的顾客中很稳定，而且，这个俱乐部的四分之一的顾客，都表示不会去其他旅馆，成了这家旅馆忠诚的顾客群体。

公司的品牌是需要满意的顾客的口头传播来传递的，每一个获得满意服务的顾客，或者对产品感到满意的顾客，都有可能成为你的忠诚顾客，也可能给你带来更多的新顾客，因此，树立品牌，要从服务入手。

四、一味增加服务内容，也会降低利润

尽管公司确立了以顾客为中心的经营宗旨，顾客满意度的提高确实会使客户群得到增长，但是，增加服务内容无疑会增加公司的运营成本，所以在产品定价时，应该把这部分附加的服务费用考虑在内，如果一味地通过降价或者增加服务来提高顾客的满意度，可能会降低公司的利润。因此，在确定公司的某项措施时，首先应该把公司的利润考虑在内，因为任何企业的经营目标都是利润最大化，包括吸引顾客、提高顾客的忠诚度，最终的目标还是为了提高企业的盈利水平。

一个高绩效的公司，不仅要使顾客满意，还应该为员工创造一个满意的工作环境，为股东

带来应有的利益。顾客满意，会成为回头客，给公司带来新的利润；员工满意，会生产出高质量的产品；股东满意，也许会追加投资。这是一个良性循环，可以使公司迅速成长壮大起来。

五、留住老顾客

1.留住老顾客的重要性和必要性

留住老客户可使企业的竞争优势长久。成功的企业和成功的营销员常把留住老客户作为企业与自身发展的头等大事。在很多时候，留住一个老客户比发展一个新客户更有吸引力，甚至比市场占有率还重要。

(1)留住老客户可以使成本大幅度降低。发展一位新客户的成本投入是留住一位老客户的5倍。大多情况下，即使争取到一位新客户，也要在若干时间段后才能真正盈利。对一位新顾客进行营销所需费用较高的主要原因在于进行一次个人推销访问的费用远远高于对一般性顾客低廉的服务费用。因此，确保老顾客的再次消费，是降低销售成本和节省时间的最好方法。

(2)留住老客户会有利于发展新客户。在现代社会中，商品琳琅满目、品种繁多，老客户的推销作用不可低估。一个有购买意向的消费者，购买产品前必然会进行大量的信息资料收集，其中听取亲友、同事等亲身经历的推荐往往比企业做出的介绍要更具有吸引力。口碑的效应在于1个满意的客户会引发8笔潜在的生意，其中至少有1笔成交；而1个不满意的客户会影响25个人的购买意向。

(3)留住老客户将获取更多的客户份额。由于企业是建立在与客户互惠互利的合作关系上，提高了相当一部分现有客户对企业的忠诚度。忠诚的客户愿意更多地购买企业的产品和服务，其支出是随意消费支出的二到四倍，并且随着忠诚客户年龄的增长、经济收入的提高或客户企业本身业务的增长，其需求量也将进一步增长。

美国西北大学教授、当代市场学权威菲利普·科特(PhilipKotler)的研究结论也证实了留住老顾客的重要性和必要性，其研究结论如下：

①获取一个新顾客的成本是留住一个老顾客的5倍。

②公司每年老顾客的流失率为10%。

③一个公司如果将其老顾客的流失率降低5%，就可以提高利润25%～85%。

④转换一个竞争对手的满意顾客，需要付出大量的努力。

案例学习7-3

七步留住老顾客——一位淘宝店主的经验之谈

相信每个做销售的人都知道，要做好生意，招揽新客源是很重要的，可是，还有一种群体更重要，那就是老顾客。我们要做的事情是让每个顾客都能成为老顾客，让每个老顾客都能成为时不时就会来看看来挑挑的回头客。

那怎样才能留住老顾客呢？

开实体店的娜姐说："我们的衣服质量好，价位便宜，我们的服务也好，基本上都能吸引顾客成为我们的老顾客。"

实体店能做到，那是因为衣服看得见，东西摸得着，服务这东西在人与人交流的过程中就能感受到的，可是，网店呢？这种买家与卖家在电脑的两端，甚至在地球的两个方向的人，怎么才能建立起这种感情、这种共鸣甚至这种没有距离的关系呢？网购是这样的摸不着看不到，怎样才能拥有这样的老顾客并留住他们呢？

经过一年的观察，我觉得我自己的网店很多时候都是老顾客过来捧场的，老顾客还能介绍新顾客，然后新顾客再变成老顾客再不断地回头……这样循环下去，那群体不得了。下面是我的经验之谈，也是结合大家的一些方法来分析如何好好地留住我们的重心顾客——老顾客。

(1)使用优惠券。优惠券对老顾客很有吸引力，就像你在超市买东西，有了这送的优惠券，你就有下次去购买抵掉的欲望。这就是为什么麦当劳和肯德基每次都有很多优惠券的道理。

(2)加他们的旺旺为好友，每次完成交易后，把他们的旺旺加为好友，分地区保存着。这样一来，以后店里有什么活动，有什么优惠，或者有上什么新货的消息，就可以第一时间和他们联系。或者在一些重要节假日时，发个简单的祝福语过去，只要不是经常骚扰他们，很多顾客还是会接受你发出去的信息的，并且很多顾客对你也加深了印象，要购物时也会想起你。

(3)回复旺旺信息时要俏皮幽默，让对方一下子对你加深了印象，可以多加些表情，让谈话显得有趣而不紧张。曾经见过一个朋友给他的顾客的对话框，对方老是想讲价，其实他已经很烦了，但谈话的内容却丝毫没有露出厌恶的语气，还在说“亲，再优惠下去，我只能裸奔了。”“亲亲亲，您再不拍下，我会失眠一整夜。”后来这个顾客也不敢再还价了，只能拍下。再后来，听说这个顾客回头率蛮高。我这个朋友说，做淘客，有时得牺牲得“色相”。我自己的理解是，做淘客，您与顾客之间，千万不能搞得太紧张，反正是见不到面的沟通，哪怕自己心情多烦，也不要表示出来。

(4)质量好才是真正的硬道理。不管您其他方面做得多好，您的东西质量最好才是真的，所以您在选择货源方面，还是要把质量好这一方面考虑进去，想想看，哪个顾客想买到质量不好，让他们失望的东西？质量好，才能产生回头客，要不然，每销售一个产品就有可能失去一个顾客。

(5)为他们设置会员价。会员价就是要突出老顾客与众不同，您可以把顾客设为 VIP 顾客，设置多层优惠，让他们知道，回头购买是多么划算的一件事，您的店，就像他的家，来一次熟悉一次，来一次感情加深一回。

(6)让他们加入你自己创建的平台。让他们加入你自己为买家创建的帮派、后院以及你想让他们进去看看的新浪博客，让他们知道，你的店铺内涵有多丰富，你的平台是如此多姿多彩。

(7)如果你有空的话，要多留意宝贝发出去的物流信息，快到了或者已经到了的东西，要发信息提醒他们注意签收，以免他们漏收或者没能与快递联系上而造成麻烦。

最后，还是一句老话，顾客是我们的上帝，我们还是要好好呵护我们的上帝，这个上帝呵护好了，他们就会给我们带来很大的成就感。学会把顾客当成朋友，当成亲人，真正地为他们考虑他们所想的，所担忧的，只要我们有梦想，没有我们做不到的，只有我们做得不好的。

2. 避免老顾客流失的方法

首先，建立累计消费优惠制度。累计消费优惠制度，即顾客消费达到某个限度后，就可以享受某种折扣。有的顾客为了不放弃这个优惠，就有可能会再次购买这个品牌。

其次，提高顾客满意度。如果你的服务让你的顾客足够满意，那么，就算你的竞争对手用低价或者其他小手段，也很难拉走你的顾客。

案例学习7-4

快捷酒店的顾客优惠策略

在激烈的市场竞争中，以顾客为中心的营销策略是酒店赢得市场优势的必要手段。快捷酒店之间的竞争不再停留在简单的价格大战上，而是在营销中融入顾客优惠策略，实现机遇面前的乘风而上，挑战面前的激流勇进。

树立以顾客为中心的营销理念，要求酒店的全部经营活动都要以满足顾客的需要为出发点，把顾客需求作为酒店一切工作的源头。快捷酒店必须经常调查目标顾客现实和潜在需求，分析消费的动机、行为、能力和水平，研究消费传统、习惯、兴趣和爱好，有针对性地提供服务项目和产品，使顾客有宾至如归、方便快捷的感受。为建立顾客忠诚度，应实施如下关系营销：建立顾客走访制度，指定专人负责对忠诚顾客的定期访问，用以沟通信息、增进感情、查找问题，通过经常的走访、推销，与顾客建立长久合作的关系；建立忠诚顾客信息的跟踪记录与处理机制，在发现忠诚顾客转向消费意向后，酒店应认真分析原因，积极采取补救措施，力争挽回顾客对酒店的忠诚。

如今，在一些快捷酒店实行住满十次送一次的方法，就是为了吸引那些老顾客再次光临他们的酒店，同时鼓励顾客买会员卡，这样在每次入住时还可以给予优惠，以留住老顾客、培养客户的忠诚度。

六、顾客满意追踪调查和衡量的方法

1.建立投诉和建议制度

创业者要致力于给顾客创造一个畅通的投诉通道，一个以顾客为中心的企业应为顾客投诉和建议提供方便。许多服务行业的公司都备有不同的表格，请顾客留下他们的感受和意见。有的公司还开设了免费电话、网站和电子邮箱，以便与顾客进行交流。这些信息可以为公司带来大量好的创意，使创业者能更快地采取行动，解决问题。

案例学习7-5

季琦在顾客的抱怨中寻找灵感

如家快捷酒店、汉庭连锁酒店的创始人季琦就是从一个顾客的意见中得到启发，进而开创了廉价、整洁、便捷的实用性连锁酒店的。那时他看到一个顾客留言说：如果有又便宜、又干净、又方便的酒店就好了。于是2005年年初，汉庭在中国正式创立，同年8月，第1家门店开业，2006年年底，汉庭连锁酒店第34家门店开业。2007年7月，汉庭以股权融资850万美元，创下中国服务行业首轮融资的新纪录，2007年年底，汉庭连锁酒店第74家门店开业。2008年年初，汉庭在全国签约门店数达到180家，完成了全国主要城市的布局，并重点在长三角、环渤海湾、珠三角和中西部发达城市形成了密布的酒店网络，成为国内成长最快的连锁酒店品牌之一。2008年4月，汉庭已开业酒店超过100家，出租率、经营业绩等各项指标均在业内处于领先地位。

2.顾客满意度调查

一些调查表明，顾客在四次购买中会有一次不满意，而只有不足5%的不满意顾客会抱怨，大多数顾客会少买或者转向其他供应商。所以，公司不能以抱怨水平来衡量顾客的满意度,如有的公司就采取了定向调查、随机抽样等方法来测定顾客的满意度。

在收集有关顾客满意度的信息时,可以询问一些其他问题,以了解顾客的购买意图,有的还会询问顾客是否愿意向其他人推荐本公司等,好的口碑意味着公司创造了很高的顾客满意度。

企业在与顾客接触时,要永远留给顾客一个好印象。只有顾客对产品和服务满意,才会再次光顾成为你的客户;只有顾客不断购买你的产品,你的利润才会滚滚而来。而争取成为顾客不可替代的产品,才是企业追求的目标。

3. 安排神秘顾客

为了获得一些来自第一线的信息,创业者也可以雇用一些人装扮成潜在顾客,收集顾客在购买公司或竞争对手产品的过程中发现的问题。这些神秘顾客甚至可以提出一些问题,以测试本公司销售人员是否可以妥善处理这些问题。例如,一些餐馆的神秘顾客可以假装对食品的口味不满,以检验餐馆服务员是如何处理这些抱怨的。如百安居也曾派出神秘顾客,测试其营业员对业务的熟练程度和对购买非自己品牌产品的态度和处理方式。

公司不仅应该雇用神秘顾客,创业者也应该经常走出办公室,进入他们不熟悉的公司以及竞争者的实地销售场地,以亲身体验作为顾客所受到的待遇。有时还可以给公司接待部门打电话,提出各种不同的问题和抱怨,看公司的员工是如何处理这样电话的。经理们也可以采用另一种方法来做这件事,他们可以打电话到自己的企业,提出各种不同的问题和抱怨,看企业的员工如何处理这样的电话。从中我们很容易发现客户的流失是不是由于员工的态度而流失,发现公司的制度及服务中存在哪些不足,以便改进。

4. 分析流失的顾客

对于那些已经停止购买或者转向另一个供应商的顾客,公司应该与他们接触,以了解发生这种情况的原因。客户的需求不能得到切实有效的满足往往是导致企业客户流失的最关键因素。一般来讲,企业应从以下几个方面入手来堵住客户流失的缺口。

(1)实施全面质量营销。顾客追求的是高质量的产品和服务,如果我们不能给客户提供优质的产品和服务,终端顾客就不会对他们的上游供应者满意,更不会建立较高的顾客忠诚度。因此,企业应实施全面质量营销,在产品质量、服务质量、客户满意和企业赢利方面形成密切关系。

另外,企业在竞争中为防止竞争对手挖走自己的客户,战胜对手,吸引更多的客户,就必须向客户提供比竞争对手具有更多"顾客让渡价值"的产品,这样才能提高客户满意度并加大双方深入合作的可能性。为此,企业可以从两个方面改进自己的工作:一是通过改进产品、服务、人员和形象,提高产品的总价值;二是通过改善服务和促销网络系统,减少客户购买产品的时间、体力和精力的消耗,从而降低货币和非货币成本。

案例学习 7-6

某企业为了更好地吸引客户,将销售收入的3%用于新产品的研制开发,生产市场上有良好需求的产品,还投入了大量的费用改进产品的各种性能,提高产品的价值。而且把全国市场划分为华东、华西、华中、华南、华北五个部分,出资建立了五个仓库,每个仓库都配备专门的送货车。另外,企业承诺客户不管什么时间要货,只要一个电话,保证24小时内送到。企业通过这些措施解决了客户缺少货源问题,节省了货物运输的时间、费用,客户购买产品的成本大大降低，受到众多客户的好评，企业当年的销售额就比往年增加了23.5%。

很多企业为了发现自身存在的问题，经常雇一些人，装扮成潜在顾客，报告潜在购买者在购买公司及其竞争者产品的过程中发现的优缺点，并且不断改进自身产品。

著名的K快餐店就经常采用这种方法。美国K国际公司的子公司遍布全球60多个国家，达9900多个，但如何保证他的下属能循规蹈矩呢？一次，上海K有限公司收到了三份总公司寄来的鉴定书，对他们外滩快餐厅的工作质量进行了三次鉴定评分，分别为83、85、88分。分公司中外方经理都为之瞠目结舌，这三个分数是怎么定的呢？原来，K国际公司雇用、培训一批人，让他们佯装顾客潜入店内进行检查评分，以监督企业完善服务。

(2)提高市场反应度。首先，善于倾听客户的意见和建议。客户与企业之间是一种平等的交易关系，在双方获利的同时，企业还应尊重客户，认真对待客户提出的各种意见及抱怨，并真正重视起来，才能得到有效改进。在客户抱怨时，认真坐下来倾听，扮好听众的角色，有必要的话，甚至拿出笔记本将其要求记录下来，要让客户觉得自己得到了重视，自己的意见得到了重视。当然仅仅是听还不够，还应及时调查客户的反映是否属实，迅速将解决方法及结果反馈给客户，并提请其监督。

客户意见是企业创新的源泉。很多企业要求其管理人员都去聆听客户服务区域的电话交流或客户返回的信息。通过倾听，我们可以得到有效的信息，并可据此进行创新，促进企业更好的发展，为客户创造更多的经营价值。当然，还要求企业的管理人员能正确识别客户的要求，正确地传达给产品设计者，以最快的速度生产出最符合客户要求的产品，满足客户的需求。

案例学习7-7

在一次进货时，某家具厂的一个客户向其经理抱怨，由于沙发的体积相对大，而仓库的门小，搬出搬进的很不方便，还往往会在沙发上留下划痕，顾客有意见，也不好销售。要是沙发可以拆卸，也就不存在这种问题了。两个月后，可以拆卸的沙发运到了客户的仓库里。不仅节省了库存空间，而且给客户带来了方便。而这个创意正是从客户的抱怨中得到的。

第二，分析客户流失的原因。对于那些已停止购买或转向另一个供应商的客户，公司应该与他们接触，以了解发生这种情况的原因，找出客户流失的原因。客户流失的原因，有些是公司无能为力的，如客户离开了当地，或者改行了、破产了。除此之外，还有其他的因素，如他们发现了更好的产品，供应商的问题或产品没有吸引力等。这些都是公司可以改进的，如客户流失是因为服务差、产品次、价格太高等。

对流失的客户进行成本分析，部分的企业员工会认为，客户流失就流失了，旧的不去，新的不来。而根本就不知道，流失一个客户，企业要损失多少。一个企业如果每年降低5%的客户流失率，利润每年可增加25%～85%，因此对客户进行成本分析是必要的。

例如，美国一家大型的运输公司对其流失的客户进行了成本分析。该公司有64000个客户，今年由于服务质量问题，该公司丧失了5%的客户，也就是有3200(64000×5%)个客户流失。平均每流失一个客户，营业收入就损失40000美元，相当于公司一共损失了128000000(3200×40000)美元的营业收入。假如公司的赢利率为10%，那这一年公司就损失了12800000(128000000×10%)美元的利润，但是随着时间的推移，公司的损失会更大。

面对单个客户的流失，很多企业或许会不以为然，而一旦看到这个惊人的数字后，不由会从心中重视起来。获取一个新客户的成本是保留一个老客户的5倍，而且一个不满意的客户平均要影响5个人,依此类推,企业每失去一个客户,其实意味着失去了一系列的客户,其口碑效应的影响是巨大的。

第三,建立强力督办系统,迅速解决市场问题,保证客户利益。如窜货问题导致客户无利可图,企业应迅速解决。某分销商是A品牌在东南地区的销售大户。有一段时间,该分销商为谋取年底丰厚的扣点返利,自恃在A品牌销售体系中的销售地位及预期利润回报,开始以低价向邻近省市窜货,给相邻的经销商带来了很大的损失。A品牌及时发现了该经销商"图谋不轨"的行为,并果断采取了断货的措施。除此之外,还以年终扣点向该分销商提出了严厉的警告。没想到A品牌会动真格的,该分销商眼见自己的大批下游客户因拿不到货而转向其他竞争者,迫于内外交困的言论,迅速恢复了正常的区域分销及价格体系。而A品牌为了保证其他客户的利益,承诺承担因窜货而导致的损失,有效防止了客户的流失。

因此,企业应定期派出业务人员到市场上进行巡查,一旦发现窜货现象,要及时向企业反映,以争取充足的时间来采取措施控制窜货的发生,从而降低经营风险。因为在很多情况下,窜货往往会致使客户无利可图,最后导致客户无奈放弃产品经营离企业而去。

第四,建立投诉和建议制度。95%的不满意客户是不会投诉的,仅仅是停止购买,最好的方法是要方便客户投诉。一个以客户为中心的企业,应为其客户投诉和提建议提供方便。如许多饭店和旅馆都备有不同的表格,请客人诉说他们的喜忧。宝洁、通用电器等很多著名企业,都开设了免费电话热线,以方便投诉和建议。很多企业还增加了网站和电子信箱,以方便双向沟通。这些信息流为企业带来了大量好创意,使它们能更快地采取行动,解决问题。

案例学习7-8

长春某宾馆用品商店的老板接到了客户的一个建议,建议其销售的卫生纸卷小点。原来商店的客户是一家低档宾馆,入住的客人素质很差,服务员每天放在卫生间的一大卷卫生纸,客人用不完也都全部拿走了。本来可以用二、三天的卫生纸,当天就不见了踪影,第二天只好再上新的,结果导致管理成本上升。商店老板了解到这个情况后,立即从造纸厂订购了大量小卷卫生纸,派人去本市各低档宾馆推销。由于小卷卫生纸解了宾馆经理的难心事而受到欢迎,致使销量大增。

最后,建立预测系统,为客户提供有价值的信息。商丘一饲料厂的厂长曾谈到这个问题,说企业真正为客户着想,在预测到饲料价格短期内将上浮的消息时,总会及时告诉经销商,而了解到这个消息的经销商就会大批量地进货,以赚取更多的差价。而一旦预测到近期内,市场的需求量将下降,企业在减少生产量的同时,也通知经销商降低库存,以减少不必要的资金积压和成本费用。信息就是财富,客户对厂家自然是感激不尽。

案例学习7-9

一张图读懂海底捞的经营内涵

这是一张对海底捞服务全面解析的流程图(见图7-1),从顾客到店到顾客离店,9大服务环节,每一个环节都有详细的服务流程体系。海底捞的员工文化并不高,如何流程化、系统化地驱动管理,值得所有餐饮、零售、物流管理等领域借鉴。

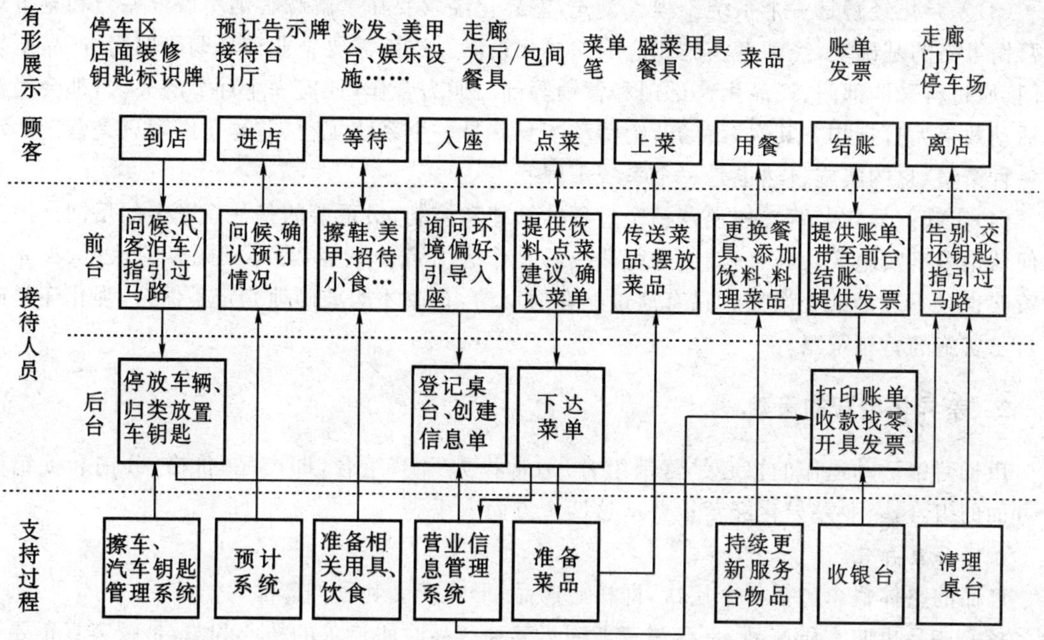

图7-1 海底捞服务流程图

项目二 差异化经营

差异化经营指的是在同质化的产品市场中，企业为了应对激烈的市场竞争，在对目标市场进行充分调查的基础上，根据消费者消费需求的变化，通过对产品、价格、地点和促销方面制定出不同于竞争对手的策略，以达到建立比较竞争优势，取得竞争主动权的目的。

差异化经营是企业避免同质化竞争的有效策略，只有创新和差异化经营才可以真正提升企业的竞争力。

一、差异化经营的特征

差异化经营的特征如下：

(1)差异化经营以市场调查作为基础。市场调查能够为企业决策者提供顾客在物质需要和精神需要的差异，准确地把握“顾客需要什么”，并在此基础上，分析满足顾客差异需要的条件，根据企业现实和未来的内外状况，研究是否具有相应的实力，目的是明确“本企业能为顾客提供什么”这一主题。

(2)差异化经营是一个动态的过程。任何差异都不是一成不变的。首先，随着社会经济和科学技术的发展，顾客的需求会随之发生变化，满足顾客需求的企业营销活动也要随着变化；其次，竞争对手的策略也在变化。随着科学技术的进步，企业的模仿和跟进能力日益增强，尤其是一些技术含量不高的营销活动，很容易被那些实施跟进策略的企业模仿，任何差异都不会永久保持。要想使本企业的差异化战略成为特效药，出路只有不断创新，用创新去适应顾客需要的变化，用创新去战胜对手的“跟进”。

(3)差异化经营是一个系统工程。首先,差异化经营要在了解顾客消费需求差异和竞争对手营销策略的基础上,经营者实施相应的差异化策略。这就需要企业市场调研部门、产品研发部门、原材料采购部门、产品生产部门和营销等部门通力合作,任何一个环节的失误,都会使营销活动效果大打折扣。其次,市场营销活动本身就是一个系统工程,差异化经营只是营销活动的一种策略,它的实施自然也是一个系统工程。

(4)实施差异化经营要加强营销全过程的管理和控制,最重要的是注意顾客的反馈。因为任何营销策略实施成功与否,最终进行裁决的是作为上帝的顾客,得不到顾客的认可,再完美的策略也只不过是纸上谈兵。只有通过顾客的反馈,企业才能准确地判定是保持、强化还是改变自己实施的营销策略。

二、差异化经营的策略

市场营销活动运作的核心是营销组合,通常称为“4P”组合,即产品、价格、分销和促销四个方面的组合,企业差异化经营也要从这四个方面入手。

1. 产品差异化

产品的整体概念包括三个层次,即核心产品、形式产品和延伸产品。

核心产品也叫实质产品,是指消费者购买某种产品时所追求的核心利益,是顾客真正要买的东西,决定着产品的功能与效用。它是产品整体概念的第一个层次,也是最基本的层次。

形式产品也叫有形产品,是指向市场提供的产品实体或劳务的外观,是核心产品的载体,也是购买者选购的依据。它有五个标志,即质量、特征、形态、品牌和包装。

延伸产品也叫附加产品,是指消费者购买形式产品时所获得的全部附加服务和利益,包括提供信贷、免费送货、质量保证、安装、售后服务等。企业只有向消费者和用户提供具有更多实际利益的延伸产品,才能在激烈的市场竞争中取胜。

产品差异化也包括三个层次,即核心产品差异化、形式产品差异化和延伸产品差异化。

(1)核心产品差异化,也就是企业要向消费者提供比竞争产品更多的效用和利益。企业要在和竞争对手产品功能比较的基础上,根据消费者对产品功能现实需求和潜在需求,向消费者提供更多的适合消费者需求的产品功能,建立对竞争产品的比较优势。比如空调产品,基本的功能为制冷,在此基础上,视竞争产品情况可逐步附加净化空气、杀菌消毒、节能、变频、加热、加湿等功能。

(2)形式产品差异化,也就是在产品的质量、特征、形态、品牌和包装方面与竞争产品差异化。

首先,产品质量差异化。质量是企业产品市场的通行证,是企业的生命。企业通过各种质量控制手段对产品的稳定性、耐用性、可靠性等质量指标进行差异化管理,以获取竞争优势。据调查显示,产品质量和投资回报之间存在着很高的正相关关系,生产高质量产品的企业所赚取的利润比低质量产品的企业高60%。前者之所以赚得多,是因为优质产品使其能以高价出售,并且得益于较多的重复购买、会获得消费者的忠诚和好的口碑等。例如,宝洁公司在产品原来性能质量就不错的基础上不断加以改进,从而使该公司在许多市场都处于领先的地位。

其次,品牌差异化。品牌是一个产品的标志,是产品的质量、性能满足消费者效用的可靠程度的综合体现;品牌还凝结着企业的现代化管理水平、市场信誉、企业精神等诸多文化内涵。品牌的作用非常大,一方面成功的品牌能利用独特的价值或营销拥有市场区隔,从而避免正面竞争给品牌管理带来的压力;另一方面它削弱了购买者的权力,提供符合消费者利益的购买诱因。因为市场上缺乏可比的选择,品牌的差异化又足够引起消费者的共鸣与认同,得到满足的消费者会产生品牌忠诚,从而建立起稳固的品牌偏好。

应当注意的是,品牌的差异性必须具有价值,并且该价值得到消费者认同,这样的差异性往往会使品牌脱颖而出,从而迅速提升品牌的关注度,稳固市场,提升销售。

案例学习 7-10

名人掌上电脑在推出“智能王”时,相对于竞争品牌来讲,其独特的品牌优势就是“比竞争品牌更小(重量减轻二分之一,体积减少三分之一),更省电(一节七号电池可用 3 月,而其他品牌则需要两节电池)”。这些有价值的差异化优势,渗透到品牌传播过程中以后,使得“智能王”在行业内销售量独霸市场达半年之久而无人能及,同时价格和利润也一样“居高不下”,获得了满意的市场效果。这在技术更新速度日新月异的今天,能够取得如此成绩,还是很少见的。如果说,企业的产品是以内在的品质服务于顾客的话,那么企业的品牌差异化就是用自己的外在形象取悦于消费者,从而构建自己的竞争优势。

再次,形态差异化,也就是在产品具体的外观上和竞争产品相区别。对产品基本功能的追求已不再是今天消费者选择产品的唯一理由,今天的消费者注重产品美化生活的作用,消费者选择产品时,在满足自己基本需要的同时还要符合自己的审美倾向。其次要看一看选择的产品是否与自己居住的环境相协调,所以企业在设计产品时要注重产品的颜色、款式丰富多变,给消费者更多的选择。

最后,包装差异化,也就是在产品的外包装上与竞争产品相区分。好的产品包装是无声的“推销员”,在产品的销售过程中起着“吸引眼球”的作用,所以企业要在研究消费者审美倾向和竞争产品外包装的基础上,结合产品特点,给产品设计一个醒目的包装,使产品的内在品质和外在包装相一致。

(3)延伸产品差异化,也就是在产品的附加服务和利益方面与竞争产品相区别。当核心产品和形式产品与竞争产品区分不大时,企业就要在延伸产品上下工夫,主要体现在售前、售中和售后服务方面。售前要和消费者充分的信息沟通,使消费者对本企业产品有深刻地了解,建立良好的印象;售中要给消费者提供更多的购买便利,比如提供信贷、分期付款、免费送货、免费安装等;售后要给消费者提供充分而实在的服务,比如定期保养、检修、售后回访、建立消费者俱乐部定期进行联谊活动等。企业要不断升级服务档次,并且要落到实处,使消费者得到极大的心理满足,以获得口碑相传的效应。例如,“海尔”集团的家电产品总比同类产品价格高,但消费者仍然选择购买,究其原因是大多数消费者认为“海尔”产品售后服务好。

在产品差异化的三个层次中,核心产品差异化需要企业有较强的新产品开发能力,并跟踪和引领消费者需求动向,工作难度最大;形式产品和延伸产品差异化易于被竞争者跟进模仿,使之失去差异化的优势。这些都需要企业不断改革创新,形成企业的核心竞争力。

2. 价格差异化

价格是影响产品销售的一个因素,随着购买能力的提高,价格已非是主导因素,但消费者有求廉的心理,也有“一分价钱一分货”的心理。企业应根据产品的市场定位、本企业的实力以及产品的生命周期,考虑消费者对产品价格的心理,并结合竞争产品价格来确定合适的价格策略。

案例学习 7-11

20 世纪 80 年代中期，日本胶片市场被“富士”所垄断，“富士”压倒了“柯达”，柯达公司对此进行了细心的研究，发现日本人对商品普遍存在重质不重价的倾向，于是制定了高价政策打响牌子，保护名誉，进而实施与“富士”竞争的策略。他们在日本发展了贸易合资企业，专门以高出“富士”的价格推销“柯达”胶片。经过 5 年的努力和竞争，“柯达”终于被日本人接受，走进了日本市场，并成为与“富士”平起平坐的企业，销售额也直线上升。我国海尔冰箱在市场上始终以高价位出现，给人以物有所值的感觉，而长虹彩电多次打低价战也占据了一定的市场。

3. 分销渠道的差异化

分销渠道指的是产品从生产领域转向消费领域所经过的路线和通道。产品分销渠道可以根据产品特点，结合市场因素、企业自身因素和竞争者因素采用长渠道或短渠道、宽渠道或窄渠道。分销渠道的差异化主要是在渠道的覆盖面、专业化、渠道宽度和长短的决策等方面实行差异化。

案例学习 7-12

戴尔公司直接面向顾客的销售，给计算机行业带来了翻天覆地的变化，它创造了一种生产和销售个人电脑的全新渠道。分析 DELL 成功的经验：为客户提供“量体裁衣”式服务；采用零库存；速度最快，应用最新的零件技术，快速组装；销售渠道最短，消费者通过免费电话直拨电话定制，网络销售中 80% 的新客户都通过这一渠道购买。它意味着公司不用受制于零售商，也不用承担巨额的库存费用。实际上，它实现了最佳的效用循环，低成本高利润，从而取得了非凡的经营业绩。

4. 促销差异化

促销是指企业将其产品及其相关信息通过一定的方式告知目标顾客，刺激其购买欲望，说服其做出购买行为，从而使企业扩大产品销售的市场营销活动。促销方式有广告、人员推销、公关关系和营业推广等。

首先，广告诉求差异化，也就是企业产品做广告时与竞争产品在广告诉求上的差异化。目前的大多数产品在广告诉求方面仍然集中于产品，处于“王婆卖瓜，自卖自夸”的阶段，广告受众早已厌倦了这种诉求方式，企业要从直接夸产品向间接夸产品转化，甚至有意暴露一点产品无关紧要的缺陷，给人以诚实感。例如，有优质的原材料、严格的管理才能生产出优质的产品，企业可从此入手作为广告的诉求点。农夫山泉夸水源，“伊犁”和“蒙牛”夸奶源，宛西药厂“药材好，药才好”，这些都有异曲同工之妙，给消费者以无限的、美好的想象。

其次，人员推销差异化，也就是企业在采用人员推销时与竞争产品在推销上的差异。目前的人员推销大多以推销产品，服务企业利益为上。企业对推销人员统一培训，帮助他们树立正确的推销理念，从强调企业利益为上转向以客户利益为上，在帮助客户解决问题，实现客户利益最大化的同时实现企业利益，与客户保持长期的合作关系。

第三，公关关系活动差异化，也就是企业在运用公关活动时与竞争对手的差异。目前的公关活动仍处于庸俗阶段，企业的公关活动要从庸俗阶段跳出，以回报社会、关注民生、关注环保等消费者关注的热点问题入手，以建立良好的企业形象为出发点，才能获得较好的社会回报。

第四，营业推广活动差异化，也就是企业在运用营业推广活动时与竞争对手的差异。营业推广方式有三类，针对消费者的营业推广、针对中间商的营业推广和针对推销人员的营业推广，大多数的营业推广活动集中于后两类。企业的营业推广活动要以针对消费者的营业推广为主，其他为辅，让利于消费者。因为对于企业的长期发展来说，起决定作用的还是消费者。

案例学习 7-13

动物园的差别化经营

同样是动物园，上海西郊动物园是把动物圈进笼子让人观赏，而上海南汇的野生动物园更注重照顾动物的野性，把动物散养，让人坐在笼子样的车内去观赏。野生动物园就是用这样不同于传统的经营模式，出现了差别化竞争，使原来光顾传统动物园的顾客转而关注起野生动物园了。

三、打造企业的核心竞争力

创业者必须致力于公司始终如一地发展一个核心理念，而且绝不动摇。通常那些成功的公司与一般公司的区别，就在于他们往往更注重培养公司的核心竞争力。核心竞争力通常表现在以下方面：

(1)具有一种竞争优势的资源。如拥有特殊技术的领域和产品专利，这些决定企业的差别化能力，例如耐克公司具有在运动鞋设计和销售上的优势。

(2)竞争者模仿难度很大。如微软公司的企业文化，很大程度上与比尔·盖茨的个人风格有关。

案例学习 7-14

用对顾客负责的核心理念打造核心竞争力

IBM公司的原则是：尊重个人、顾客满意和永不止步的改进质量。强生公司的原则是：对顾客负责、对员工负责、对社会负责、对股东负责。同时，公司的核心竞争力，还体现在公司各部门的协调和合作中。

公司的核心理念要启发式地贯彻到员工中去，表现为不仅要积极做好本部门的工作，同时还要考虑公司的大局，与其他相关部门做好协作，否则，让顾客满意，就会成为一句空话。例如，运输部门送货延迟了，致使顾客等待时间加长，这些会反映到顾客对推销人员的不满上；客服电话接待处理缓慢了，会造成顾客不满，从而反映到不再购买产品，使销售部门受到连累。也就是说，任何一个部门的脱节，都会损害公司的形象，进而使给顾客提供的优质服务得不到落实。

当IBM公司流失一个顾客时，公司会尽一切努力去了解它在什么地方做错了，以防更多的顾客因为同样的原因而流失。公司不仅要和那些流失的顾客谈话，而且还必须控制顾客的流失率，如果流失率不断增加，表明该公司在使顾客满意方面不尽如人意。

案例学习 7-15

沃尔玛用高效服务打造核心竞争力

沃尔玛的核心竞争力，取决于它在安排商品从供应商到各家门店时，拥有难于模仿的高效率。当沃尔玛商店在销售商品时，同时就把销售信息流向了沃尔玛总部，还流向供应商，而且这些供应商几乎在他们的商品刚被从货架上买走，就立刻把补充的商品运到沃尔玛商店了。

项目三 人力资源的管理

快速成长企业的一个共同成功要素是其强有力的人力资源管理。快速成长企业的经营者并不一定是受过高等教育的,但他们要雇用一大批有能力的下属,以便对即将面临的挑战作好准备。

一、新企业人力资源管理的基本活动及其独特性

新企业人力资源管理活动需要遵循一般企业人力资源管理的框架,具体包括:

(1)工作分析。这是人力资源管理的起点和基础,只有做好了工作分析,才能据此完成企业人力资源规划、绩效评估、职业生涯设计、薪酬设计管理、招聘、甄选、录用等工作。

(2)员工招募。为了寻找合适的雇员,企业必须做好甄别工作,从应聘者中挑选出具备必要知识和技能以及工作经历等特征的人。

(3)薪酬制度。薪酬制度是对员工的激励工作制度,这一制度是企业能否吸引到那些极具创造力的人才的关键。

(4)培训。培训是企业人力资源管理的重要职能之一,为了使员工能够满足企业发展的需要,需要对招募的员工进行培训。

(5)绩效考核。绩效考核是企业对员工在工作过程中展现出来的工作业绩、能力、态度等进行综合评价,以判断员工与其岗位的要求是否匹配。

当然,新企业与成熟的大企业相比,在人力资源管理方面具有自身的独特性。新企业的外部市场环境具有较大的不确定性,企业时刻面临失败破产的境地,因而给加入此创业公司的成员带来极大的不安全感。新企业所拥有的资源相当匮乏,可能无法给员工足够好的工作条件和工作待遇。新企业的发展由于生存面临非常大的压力,而且初创期人数又比较少,因而特别需要管理团队的共同努力才能推动企业的发展。新企业的组织制度也不尽完善,相关部门及职权职责划分并不是那么明确,因而使员工的职业生涯发展道路面临极大的挑战。若创业公司不能在激励制度上做相应的安排,将很难吸引优秀的人才加入。

二、新企业的人力资源管理活动重点

许多新企业的快速成长,不仅是由于这些企业十分重视创新、市场预测等问题,更为重要的是这些企业有着科学的人员管理计划,他们试图让员工对他们的工作与所服务的公司感到满意,并努力地、渐进地提高这种满意感。基于新企业的独特性所开展的人力资源管理活动应重点关注以下几个方面。

(1)要加强人力资源管理部门建设。人力资源管理是实现企业战略目标的重要支撑。人力资源管理活动中的选人、育人、用人、留人等具体环节必须要与企业的战略目标和发展方向保持一致,只有这样才能为企业实现战略目标发挥最大作用。创业者需要加强对人力资源管理的全面了解和重视,从创业初期的随机化、主观化的人力资源管理转变到科学化、现代化的人力资源管理行为。通过对外部竞争环境的分析和判断,以及新企业自身的业务流程的具体分析,将企业发展过程中遇到的人才缺乏瓶颈、人才激励挑战等议题纳入到人力资源管理的首要任务上。新企业需要加强专业化的人力资源部门建设及规范化的人力资源管理流程和制度

建设，建立一支具有较高综合素质的人力资源管理队伍。要努力摆脱创业者一人“拍脑袋决定”的人才招聘及激励安排，提升人力资源管理部门在企业管理活动中的专业化作用。

(2)要营造良好的工作环境。新企业要尽可能地为员工提供有竞争力的工资收入、奖金、良好的工作条件以及健康保险等，因为新企业的员工需要承担企业破产的风险，企业有义务为员工解除后顾之忧。良好的工作环境还包括一些不十分明显的特征，如为员工提供明确、持续的指导，并为他们提供开展工作所必需的各种资源。近些年来，员工把公司可以提供的工作弹性也看做是衡量工作条件的一项标准，如果公司不能很好地关心员工，那么员工也就不会很好地为公司服务。

案例学习 7-16

马云创建的阿里巴巴集团拥有一种学校才有的轻松工作氛围。绿色植物、各种玩偶、贴图……员工的办公桌上永远是花花绿绿，而不是整齐划一的。会议室的名称都是用武侠小说中的名字命名，你能想象“光明顶”就代表着一间比较重要的会议室吗？

创业型企业也需要为员工提供成长的机会。成长的机会使员工感到安全，它的表现形式多种多样。对于不同的员工，成长机会代表着不同的事情，或者是晋升，或者是工作丰富化。员工的安全感来自他们在学校或工作中掌握的各种技术与能力，公司为员工提供的学习技术和能力的机会越多，就越能鼓励员工去学习，同时公司为员工提供的保证未来安全的帮助也就越大，因而企业开展各种形式的培训显得特别重要。

(3)员工有机会分享公司的成功。新企业所能提供的工资水平总是比不上大企业，更为不利的是，新企业有失败、兼并和被收购的危险。事实上，新企业的员工在承担公司的一部分经营风险，一旦企业倒闭，他们的生活也就没了保证。所以，只有让员工分享企业的成功才是公平的办法。一些优秀的新企业采用利润分享计划，即让员工持股，并且可以根据需要随时兑换成现金，就是一种很好地让员工参与利润分享的办法。

案例学习 7-17

360公司董事长周鸿祎说，很多新企业会走向两个极端：一是所有股份都不分，这样吸引不了人才；二是初创团队一开始就把股份均分完毕。他建议，在公司初创早期应该至少拿20%～30%的资金做一个股票池。股票池不仅能够吸引新人加入，创业者也可以通过它来调节企业利益分配。在阿里巴巴集团为了激励老员工，工作满五年的员工被称作“五年陈”，并被赠予一枚白金戒指。在2004年才成立的支付宝公司大堂两侧墙壁上，挂着几十个类似星光大道一样的手印装饰物，它们都是由工作刚满一年的员工留下的。

大学生创业故事

外卖库：三个清华人的创业故事

2010年，三个创业的年轻人加班到很晚，突然想吃外卖，在网上找了半天也没找到满意的外卖信息，他们灵机一动：“为什么我们不自己做一个呢？”

这个“灵机一动”变成了现在的“外卖库”，一个搜罗外卖信息的网站，最近还推出了外卖库APP。到目前为止，外卖库收录了北京外卖近8000家的信息，提供了外卖菜单、电话、地址等详细信息，让想吃外卖的人随时随地都能下单。

这三个年轻人就是外卖库的创始团队:孟超、赵珏映和罗晟,现在分别担任外卖库的CEO兼总裁、市场副总裁和产品副总裁。

一起做点什么

外卖库的创始团队颇为惹眼,三个都是清华大学的毕业生,孟超是2006年清华土木工程系的硕士毕业生,赵珏映是2006年生物系的本科毕业生,罗晟则是2009年机械系的硕士毕业生。

三个不同年龄、来自不同院系的年轻人结缘于清华大学对外交流协会(简称ASIC),孟超正是ASIC的创始人及首任会长,而赵珏映是ASIC的首批会员及第二任会长,罗晟也曾在ASIC担任部长。

作为创始人的孟超,将这个学生团体从无到有、从小到大的一点一点建立起来。在他的带领下,ASIC进行过外事接待(比如接待丹麦首相及惠普总裁)、组织过境外交流访问等工作。在共同的工作中,孟超与赵珏映、罗晟结下了深厚的友谊,“既然大家做事这么合拍,以后是不是可以一起做点什么?”孟超这样提议。

于是,“一起做点什么”的想法为他们后来的创业埋下了种子,这个种子在2009年开始生根发芽。

到底做什么项目,一开始目标并不明晰。当时他们三个人一个在北京,一个在比利时,一个在香港,虽然有各自的工作要忙,但每周还是会抽出时间开两次电话会议,“我们列了好多种可以做的事情,逐个讨论分析。”这样讨论了半年之后,他们辞掉了原先的工作,在北京相聚并开始进行尝试,他们做过管理咨询、做过旅游项目、做过设计、贸易,直到2010年那个想吃外卖的夜晚。

创业过程是一种收获

孟超2006年毕业后直接留在了清华大学基建部工作。在外人看来,这是一份既稳定又体面的工作,但是孟超做得并不是特别开心。“读书的时候比较活跃,在事业单位的体系里不太习惯。”孟超回忆说,于是他下定决心,到2009年三年合同期满,他便辞职创业。

但是这个决定遭到了孟超父母的反对。“我父母认为,你现在有车有房有家庭,你还要什么呢?我的观点刚好相反,我现在有车有房有家庭,我还怕什么呢?”为了说服父母,孟超做了将近半年的思想工作。

赵珏映则原先在宝洁香港区客户生意发展部任大客户经理,罗晟曾在IBM做大客户销售,为了创业,他们都辞掉了高薪的工作。

对于创业,孟超说:“创业当然有风险,但是最差的结果无非就是创业失败、公司关门、资产赔光,但是至少我很努力地按照自己的想法去做了。人生是一种体验,创业的过程本身就是一种收获。创业是很苦,但是好多事情你不做你永远不知道,我还年轻,安稳的时间有的是,而创业,错过了这个时机可能就永远错过了。”

先跑起来

说到外卖订餐,外卖库并不缺少竞争对手,比如美餐网、饿了么、外卖网,等等。但外卖库与它们有个最大的不同,其他网站的模式是在线查询、在线下单,外卖库则是在线查询、电话下单。为什么不支持在线下单呢?孟超有自己的考虑。天下武功,唯快不破,几家外卖网站如今的规模大小相差无几,谁能快速获得尽可能多的用户,谁就更有可能脱颖而出。

“如果做在线下单,有的商家你没有跟它打通订单系统,你就不能把它收录进来,用户来了一看，没有想要的那家，就可能走掉了。”孟超认为，另一方面，没有在线下单业务，则不需要在与商家的系统关联上进行投入，有利于轻装上阵，“先跑起来，回头再加。”在线下单仍在孟超的考虑之中，从支持一部分合作商户在线订餐开始，逐渐扩大到所有商户，但是这个目前并不是外卖库业务的重点。

外卖库的重点还在外卖信息的收集和整理上。外卖库创立之初，公司员工用扫街的方式，一家一家地找饭店的外卖菜单，再收录整理。这是个体力活，靠这种笨办法，两年时间内，他们将收录商家数从零做到6000多家。

不过最近刚刚推出的外卖库APP帮了他们的大忙。用户的手机安装了外卖库APP后，可以自行拍照上传外卖菜单，再由工作人员审核通过。短短的时间内，商家数量增长到将近8000家，赵珏映介绍称，现在单就审核用户上传菜单这一件事，已经让他们忙疯了。

目前这个10人左右的小团队在海淀区双榆树的一套公寓里面办公，他们去年获得了来自天使湾创投的天使投资，目前正在寻找新的融资。

拓展阅读

如何维护客户关系

如今，买方市场情况下，产品同质化程度越来越高，同时，由于科学技术的发展，产品本身的生命周期也越来越短，很多企业推出的营销策略和手段也大同小异，消费者已变得相当理智，所以对客户进行维护和售后服务是非常必要的。下面我们具体分析该如何维护客户。

1. 不为难客户

谈合作、谈项目一定要讲究时期。时期不好，好合作也会泡汤。当客户有为难之处时，一定要体谅别人，不要让客户为难。例如，当客户正有事，并且他认为那样做会不合适或不能做时，你就要马上停止你的要求，并告诉他不管怎么样，你都非常感谢他。你的善解人意会让他觉得很抱歉甚至内疚，下次一有机会他就不会忘记补偿你。

2. 替客户着想

与客户合作一定要追求双赢，特别是要让客户也能漂亮地向上司交差。我们是为公司做事，希望自己做出业绩，别人也是为单位做事，也希望自己把事情办得漂亮。

因此，在合作时就要注意，不要把客户没有用或不要的东西卖给他，也不要让客户花多余的钱，尽量减少客户不必要的开支，这样，客户也会节省你的投入。

3. 尊重客户

每个人都需要获得尊重，都需要获得别人的认同。

对于客户给予的合作，我们一定要心怀感激，并对客户表达出自己的感谢。而对于客户的失误甚至过错，则要表示出你的宽容，而不是责备，并立即共同研究探讨，找出补救和解决的方案。这样，你的客户会从心底感激你。

4. 信守原则

一个信守原则的人最终会赢得客户的尊重和信任。

因为客户也知道，满足一种需要并不是无条件的，而必须是在坚持一定原则下的满足。只有这样，客户才有理由相信你在推荐产品给他时同样遵守了一定的原则，他们才能放心地与你合作和交往。

例如，适当地增加某些服务和培训是可以接受的，但损害公司、客户甚至别人利益的要求绝不能答应。因为当你在客户面前可以损害公司或别人的利益时,他会担心他的利益也正在受到威胁。

5. 多做些销售之外的事情

例如,我有客户要找政府的某领导,却找不到好的机会。如果我认识这位领导又有机会,我就会为他引荐。若他们需要某些资料又得不到时,我就会帮他搞到。甚至,他们生活中碰到的一些困难,只要我知道又能做到时,我就一定会帮助他们,这样,我与客户就不再是合作的关系了,更多的是朋友关系了。这样,一旦有什么机会,他们一定会先想到我。

6. 让朋友推荐你

如果前面的要诀都掌握并运用自如的话,你就会赢得客户和朋友的口碑,你的朋友就会在多数也是他同行的朋友中推荐你。那么你的生意就犹如原子弹爆炸,会迅速在业界扩张起来。你也就达到了做生意的最高境界,让客户来主动找你。

7. 不要忽视让每笔生意来个漂亮的收尾

所有的工作都做完了,你与客户的合作也告一段落了,是不是就终结了呢?也许这是大部分业务员处理的方式,但事实证明这是一个巨大的错误。事实上,这次生意结束的时候正是创造下一次机会的最好时机。这时,千万别忘了送给客户一些合适的小礼品,如果生意效益确实不错,最好还能给客户一点意外的实惠。让每笔生意有个漂亮的收尾带给你的效益不亚于你重新开发一个新的客户。这样做的理由如下:

如果你前面的工作尚欠火候,还不能从合作关系提升到朋友关系的话,这个时候这样做就能很好地实现这个目标。如果前面的合作可能有些不如意的话,这更是个很好的补救方案。因为大部分的人都认为既然合作完了,那么我们与客户的关系也就自然结束了,所以对这种不求回报的最后感谢,他们马上就会把你从合作关系提升到朋友关系,那么下次再有需求时,肯定就是你的了。

8. 以让步换取客户认同

在与客户进行沟通的过程中,一些销售人员以为自己在每次沟通中都扮演着“进攻者”的角色:为了达成销售目标一步一步地向前迈进,不断地说服客户认可产品或服务的品质、接受产品或服务的价格等。这些销售人员的销售目标是明确的,为了达成目标而努力奋进的勇气也是值得赞扬的,但是他们为了实现目标所采用的方法却不见得高明,至少,我们不提倡销售人员对客户进行单一的、“进攻”意图明显的说服。

其实很多销售人员都会在销售沟通过程中有意无意地使用一些让步方式,以期让客户满意。例如,在保证利润的前提下进行价格方面的让步,或者根据双方的诉求提出解决问题的折中方式等。销售沟通中的让步策略如果运用得当,那将有利于实现买卖双方的双赢,同时也有利于长期销售目标的实现。

思考与问题:

(1)谈谈你对客户管理的重要性的认识。

(2)你认为还有什么更好的客户管理方法?

项目任务一

某个酒店董事会提出:如果酒店不能让顾客完全满意,顾客可以不承担住宿费。尽管这一提议是显示酒店对自身服务质量的自信,并会增加酒店竞争力,但是,大多数酒店经理还是持反对态度。

思考与问题：

(1)为什么他们会反对？

(2)顾客对这一保证会是什么反应？

(3)应采取什么措施来减少顾客对这个保证的逆反心理？

项目任务二

在小组内围绕创业想法进行头脑风暴，集思广益经过评价后选择一个现在你们就可以实施的创业项目。请围绕本章内容，进行下列讨论和操作：

(1)围绕企业持续经营的核心问题，为该项目制定持续发展战略。

(2)基于现有团队的人员构成及相关能力，制定创业项目有效实施所需要的新人员招聘计划。

参考文献

[1] 拜五四. 大学生就业与创业实训教程[M]. 北京:科学出版社,2014.

[2] 王卫东. 大学生创业基础[M]. 北京:中国水利水电出版社,2013.

[3] 贵州省教育厅. 大学生职业生涯规划与就业创业指导[M]. 北京:高等教育出版社,2013.

[4] 朱益新. 创业实务[M]. 北京:中国人民大学出版社,2012.

[5] 项云霞,王伟. 高职大学生创业教程[M]. 南京:南京大学出版社,2013.

[6] 夏一方. 大学生就业创业指导[M]. 苏州:苏州大学出版社,2010.

[7] 成杰. 永不放弃——马云给创业者的 24 堂课[M]. 北京:中国华侨出版社,2011.

[8] 查立. 给你一个亿——你能干什么[M]. 北京:中国华侨出版社,2012.

[9] 石国亮. 大学生创新创业教育[M]. 北京:中国研究出版社,2010.

[10]冯雷钢. 和俞敏洪一起创业(试用本)[M]. 北京:中国工人出版社,2009.

[11] 共青团中央,中华青年联合会,国际劳工组织. 大学生 KAB 创业基础(试用本)[M]. 北京:高等教育出版社,2007.

[12] 赢在中国项目组. 马云点评创业[M]. 北京:中国民主法治出版社,2007.

[13] 何惠贞. 创业技能训练[M]. 北京:高等教育出版社,2010.

[14] 李振华. 就业·创业·成功教育[M]. 北京:中国人事出版社,2002.

[15] 李凤伟,常桦. 赢在起跑线的七种能力[M]. 北京:中国纺织出版社,2004.

[16] 陈龙春. 大学生创业基础[M]. 杭州:浙江大学出版社,2007.

[17] 李闯,等. 成功创业有方法[M]. 武汉:华东理工大学出版社,2007.

[18] 张石. 唐骏可复制的成功[M]. 北京:中央编译出版社,2009.

[19] 王伯庆. 决战大学生就业[M]. 北京:清华大学出版社,2009.

[20] 兰思·田中. 如何实现你的职业理想:有梦就去追[M]. 北京:外文出版社,2008.

[21] 高鹏. 发展创业教育、培养创新人才[J]. 思想教育研究,2009(12).

[22] 张秀娥,等. 高校大创业教育观与创业型人才培养[J]. 黑龙江高教研究,2010(7).

[23] 牛长松. 英国高校创业教育研究[M]. 上海:学林出版社. 2009.

[24] 张景胜,储旭东. 创业教育与专业教育的关系[J]. 教育教学论坛,2012 (10).

[25] 欧阳琰. 我国高校创业教育的特点、功能及应遵循的原则[J]. 教育理论与实践,2010(1).

[26] 商应美. 高校创业教育观念的价值澄清与科学定位问题研究[J]. 中国青年研究,2013(5).

[27] 武世兴,等. 美国高校的创业教育——考夫曼创业基金会关于美国高校创业教育研究报告[J]. 中国大学教学,2011(4).

[28] 崔红艳. 高师院校创业教育与专业教育融合的思考[J]. 黑龙江高教研究,2013(6).

[29] 张玉利. 创业管理研究型案例[M]. 天津:南开大学出版社,2009.

[30] 韩国文. 创业学[M]. 武汉:武汉大学出版社,2007.

[31] 张涛,熊晓云.创业管理[M].北京:清华大学出版社,2007.
[32] 葛建新,周卫中,林嵩.创业管实务[M].北京:化学工业出版社,2011.
[33] 王滟.规避创业风险有绝招[M].北京:中国经济出版社,2009.
[34] 万炜,朱国玮.创业案例集锦[M].北京:中国人民大学出版社,2013.
[35] 杜跃平.创业管理[M].西安:西安交通大学出版社,2006.
[36] 李肖鸣,朱建新.大学生创业基础[M].2版.北京:清华大学出版社,2013.
[37] 陈明,余来文.商业模式:创业视角[M].厦门:厦门大学出版社,2011.
[38] 张少平,牛玉清.创业实施[M].广州:华南理工大学出版社,2012.
[39] 李皖.大学生自主创业实务[M].北京:北京师范大学出版社,2011.
[40] 杨灿英,卢长明.商务法律[M].南京:南开大学出版社,2007.
[41] 邹渊,等.中国市场经济法制管理[M].北京:中信出版社,1997.
[42] 汪永清.中华人民共和国行政许可法教程[M].北京:中国法制出版社,2003.
[43] 杜海东.创业启动与运营[M].北京:清华大学出版社,2014.
[44] 李文忠.创业管理:案例分析・经验借鉴・自我评价[M].北京:化学工业出版社,2011.
[45] 孙建文,冯勇.创业财务管理[M].北京:中国轻工业出版社,2014.
[46] 罗伯特・D・赫里斯.创业管理[M].北京:机械工业出版社,2009.
[47] 杰弗里・蒂蒙斯,等.创业学[M].北京:人民邮电出版社,2009.
[48] 任荣伟,梁西章,余雷.创新创业案例教程[M].北京:清华大学出版社,2014.
[49] 张展.要创业你必须先懂点财务[M].北京:中国时代经济出版社,2011.
[50] 杨春宝.完胜创业:律师写给创业者的235封信[M].北京:中国法制出版社,2011.
[51] 任玉霞,刘娜,孟兆磊.创业企业市场营销[M].北京:中国劳动保障出版社,2011.
[52] 秦言.中国小企业[M].北京:中国计划出版社,1998.
[53] 王庆生,王坤.大学生创业基础[M].北京:清华大学出版社,2013.
[54] 中国就业培训技术指导中心上海分中心,上海市职业培训指导中心,上海市开业指导中心.创业培训辅导教程[M].北京:中国劳动社会保障出版社,2004.
[55] 英涛.第一桶金[M].北京:中国纺织出版社,2009.
[56] 佐秉珊.点燃你的激情[M].北京:石油工业出版社,2007.
[57] 赵青,曾新.心态决定命运[M].北京:中国档案出版社,2005.
[58] 上海青少年活动中心.创业故事[M].上海:上海三联书店,2007.
[59] 汤和平.独道[M].北京:中国商业出版社,2008.
[60] 武峻.选择做自己最擅长的事[M].北京:中国纺织出版社,2008.
[61] [美]菲利普・科特勒.营销管理[M].梅汝和,梅清豪,周安柱,译.北京:中国人民大学出版社,2001.
[62] 李肖鸣,郑捷.青年创业指南[M].北京:中国文史出版社,2009.
[63] 高晓杰,曹胜利.创新创业教育——培养新时代事业的开拓者——中国高等教育学会创新创业教育研讨会综述[J].中国高教研究,2007(7):91-93.
[64] 唐静,朱智广.创业教育对大学生创业影响的实证研究——以广州大学城十所高校为例[J].常州大学学报(社会科学版),2010(3):95-99.
[65] 顾剑秀,方鹏.大学生创业教育:现状、问题及有效途径[J].煤炭高等教育,2012

(5):77－79.

[66] 徐建军.大学生创业教育的有效途径[J].理论研究,2010(1):31－36.

[67] 周秋江.大学生创业教育现状调查与实现途径研究[J].宁波大学学报,2007(4):64－64.

[68] 李群如.大学生创新创业教育路径的探索与实践[J].人力资源管理,2011(6):73－75.

[69] 曾尔雷.高校创业型人才培养的路径选择[J].中国大学教学,2011(6):26－29.

[70] 邹建芬.大学生创业能力开发与培养的路径探析[J].高校教育管理,2011(6):91－95.

[71] 马玉海,张月.高校创业教育的评价体系及其构建[J].创新与创业教育,2012(1):32－35.

[72] 雷家辅.国内外创新创业教育发展分析[J].中国青年科技,2007(2).

[73] 水延凯,等.社会调查教程[M].5版.北京:中国人民大学出版社,2010.